WIR
OPFER

Kirstin
Breitenfellner

WIR
OPFER

WARUM DER
SÜNDENBOCK
UNSERE KULTUR
BESTIMMT

Diederichs

Verlagsgruppe Random House FSC® N001967
Das für dieses Buch verwendete FSC®-zertifizierte Papier
Classic 95 liefert Stora Enso, Finnland.

© 2013 Diederichs Verlag, München,
in der Verlagsgruppe Random House GmbH
Umschlaggestaltung: Weiss | Werkstatt | München
unter Verwendung eines Motivs © shutterstock
Druck und Bindung: GGP Media GmbH, Pößneck
Printed in Germany
ISBN 978-3-424-35085-2

Weitere Informationen zu diesem Buch und unserem
gesamten lieferbaren Programm finden Sie unter:
www.diederichs-verlag.de

INHALT

Einleitung: Wir Opfer 9

1. Der Sündenbock und der Beginn der Kultur
33

2. Die Weltreligionen und das innere Opfer
54

3. Freund und Feind: Der Krieg und
die Geschichte
80

4. Der Holocaust, das Verkehrsopfer und
die Wutbürger
123

5. Schadensersatz: Vom Täterrecht zum Opferschutz
153

6. Medienskandale – oder: Wir verfolgen
unsere Götter
178

7. Königsmord, Terroranschläge und
Heldendämmerung
227

8. Gut ist, wer schwach ist?
Was können wir tun?
249

Danksagung 268

Bibliografie 269

Anmerkungen 274

»Das Verhalten der Menschen wird nicht durch
das bestimmt, was sich wirklich zugetragen hat,
sondern durch die Interpretation davon.«[1]
(René Girard)

»Der Glaube an die natürliche Güte des Menschen
endet, weil die Realität ihn immer enttäuscht, unweigerlich in der Jagd nach Sündenböcken.«[2]
(René Girard)

»Es geht darum zu verstehen, dass Böses auch aus
guten Ideen entstehen kann; Ideen, die wir auch
weiterhin für richtig halten dürfen. Das macht die
Auseinandersetzung mit der Vergangenheit nicht
leichter, aber lehrreicher.«[3]
(Götz Aly)

EINLEITUNG: WIR OPFER

Es war der Tod eines Sechsjährigen, der aufgebrachte Angehörige nach einem Sündenbock suchen ließ. »Die 20-jährige Kepari Leniata wurde in Mount Hagen wegen angeblicher übernatürlicher Kräfte gefoltert und anschließend auf einem Abfallhaufen mit Benzin übergossen und verbrannt. Nur einige Wochen danach konnte die Polizei zwei weitere Frauen in letzter Minute retten. Auch ihnen wurde der Tod eines Kindes vorgeworfen. Die Ermittlungen ergaben dagegen, dass das Mädchen von zwei identifizierten Männern vergewaltigt und ermordet worden war, die dann selbst dem Lynchmob angehörten. Meist sind es Gruppen von jungen Männern, die auf Hexenjagd gehen, angetrieben zumeist von Angehörigen eines Opfers, die Vergeltung haben wollen oder fürchten, der böse Zauber könnte sich wiederholen. Menschenrechtsexperten und sogar die UNO sprechen mittlerweile von einem ›sozialen Terror‹, der die historischen Rituale an Brutalität weit übersteigt und auch in Gebieten vorkommt, wo es gar keine entsprechende Tradition gab.«

Die Vorfälle in Papua-Neuguinea, die Anfang des Jahres 2013 bekannt wurden[4], demonstrieren nicht nur jene einzigartige Grausamkeit, die den Menschen vom Tier unterscheidet, sondern zeigen auch, wie fragil das Zusammenleben von Menschen in Umbruchzeiten ist und wie schnell kollektive Gewalt ausbrechen kann, besonders wenn sich keiner der Beteiligten Rechenschaft über deren Gründe gibt. Denn Sündenbockprozesse funktionieren nur blindwütig, wenn man nicht weiß, was man tut. Und unsere Zeit, in der sich so viele Lebensbereiche schneller verändern als je zuvor, Umbruchzeiten zu nennen, scheint doch eher ein Euphemismus als eine Übertreibung.

Wie aus dem Bericht hervorgeht, gab es auf Papua-Neuguinea auch früher schon rituelle Formen der Verfolgung, die unschuldige Opfer produzierten, also klassische Riten, die oft Sündenbockprozesse darstellen – aber sie kamen immerhin ohne stundenlange öffentliche Folter aus, waren weniger bösartig, sadistisch und voyeuristisch. Hier, bei uns, im »zivilisierten« Europa gibt es »so etwas« zum Glück ja nicht mehr. Oder?

Zumindest würde kaum jemand zugeben, sich am Leiden eines unschuldigen Opfers auszuagieren oder gar zu ergötzen. Trotzdem sprechen die Medien von nichts anderem: Welche Zeitung man auch aufschlägt, welchen Kanal man anschaltet, welche Website man anklickt, man sieht Opfer. Opfer von Naturkatastrophen, Krankheiten, Verbrechen, Wirtschaft und Politik und nicht zuletzt die Opfer zweiter Ordnung, die Opfer der Medien, die in den Medien wiederum vorgeführt werden.

Die »gefallenen« Politiker, Stars und Sternchen, die Skandale, die Hetzjagden gleichen, und Opfer wie Natascha Kampusch sowie vermeintliche Täter wie Jörg Kachelmann oder tatsächliche wie die Bombenleger des Boston-Marathon, die im April 2013 nicht nur von Polizei und FBI, sondern auch via soziale Medien mit Panik und Genuss gejagt wurden, demonstrieren eindrucksvoll, dass das Opfer lange nicht aus unserer anscheinend so säkularen Kultur verschwunden ist. Sie alle beweisen, wie sehr es immer noch ihr – irgendwie öffentliches, aber dennoch auf vertrackte Weise heimliches – Zentrum ausmacht.

Warum ist das so?

WARUM OPFER?

Etwas nicht zu verstehen kann ein hervorragender Motor sein. Am Anfang dieses Buches stand das Unverständnis. Ich saß als Kind in der Kirche, gerade durch die Kommunion zu einem vollwertigen Mitglied der Gemeinde aufgestiegen, und verstand es nicht: Warum musste Jesus sterben? Warum hat er sich geopfert? Warum muss es überhaupt Opfer geben?

Später studierte ich Literatur und Philosophie, aus der Kirche war ich schon ausgetreten, und da war sie wieder, diese anscheinende Notwendigkeit, dieser Appell, diese unverständliche Tat mit ihren schwülstigen Begründungen: das Opfer. In Sophokles' *Antigone*, in Goethes *Iphigenie*, bei Nietzsche und Rilke. Sogar im sogenannten modernen Roman, etwa Alfred Döblins *Berlin Alexanderplatz*, wo Franz Biberkopf, traumatisiert durch den Ersten Weltkrieg, aus dem Gefängnis entlassen wird. »Es lebe der Kaiser, lebe der Kaiser, das Opfer, das Opfer, das ist der Tod!«, hört er im Wahn die Stimmen aus dem längst vergangenen Krieg.[5]

In der Zeitung erschienen damals, in den 1980er-Jahren, neben den Opfern des Nationalsozialismus nach und nach weitere Opfer: die Verkehrsopfer, die Krankheitsopfer, die Gewalt- und Missbrauchsopfer und die Opfer von diversen Formen der Diskriminierung, von Frauen über Ausländer (wie sie damals noch genannt wurden) bis zu Homosexuellen, von Arbeitslosen über Obdachlose bis zu Behinderten (wie sie damals noch genannt wurden).

Aktuell waren die Opfer des damals noch »heimischen« Terrors, der Roten-Armee-Fraktion, die nun schon so unendlich lange tot zu sein scheint – und die ihre Opfer deswegen ermordet hatte, weil sie Täter in ihnen sah. Wer heute an Terroropfer denkt, sieht Unschuldige vor sich, die für ein Medienspektakel bluten mussten, allen voran die über dreitausend Toten des Anschlags vom 11. September 2001, an dem ein Dutzend Männer eine weltpolitische Zäsur einleitete und nach dem die Welt ein ganzes Jahrzehnt den Atem anhielt.

Opfer überall. Doch die Täter schienen nur im Falle des Terrorismus und des Nationalsozialismus eindeutig festzustehen. Die Opfer hingegen haben allerlei Namensänderungen durchgemacht. So wie in den USA aus »Negern« »Schwarze« und aus diesen »Afroamerikaner« und dann »afrikanische Amerikaner« wurden, so nannte man im deutschsprachigen Raum »Ausländer« plötzlich »Migranten« und dann »Personen mit Migrationshintergrund«, bis die Nationale Armutskonferenz 2013 auch diese Bezeichnung auf die »Liste der sozialen Unwörter« setzte, mit der Begründung, dass sie negative Assoziationen erwecke – zusammen mit »alleinerziehend«, »arbeitslos« und »bildungsferne Schichten«.

Allerdings wird man auf diese Weise dem Phänomen der Pejorisierung kaum beikommen, denn auch das nächste politisch korrekte Wort wird vor Verschleiß nicht gefeit sein. Wortbedeutung und Assoziationen sind bekanntlich nicht dasselbe, und durch Umbenennung und Denkverbote allein wird niemand die Zahl der Opfer verringern können, sondern im Gegenteil eher noch vergrößern.

Und die Opfer sind, glaubt man der Berichterstattung der Medien, in den letzten Jahrzehnten mehr statt weniger geworden – dabei fällt meine bisherige Lebensspanne doch angeblich in eine der friedlichsten Epochen seit Menschengedenken. Könnte das neben der wachsenden Sensibilisierung auch an einer neuen Form von Wehleidigkeit, um nicht zu sagen Hysterie liegen?

Sowohl in Deutschland als auch in Österreich wurde in den Jahren 2012/13 intensiv diskutiert, ob das Sitzenbleiben abgeschafft werden solle, da es nichts bringe und Schüler unnötig traumatisiere. Im *Zeit-Magazin* (11/2013) berichtet Harald Martenstein darüber, wie er sich im Internet auf die Suche nach »Sitzenbleibopfern«, ihren Selbsthilfegruppen und Therapeuten gemacht hatte. Nicht einmal das Wort war der allmächtigen Suchmaschine Google bekannt. Martenstein vermutet, dass hier »zum ersten Mal eine Opfergruppe zur Opfergruppe erklärt wird, bevor die Opfer überhaupt kapiert haben, dass sie Opfer sind«. Und fordert mit einem ironischen Augenzwinkern dazu auf, endlich auch Mehrfachtäter wie ihn (weiß, männlich, Besserverdiener) als Opfergruppe anzuerkennen.

Folgt man der Argumentation der Medien, scheint es tatsächlich nichts anderes mehr zu geben als Opfer: Wir sind Opfer der Politiker, Politiker sind Opfer der Medien, Verbrecher sind Opfer ihrer Kindheit, die kleinen Anleger sind Opfer der großen Finanzakteure, die Konsumenten sind Opfer der Werbung, die Arbeitslosen sind Opfer der Arbeitsmarktpolitik und die dafür verantwortlichen Politiker sind Opfer der multinationalen Konzerne. Auch in der aktuellen Wirtschaftskrise geht es um die heikle Frage: Wer sind die Opfer und wer die Täter? Und wer bringt die Opfer zur Überwindung der aus ihr resultierenden Schäden – die Täter, also die Politiker und Finanzakteure, oder nicht doch eher die Opfer, die Masse der Steuerzahler?

Das Kreisen um das Opfer, die anscheinend immer stärker werdende Opferversessenheit hat heute allerdings umgekehrte Vorzeichen als vor hundert Jahren, am Beginn des Ersten Weltkriegs. Damals herrschte ein Enthusiasmus des Opferns bis hin zum Selbstopfer, auf das Kapitel 3 eingeht.

Heute wollen immer mehr Menschen Opfer sein. Aber kaum jemand ist mehr bereit, etwas zu opfern. Was ist geschehen?

EIN VERZWACKTER BEGRIFF

Und was ist das überhaupt, ein Opfer? Kaum ein Begriff der schönen neuen Medienwelt wiegt so tonnenschwer und scheint dabei gleichzeitig so verzwackt. Kaum ein Begriff wird so gerne als moralische Keule geschwungen, und bei kaum einem Begriff fällt die Schwarzweißmalerei so stark aus wie bei diesem. Kaum ein Begriff schillert so dunkel, entgleitet einem so aalglatt, obwohl jeder genau zu wissen scheint, was gemeint ist – und es trotzdem nicht erklären könnte.

Eines der Ziele dieses Buchs besteht darin, den Opferbegriff zu definieren und zu differenzieren, ihn in der Kultur- und Religionsgeschichte zu verankern (Kapitel 1 und 2) und seinen Gebrauch den Medien und in der Politik (Kapitel 6 und 7) zu hinterfragen.

Denn von Opfern reden alle: die Linken wie die Rechten, der Boulevard wie die sogenannten Qualitätsmedien. Während der Boulevard mit den Opfern unverhohlen die Reflexe von Mitleid und Schadenfreude bedient, tendieren die Medien, die etwas auf sich halten, eher zum Lamentieren und zur Anklage. Und manchmal wird die Opfersucht natürlich auch thematisiert und reflektiert.

Auch hier soll es um Reflexionen gehen – das heißt um die Analyse eines Phänomens ohne voreilige Beschuldigungen. Was findet überhaupt statt? Warum ist es so gekommen? Wollen wir das? Und gibt es eine Möglichkeit, es anders zu machen? Die Schwierigkeit, diese Sachverhalte dingfest zu machen, liegt nicht nur darin begründet, dass Opfer und Täter so schwer aus ihrer gegenseitigen Umklammerung zu lösen sind, sondern auch darin, dass im deutschen Wortgebrauch aktives und passives sowie religiöses und profanes Opfersein nicht so klar getrennt werden wie etwa im Französischen oder Englischen.

Dort bedeutet *victim* jemand, der zum Opfer wurde, und *sacrifice* jemand (oder etwas), der sich aktiv selbst opfert oder religiös geopfert wird. In den deutschsprachigen Medien wird Opfer mittlerweile fast nur noch passiv verwendet, und zwar im Sinne von *victim*. Aber ein religiöser Unterton schwingt immer noch mit. Und das hat mit der Schuldfrage zu tun. Denn Opfer sind im Recht. Opfer sind unantastbar. Deswegen wird Opfern immer öfter Respekt statt Mitleid zugestanden.

»Noch bis zum Ersten Weltkrieg war Opfer eher aktiv und männlich konnotiert und wurde im Namen der Gesellschaft oder für die Gesellschaft gebracht. Heute hat sich der Begriff eher in Richtung einer narzisstischen Selbstaufladung verschoben«, bestätigt auch der Analytiker und Philosoph Christian Kohner-Kahler, der sich seit einigen Jahren mit diesem Begriff befasst, in dem Interview, das ich anlässlich der eines Artikels mit dem Titel »Opferlust« für das Wiener Wochenmagazin *Falter* mit ihm führte. Aus dieser Titelgeschichte ist auch die Idee zu diesem Buch entstanden.[6]

Denn der Begriff des Opfers ist nicht nur omnipräsent, interessiert alle und jeden, sondern stellt auch einen der derzeit am häufigsten missverstandenen und missbrauchten Begriffe dar. Ein Begriff, mit dem man moralische Überlegenheit demonstrieren und seine Gegner mundtot oder zahlungsbereit machen kann. Ein politischer Kampfbegriff.

Und im Kampf können Differenzierungen nur stören. Das demonstrieren auch die Leserreaktionen auf meine Titelgeschichte, die von heller Begeisterung bis zu maßloser Empörung reichten. Dazwischen gab es wenig. Die Opfer würden hier verhöhnt und unter Generalverdacht gestellt, monierten die Kritiker, die alle Beteuerungen, die Verbesserung des Schutzes und der Rechte der Opfer zu befürworten, schlicht überlasen.

»Als Fazit des Artikels schimmert hervor: Die Opfer haben zu schweigen und schon gar nicht Entschädigung zu verlangen«, beschwerte sich etwa Thomas Lukscheider im Online-Magazin *Tante Jolesch*.[7] Dabei kritisierte der Artikel gerade jene Teile der Öffentlichkeit, die das Entführungsopfer Natascha Kampusch lieber schweigen sehen als selbstbewusst Interviews zu geben.

Aus solchen Reaktionen lassen sich zwei Schlussfolgerungen ziehen. Erstens: Ein Zeitungsartikel hat kaum das Format, ein derart umstrittenes und komplexes Thema so abzuhandeln, dass es dabei nicht zu Missverständnissen kommt. Und zweitens: Kaum tritt irgendwo ein Opfer auf – und sei es auch nur in der Zeitung, denn dort befinden sich manchmal mehr Opfer als in der Realität –, tritt schon der Retter auf den Plan, der alles ganz genau zu wissen scheint. Der den Täter – und sei es auch nur ein Schreibtischtäter – anklagt und sich schützend vor das Opfer stellt. Der glaubt, alle Fäden in der Hand zu halten, und die Verantwortung an sich reißt. Leider fällt es gerade diesen selbsternannten Rettern oft schwer zu differenzieren. Werden gar Opfer und Täter in einem Atemzug genannt, steht schon der Verdacht im Raum, dass Opfer in die Nähe der Täter gerückt werden, wie ein Leserbrief monierte – ein Sakrileg. Denn dem Opfer gebührt offenbar ein eigener, sozusagen heiliger Raum.

OPFER, TÄTER UND RETTER

Warum ruft der Begriff Opfer so starke Gefühle hervor? Auch auf diese Frage soll in diesem Buch nach einer Antwort gesucht werden. Und warum reden alle über Opfer und Täter, aber kaum jemand über den Dritten im Bunde, den selbsternannten Retter? Könnte das daran liegen, dass die, die am lautesten »Opfer« rufen, zumeist zu letzterer Kategorie gehören – oder zu einer historischen Neuheit: der immer noch wachsenden Gruppe von selbsternannten Opfern im Namen von Geld und Aufmerksamkeit?

Hier soll weder bezweifelt werden, dass es Opfer *gibt* und dass sie Schlimmes erleiden, noch ihre Leiden verharmlost oder die Schuld der Täter bestritten werden. Auch nicht, dass es eine gute Sache ist und einen zivilisatorischen Fortschritt bedeutet, dass Opfern heute mehr Beachtung geschenkt wird denn je und sie auch finanzielle Entschädigung für erlittenes Unrecht erhalten.

Kritisiert werden soll ausschließlich die hysterische Verwendung des Opferbegriffs in den Medien, der den Opfern oft nur auf den ersten Blick dient. Auf den zweiten werden sie damit ein weiteres Mal missbraucht: von ihren selbsternannten Rettern, die sich selbst ins Rampenlicht stellen, und von den Medien (die sich auch gerne als Retter gerieren), um die Auflage zu steigern. Dabei wird den Opfern gerne die Autonomie und Eigenverantwortung abgesprochen, um sie in einer abhängigen, passiven Lage zu halten. Mit ihnen von anderen zugesprochenen Rechten, aber ohne Stimme.

Aber auch selbsternannte Opfer sind in den Medien immer häufiger zu sehen, denn Opfern wird Aufmerksamkeit zuteil.

Kein Wunder, dass es immer interessanter geworden ist, sich zu dieser »auserwählten« Menschengruppe zu zählen. Und wenn sich aus einer Situation, in die man durch Unglück oder Zufall geraten ist, auch noch Geld herausholen lässt – umso besser.

Opfer, Täter (bzw. Verfolger) und Retter stellen übrigens die Protagonisten des sogenannten »Dramadreiecks« von Stephen Karpmann dar, das den typischen Ablauf von Märchen beschreibt und Eingang in die Transaktionsanalyse fand. Bei dieser Form der manipulativen Kommunikation spielen mindestens zwei Personen drei Rollen, die auch gewechselt werden können. Das Übernehmen einer dieser Rollen verleitet den Kommunikationspartner dazu, die komplementäre einzunehmen.

Dem Opfer stehen dabei von Anfang an zwei Rollen zur Verfügung: eine, die den Verfolger, und eine, die den Retter »verlangt«. Das Opfer ist also in diesem »Spiel« nicht notwendig passiv. Es kommuniziert vielmehr Hilflosigkeit und Abhängigkeit, um seine Anliegen durchzusetzen.

»Wer sich anderen in einer Opferrolle vorstellt, dem gelingt es erfahrungsgemäß besonders oft, diese zu veranlassen, eine Verfolger- oder Retterrolle einzunehmen. In manipulatorischer Beziehung ist die Opferrolle in unserer Gesellschaft besonders ›mächtig‹!« Die Opferrolle ist beliebt, denn sie erntet Mitgefühl und entlastet von Verantwortung. Aber auch die anderen beiden Rollen können Ausdruck einer kindlichen Haltung sein: Der Täter versucht, sich als ein aggressives Kind durchzusetzen, und der Retter, der für den anderen einspringt, ohne darum direkt gebeten zu werden, als hilfreiches Kind Dankbarkeit und womöglich eine Gegenleistung zu erkaufen.[8]

Oder einen Mehrwert, und der heißt, je nach Anspruch, Ansehen oder Quote – und damit ebenfalls Geld.

POLITICAL CORRECTNESS UND DIE MEDIEN

In den Medien werden diese Rollen auf unerquickliche Weise kompliziert, weil hier tatsächliche Opfer, Täter und Retter aus sozialen und politischen Zusammenhängen oder Unglücksfällen durch die Interpretation ihres Tuns durch weitere Retter, die Journalisten – die damit zu Verfolgern werden –, durcheinandergeraten. Denn die Begriffe »Opfer« und »Täter« (die »Retter« thematisieren sich naturgemäß selten selbst) werden immer öfter nicht informativ, sondern manipulativ, zur Steigerung der Auflage oder der eigenen Reputation missbraucht.

Der Begriff des Opfers in den Medien hat auch und ganz maßgeblich mit Political Correctness zu tun, dem verschärften Bewusstsein für sprachliche Diskriminierung, dem Matthias Dusini und Thomas Edlinger 2012 die Studie *In Anführungszeichen. Glanz und Elend der Political Correctness* gewidmet haben. Sie führt in ihrer besorgten, ängstlichen Variante dazu, nichts falsch machen zu wollen, um sich von anderen keine Vorwürfe einzuhandeln – und Opfer präventiv zu schützen und zu schonen und damit oft auch ein wenig zu entmündigen. Und in ihrer aggressiven, selbstbewussten Form zu einer Überheblichkeit, die sich als Speerspitze der Moral empfindet und durch das Aufspüren von Opfern in immer versteckteren, auf den ersten Blick immer harmloseren Situationen eine Poleposition zuspricht: besser zu sein als die anderen – ein Wettbewerb, der bisweilen groteske Formen annimmt.

Das Bedenkliche dabei: Vor allem Letztere geht oft mit Verfolgung einher, allerdings unter einem Deckmantel, nämlich im Namen der Opfer zu handeln! Sie arbeitet mit Schuldzuweisungen und ist deswegen darauf angewiesen, einen Täter dingfest zu machen. Und so lautet die erste, hektische Frage bei jeder Form von Unglück heutzutage: Wer ist daran schuld? Denn wo ein Opfer ist, muss es doch einen Täter geben, oder nicht?

Wir leben in einer Gesellschaft, die den Opfern mehr Beachtung schenkt als jede andere zuvor. Und das ist gut so. Trotzdem beklagen wir uns ständig, nicht genug getan zu haben, immer noch zu egoistisch, zu ethnozentrisch oder imperialistisch zu sein. Auch ein flächendeckendes Netz von Hilfsorganisationen, Kliniken, therapeutischen Praxen, Beratungs- und Aufnahmestellen kann niemals genug sein. Es liegt in der Natur der Sache – man kann immer noch mehr tun. Diese Kultur der Selbstvorwürfe, der simulierten oder echten Demut hat eine eindeutige Wurzel. Sie geht auf das Christentum zurück, worauf im 2. Kapitel näher eingegangen wird.

Mit positiven Folgen. Der Opferschutz wird stetig ausgebaut. Bei Missbrauchsskandalen wie jenem der katholischen Kirche in Österreich und Deutschland, die heute untersucht werden, auch wenn sie Jahrzehnte zurückliegen, melden sich immer zahlreichere Opfer, denn es gilt immer weniger als Schande, Opfer zu sein. Auch das gehört zu den Errungenschaften unserer Zivilisation. Kapitel 5, »Schadensersatz: Vom Täterrecht zum Opferschutz«, thematisiert unter anderem diesen Wandel des Rechtsverständnisses.

Die negativen Folgen des aktuellen Opferhypes sind unschwer in jenem merkwürdigen, ans Hysterische grenzenden medialen Gerangel darum auszumachen, Opfer aufzuspüren, die Täter oder sich selbst oder gleich alle zusammen zu beschuldigen und sich damit als überlegen in Szene zu setzen. Auf diese Weise wird ein politischer Diskurs, dem es um einen Zuwachs an Freiheit und Mündigkeit zu tun ist, durch selbstgerechtes Moralisieren ersetzt: Die Welt ist schlecht, sagen wir – und fühlen uns gut dabei.

OPFER IST NICHT GLEICH OPFER

Opfer rufen Gefühle hervor. Sie geben uns die Gelegenheit, uns in Mitleid zu suhlen oder an unserer Empörung aufzurichten. Aber die Gefühle gegenüber den Opfern sind ungleich verteilt. Mit welchen Opfern hat man Mitleid? Und über welche zuckt man die Schulter? Das folgt nicht immer rationalen Gründen. Ein Beispiel: Es gibt jährlich ca. 30 000 Verkehrstote in der Europäischen Union, die den Zeitungen, wenn die Statistiken erscheinen, nur eine Randnotiz wert sind. Was wäre, wenn Terrorismus jährlich nur ein Zehntel dieser Opfer fordern würde, würde man das auch hinnehmen? Natürlich nicht.

Wer erinnert sich an die Toten der Spanischen Grippe, die 1918/19 weltweit fast 25 Millionen Todesopfer forderte? Oder die Hungeropfer in der Sahelzone der 1970er- und 1980er-Jahre mit einer Million Toten? Aber an die Opfer des Attentats bei den Olympischen Spielen in München 1972 oder die Flugzeugentführung der Landshut nach Mogadischu 1977 erinnert sich jeder. Das hat mit den Medien zu tun, auf deren Sehnsucht nach Geschichten und Skandalen das 6. und umfangreichste Kapitel dieses Buches eingeht.

Es gibt also Opfer, die niemanden aufregen, und Opfer, mit denen alle mitfühlen, erinnerte Opfer und vergessene Opfer. Matthias Dusini und Thomas Edlinger unterscheiden zusätzlich noch zwischen *realen* Opfern, das heißt Opfern »von außersprachlichen, faktisch nachweisbaren Macht- und Unterdrückungsverhältnissen«, und den *symbolischen* Opfern sprachlicher Diskriminierungen, auf die sich ihr Buch konzentriert, wobei hier noch einmal zwischen *gefühlten* Opfern – das heißt durch den Opferdiskurs Hypersensibilisierte – und *eingebildeten* Opfern differenziert wird, das heißt jenen, die aus reiner Berechnung aus dem Opferdiskurs Profit zu schlagen oder sich ins Licht der Aufmerksamkeit zu rücken versuchen.[9]

Auch im Zentrum dieses Buchs stehen weniger die realen als vielmehr die symbolischen Opfer, also jene, mit denen man in den oder via Medien Mitleid hat oder die sich via Medien selbst bemitleiden – oder zumindest so tun.

DER NATIONALSOZIALISMUS UND DIE FOLGEN

Die Anerkennung und Beachtung, die dem Gebaren dieser wirklichen, gefühlten oder angeblichen Opfer geschenkt wird, stellt eine Folge des Nationalsozialismus und seines Völkermords an den Juden dar, durch den der Opferbegriff eine epochemachende Wendung erfuhr, die das 4. Kapitel erläutert. Seine beispiellose Effizienz und eiskalte Grausamkeit bestimmen die Debatte seither, und sei es nur als Folie.

Etwas mit dem Holocaust zu vergleichen bedeutet für die einen dabei den schlimmstmöglichen Vorwurf. Da wird dann vom Holocaust an den Tieren der industriellen Fleischproduktion gesprochen oder an Embryos, die abgetrieben wurden. Auf der anderen Seite wird gefordert, dass nichts mit dem Holocaust verglichen werden dürfe, nicht einmal andere Völkermorde.[10] Über die Opfer anderer Terrorsysteme des 20. Jahrhunderts wie Stalinismus oder Maoismus wurde in der Öffentlichkeit nicht annähernd so viel debattiert.

Beinahe 70 Jahre nach Kriegsende hat der Holocaust nicht nur in der moralischen Debatte, sondern auch in Film und Literatur ungebrochen Konjunktur. »I love the Holocaust«, mit diesen Worten zitiert die Literaturwissenschaftlerin und Holocaust-Überlebende Ruth Klüger eine junge Frau, die sich jüngst ein Buch von ihr signieren lassen wollte. Natürlich, meint Klüger, habe sie damit nicht die Menschheitskatastrophe selbst gemeint, sondern dass sie gerne Bücher darüber lese. »Mein Impuls war, dieser Leserin zu sagen: ›Hör auf, diese Bücher, auch meine, zu lesen, wenn sie dir so gut gefallen.‹« (*Die Welt*, 26. Januar 2013)

Tatsächlich weckt die »Begeisterung«, um nicht zu sagen Besessenheit vom Holocaust mancher Zeitgenossen den Verdacht des Ergötzens an fremdem Leid. Sie ähneln Süchtigen, wie manche Kriegsreporter, die nur im Angesicht der stärksten Dosis an Gewalt, Niedertracht und Gefahr noch etwas empfinden können, allerdings nicht wie die »Fans« des Holocaust bequem auf ihrem Sofa zu Hause sitzen, wo dieser Gefühlscocktail billig zu haben ist.

Während sich Deutschland als Musterschüler der Aufarbeitung seiner nationalsozialistischen Vergangenheit profilierte und sich in einer paradoxen Wendung, die ebenfalls noch zu diskutieren sein wird, nunmehr nur noch als Täter zu begreifen vermag und damit alle anderen, die potenziellen Opfer, zu entmündigen tendiert, hatte Österreich zunächst einen anderen Weg eingeschlagen. Denn in seinem Staatsvertrag aus dem Jahr 1955 mit Russland gelang es dem kleinen Land, das Hitler im März 1938 mit offenen Armen empfangen und sich eifrig an Denunziationen, Verfolgung und Mord beteiligt hatte, sich nicht nur das bequeme Etikett der »immerwährenden Neutralität« zu verpassen, sondern auch als das erste Opfer des Nationalsozialismus zu verkaufen.

Zumindest bis zur Waldheim-Affäre im Jahr 1986 – als im Zuge der Kandidatur des früheren UNO-Generalsekretärs Kurt Waldheim für das österreichische Bundespräsidentenamt dessen nationalsozialistische Mittäterschaft aufgerollt wurde – ließ es sich mit dieser These gut leben. Zwar wurde Waldheim in einer Trotzkundgebung von den Österreichern gewählt, aber seitdem ist die Periode des gemütlichen Einigelns vorbei.

Reparationszahlungen an den Staat Israel hat Österreich zwar bis heute keine geleistet, aber 1993 anerkannte der damalige Bundeskanzler Franz Vranitzky als erster hochrangiger Politiker in einer Rede vor der Knesset die moralische Mitverantwortung Österreichs. 1995 wurde der Nationalfonds für die Opfer des Nationalsozialismus eingerichtet, aus dem die wenigen Überlebenden Entschädigungen erhielten und mit dem das Wort Opfer endlich wieder die Seiten wechselte. Aber Ruhe bekamen die Opfer trotzdem nicht.

Wer Geld bekommt, dem ist Neid sicher. Womöglich hat die neue Gier, Opfer zu sein, mit der Praxis der finanziellen Entschädigung nicht unwesentlich zu tun, die sich in jüngster Zeit rasant ausgebreitet hat – und nicht nur Überlebenden des

Genozids oder Missbrauchsopfern, sondern im Frühjahr 2012 sogar für einen gebrochenen Arm eines Kinds zugestanden wurde, das von einem Baum fiel. Dessen Kärntner Kindergarten wurde zu beinahe 10000 Euro Entschädigung verurteilt.[11]

Mit ein Grund für diese Entwicklung dürfte im US-amerikanischen Rechtsverständnis und -gebrauch liegen, die auch in Europa immer mehr Fuß fassen. Man erinnere sich an die Dame, die McDonald's erfolgreich verklagte, weil sie sich im Jahr 1992 heißen Kaffee auf den Schoß geschüttet hatte. In einem spektakulären Urteil wurden ihr 160000 Dollar Schmerzensgeld und 480000 Dollar Strafschadensersatz zugesprochen. Beide Parteien gingen in Berufung und verglichen sich daraufhin. Über die Höhe des Vergleichs herrscht in der Öffentlichkeit allerdings Stillschweigen.

In Österreich verklagte 2012 ein Mann den Geliebten seiner Ehefrau, da dieser an seinen Depressionen und dem daraus folgenden Krankenstand schuld sei. Jedoch gewährte der Oberste Gerichtshof für »verlorene Liebe« kein Schmerzensgeld. Noch nicht? Allein die Idee, dieses einzufordern, spricht Bände.[12] Noch vor gar nicht so langer Zeit wurde der Geliebte in solch einem Fall vom Ehemann zum Duell gefordert – der Kontrast könnte nicht größer sein.

RELIGION UND GEWALT

Der Begriff und die Institution des Opfers stammen aus der Religion. So viel dürfte den meisten bekannt sein. Aber wie gelangten sie in die Kultur? Die überzeugendste Antwort darauf hat bislang der Anthropologe und Religionsphilosoph René Girard vorgelegt, der einen engen Zusammenhang zwischen Menschwerdung und Opfer, Kultur und Religion annimmt, der im 1. Kapitel dargelegt werden soll. Damit wird auch zu klären versucht, welchen Verbindungen zwischen dem Tanz der heutigen Medien um das goldene Opferkalb und archaischen Riten bestehen, die am Beginn der Menschwerdung standen und in denen noch reale Menschen geopfert wurden.

Der Begriff des Sündenbocks, der auch heute noch jedem unmittelbar verständlich ist – denn er steht trotz seiner biblischen Herkunft an der Kippe zwischen Heiligem und Profanem –, spielt dabei eine zentrale Rolle. Im Alten Testament (Levitikus 16,1–28) überträgt der Hohepriester an Jom Kippur, dem Tag der Sündenvergebung, die Sünden des Volkes Israel durch Handauflegen auf einen Ziegenbock, der in die Wüste gejagt wird.

Ein Sündenbock ist ein unschuldiges Opfer, jemand, der für etwas büßen muss, das jemand anderes verbrochen hat. Er ist ebenso sprichwörtlich wie die anderen Tiermetaphern in diesem Bedeutungsfeld, die Neid- und Leithammel, die frommen Schafe und die Unschuldslämmer. Die Neid- und Leithammel wählen den Sündenbock, und die frommen Schafe schließen sich ihnen bei dessen Opferung fraglos an. Nachher will es niemand gewesen sein. Alle sind plötzlich Unschuldslämmer und schieben die Schuld dem Opfer zu: Und schon haben wir den ganzen Sündenbockprozess.

René Girard verwirft das traditionelle Verständnis, in dem das Opfer als ein »Geschäft« zwischen Menschen und Göttern angesehen wird, als eine Gabe, mit der eine phantasierte Gegenleistung erkauft wird. Sein einflussreichstes Werk *Das Heilige und die Gewalt* erschien 1972, vor gut vierzig Jahren, erlangte aber außerhalb von Fachkreisen kaum Bekanntheit, obwohl es so gut lesbar ist wie alle Werke dieses Meisters an Klarheit in Denken und Schreibstil.

Nach Girard liegt das Opfer nicht nur am Beginn der Religion, sondern auch am Ursprung der menschlichen Kultur. Denn so schließt er aus der Analyse von Mythen weltweit: Archaische Menschengruppen haben sich bei eskalierenden Konflikten über einem zufällig ausgewählten Sündenbock versöhnt. Aufgrund seiner friedensstiftenden Kraft wurde dieses erste Opfer zum Gott erhoben: die Geburt der Religion, deren

Funktion nach Girard nicht darin besteht, die Welt zu erklären, sondern Gewalt zu verhindern oder zu kanalisieren und den Frieden innerhalb der Gruppe zu sichern durch Riten, das heißt weitere, stellvertretende Opfer. Das Opfer, der Sündenbockmechanismus, stellt nach ihm also ein reines »Geschäft« zwischen Menschen dar.

Opfer konnten Menschen sein – und dann meist nicht die Schuldigen! – oder Tiere, denn ein Merkmal des Opfers ist, dass es ohne Gefahr der Rache dargebracht werden kann. Aus dem Opfer entstanden Girard zufolge Kultur und Institutionen und auch das Gerichtswesen, das durch sein Gewaltmonopol besser als die private Rache in der Lage ist, Gewalt zu verhindern.

Diesen Vorgang, von der Eskalation der Konflikte und Rivalitäten bis zur Versöhnung über einem zufällig ausgewählten Sündenbock, der die Gemeinschaft befriedet, nennt Girard den »mimetischen Zyklus«. Mimetisch meint, dass die Handlungsentscheidungen der teilnehmenden Personen auf Nachahmung beruhen, der Girard eine entscheidende Rolle im Wesen des menschlichen Lernens und deswegen auch eine tragende Funktion in der Kultur zuordnet.

Aus dem menschlichen Trieb der Nachahmung, der Mimesis, erklären sich zahlreiche Phänomene, die nicht gerne besprochen oder zugegeben werden, aber durch Verleugnung noch lange nicht überwunden werden können: vom Neid über den allgemeinen Wettbewerb bis zur Wirksamkeit der Werbung. Denn Werbespots oder Anzeigen zeigen uns fast niemals ausschließlich ein Produkt, sondern immer jemanden, der es bereits besitzt und damit glücklich ist. In Zeiten der Globalisierung haben Neid und Wettbewerb bislang ungeahnte Spielwiesen eingenommen, die wie von selbst zu Schlachtfeldern mutieren. Denn das Begehren zeichnet sich beim Menschen nach Girard durch einen Überschuss aus, will sagen: Auch wenn man alles hat, ist man immer noch nicht zufrieden, immer noch neidisch, neigt immer noch dazu, sich mit anderen zu messen. Und zwar nicht zuallererst mit dem fernen Hollywoodstar, sondern mit seinem Bruder oder seiner Schwester, seinen Freunden, Nachbarn oder Kollegen.

Dass der erste Mord im Alten Testament aus Neid geschieht und Kain und Abel Brüder sind, vermag aus dieser Perspektive nicht zu verwundern. Abel war somit das erste Opfer. Aber Gott verpasst Kain ein Zeichen, »damit ihn niemand erschlüge, der ihn fände« – und versucht damit Rache an ihm zu verhindern (1. Mose 4,15b).

Girards Erklärungsmodell macht auch den aktuell allerorts sichtbaren, aber kaum noch verstandenen Zusammenhang von Religion und Gewalt verständlich – ebenso wie die Paradoxie, die ihrem Verhältnis zugrunde liegt. Denn Religionen sind nicht einfach nur friedfertig oder nur gewalttätig. Sie sind auf den Frieden ausgerichtet, wenden aber mittels Opferprozessen Gewalt an, um ihn zu erreichen, und stellen so ein unzureichendes Mittel dar, ihn auf Dauer zu sichern.

WER WIRD ZUM OPFER?

Wer wird zum Opfer? Darauf sind zahlreiche Antworten gegeben worden. Natürlich gibt es einen bestimmten Charaktertypus, der sich eher zum Opfer »eignet« als andere, und das hat vor allem mit geringer körperlicher oder seelischer Stärke zu tun. Und es gibt bestimmte Menschengruppen, die bevorzugt zu Opfern gemacht werden. Traditionell – und auch am Ursprung der Kultur – waren das die Schwachen oder Menschen ohne Lobby: Fremde, Frauen, Kinder, Menschen mit Behinderung. Wenn dieses Buch *nicht* vornehmlich von ihnen handelt, so deswegen, weil es hier weniger die Opfer als vielmehr um den Opfer*begriff* geht.

Kinder sind in der Regel diejenigen Opfer, die uns am meisten schockieren, was mit ihrer körperlichen Unterlegenheit und ihrer emotionalen Abhängigkeit, kurz ihrer Unschuld zusammenhängt, die freilich inzwischen die Tendenz zu einem Phantasma trägt.

Das Kind gilt als das unschuldige Wesen schlechthin, dabei delektiert sich der Mensch schon im Kindergartenalter an unschuldigen Opfern, gehören Hänselei und Ausbeißen offenbar zu den »Kulturtechniken«, die Kindern nicht eigens beigebracht werden müssen. Und auch wenn Frauen wesentlich häufiger als Männer Opfer von Gewalt werden, vornehmlich körperlicher und sexueller, und Männer für mehr Straftaten weltweit verantwortlich zeichnen: Bei den Opferprozessen, um die es in diesem Buch vor allem geht, stehen Frauen den Männern um nichts nach – von Mobbing im Büro bis zum Rufmord in den Medien.

»Frauen sind doch keine Opfer«, erzürnte sich TV-Pionierin Wibke Bruhns anlässlich der jüngsten Debatte über den heiklen Übergang von Flirt zu sexueller Belästigung am 27. Januar 2013 beim ARD-TV-Talk von Günther Jauch. Man werde sich doch zu so einem Thema rational verständigen können, konterte die Kommunikationsexpertin Anne Wizorek, die via Twitter-Hashtag zu einem »#aufschrei« aufgerufen hatte und binnen sechs Tagen 49 000 Tweets mit Berichten von Betroffenen sammeln konnte – dazu gab es 30 000 weitergeleitete Beiträge, kurz, die größte Debatte, die auf Twitter bis dahin getobt hatte.

Das Verrückte sei, dass zu diesem Thema jeder etwas erzählen könne, meinte *Stern*-Chefredakteur Thomas Osterkorn, der den Artikel von Laura Himmelreich über die wenig originellen Avancen des FDP-Manns Rainer Brüderle ein Jahr zuvor pünktlich zu dessen Nominierung als Spitzenkandidat ins Blatt gehievt hatte. Brüderle hatte der jungen Journalistin um 11 Uhr nachts an der Bar attestiert, dass ihr Busen ein Dirndl ausfüllen könne.

Ist das schon ein Übergriff und sie folglich ein Opfer? Soll man so etwas ignorieren? Oder darüber reden? Und das sogar öffentlich? Oder ist Rainer Brüderle nun das Opfer von Himmelreichs Artikel über den Altherrenwitz, der, mit einem Jahr

Verspätung veröffentlicht, nur dazu diente, einen Spitzenkandidaten mit ollen Kamellen zu diskreditieren?

Wenn es stimmt, was Bernhard Pörksen und Hanne Detel in ihrem Buch *Der entfesselte Skandal* meinen, nämlich dass die demokratische Gesellschaft sich via Skandale über ihre eigenen Werte klar wird[13], dann muss man feststellen: Auf jeden Fall sollten wir darüber reden. Es kommt allerdings darauf an, wie.

Dazu, dass solche Themen, die allzu leicht mit dem Vorwurf »Täter!« bzw. »Opfer!« abgewürgt werden, tatsächlich ein wenig rationaler diskutiert werden, möchte auch dieses Buch einen Beitrag leisten. Denn jeder kann Opfer werden. Da der Sündenbockmechanismus ein irrationaler kollektiver Akt ist, kann er jeden treffen, Schwache wie Starke, Erfolgreiche wie Erfolglose. Das betonen auch Mechthild Schäfer und Gabriela Herpell in *Du Opfer! Wenn Kinder Kinder fertigmachen.*

»Du Opfer!« gilt unter Jugendlichen als das schlimmste Schimpfwort und ist oft der Beginn von Mobbing. Ein Beweis dafür, dass Heranwachsende noch ein »gesundes« Empfinden dafür haben, dass der Opferstatus eigentlich nichts Erstrebenswertes ist?[14] Cool ist er jedenfalls nicht. Womöglich deutet die Konjunktur dieses Schimpfworts aber auch darauf hin, dass die Sensibilisierung der Öffentlichkeit für Opferschutz und Opferrechte erfolgreich war.[15] Denn sonst würde »Du Opfer!« Erwachsene, Eltern und Lehrer, ja wohl nicht in dem Maße empören, wie das der Fall ist. Damit wäre es vergleichbar mit der Inbesitznahme von nationalsozialistischen Parolen und Symbolen durch Jugendliche, die oft auch nur diesen einen Zweck erfüllt: Erziehungsberechtigte zu schockieren.

Gibt es eine Psychologie des Opfers und wie kann man verhindern, Opfer zu werden? Diese Frage, zu der es zahlreiche populäre Ratgeber mit Titeln wie *Abschied von der Opferrolle* oder *Schon wieder ich! Über die Opferrolle oder wie wir uns davon befreien* gibt, steht hier dezidiert *nicht* zur Debatte. Sie ist Gegenstand der Viktimologie, einer noch jungen Teildisziplin der Kriminologie, die sich mit Opferpersönlichkeitsstrukturen, dem Prozess des Opferwerdens und den Beziehungsstrukturen zwischen Opfer und Tätern bzw. den Folgen für die Opfer einer Straftat befasst. Das erste internationale Symposium fand übrigens 1973 – wohl kein Zufall – in Jerusalem statt.

Zu ihren Gegenständen gehört aber auch die sekundäre Viktimisierung durch die Reaktionen des Umfelds, durch die Opfer oft ein weiteres Mal traumatisiert werden, sowie die tertiäre Viktimisierung, in der Opfer diesen Status als zentralen Bestandteil in ihre Persönlichkeit integrieren, ein Prozess, der auch als erlernte Hilflosigkeit bezeichnet wird. Diese beiden Teilbereiche überschneiden sich sehr wohl mit Themen dieses Buches, denn sie haben sowohl mit der Opferhysterie in den Medien als auch mit der Figur des selbsternannten Retters zu tun, der Opfer gerne in eine Position der Hilflosigkeit manövriert und dort festhält.

REDEN STATT RATSCHLÄGE

In diesem Buch geht es also nicht darum, zu untersuchen, ob bestimmte Menschen eine Disposition zum Opfer haben, Opfer also indirekt »selbst schuld« sein können an ihrer misslichen Lage, oder ihnen Ratschläge zu geben, wie sie sich als Individuen daraus befreien oder diese präventiv vermeiden können. Es geht auch nicht um die Schicksale der Millionen von Opfern allein des letzten Jahrhunderts, die durch totalitäre Regimes, persönliche Verbrechen oder einfach aus systemischen Gründen – also ohne dass es jemand direkt bezweckt hat wie etwa die Millionen Hungertoten aller Jahrzehnte – ihr Leben lassen mussten oder schwer traumatisiert überlebten.

Es geht überhaupt wenig um die Opfer selbst, sondern vielmehr um die Wahrnehmung von Opferprozessen in der Öffentlichkeit, um die *Interpretation* von Opfern, gemäß dem Motto, das diesem Buch vorangestellt ist: »Das Verhalten der Menschen wird nicht durch das bestimmt, was sich wirklich zugetragen hat, sondern durch die Interpretation davon.«[16]

Es betrachtet die Indienstnahme der Opfer für unterschiedlichste Zwecke: vom edlen Drang zu helfen über die schon fragwürdigere Wichtigtuerei im Namen von Opfern in den Medien – eine Strategie, mit der Prominente gerne ihr Image aufpolieren – bis zur immer populärer werdenden Selbstdeklaration als Opfer zwecks Heischen von Aufmerksamkeit oder einer monetären Wiedergutmachung.

Kurz gesagt: Hier geht es darum zu analysieren, welche Funktion Opfer in unserer anscheinend so säkularisierten Kultur immer noch erfüllen und warum es so vielen Menschen attraktiv zu sein scheint, mit gehobenem Zeigefinger auf Opfer zu deuten, um sich mit dieser Tat selbst zu erhöhen, oder selbst als Opfer wahrgenommen zu werden, um Aufmerksamkeit oder Geld zu bekommen.

Ein Opfer ist heutzutage jemand – und muss trotzdem keine Entscheidung treffen. Vielleicht ist es diese gefährliche Mischung, die es so verlockend macht, einem komplexer werdenden Leben mit Selbstentmündigung zu begegnen im Falle der Opfer, mit Entmündigung im Falle der selbsternannten Retter und mit Gewalt im Falle der Täter.

Wobei diese Argumentationsfigur gehörig hinkt: Denn sie macht eine komplexer werdende Lebenswelt zum Täter und die in ihr Handelnden zu Opfern, die nicht anders können. Aber genau das soll hier bezweifelt werden.

Dieses Buch will kein weiteres Wasser auf die sich bereits schnell drehenden Mühlen einer Opferdebatte gießen, die vornehmlich mit Schuldzuweisungen arbeitet. Im Falle eines so abstrakten Schuldigen wie der ach so komplexen modernen Welt wäre das nur allzu billig.

Denn die moderne Welt ist nicht nur per se nicht in der Lage, sich zu verteidigen und gibt insofern einen »dankbaren« Schuldigen ab. Es besteht zudem die Hoffnung, dass Licht in das Dickicht eines Begriffs zu bringen, der oft dazu dient, von

Handlungsoptionen abzulenken, dazu führt, ebendiese zu vergrößern – oder zumindest den Blick dafür zu schärfen. Denn wenn wir wirklich alle bloß Opfer wären, könnten wir auch nichts dagegen tun und hätten nichts zu vermelden.

Manche Täter sind auch Opfer und manche Opfer sind auch Täter. Deswegen kann es auch kein Ziel sein, einfach nicht mehr von Opfern zu sprechen, sondern vielmehr, die Aufmerksamkeit und das Differenzierungsvermögen in Hinsicht auf Opferzuschreibungen und -prozesse zu schärfen. Denn es ist immer noch komplizierter, als es zunächst scheint.

Was nottut, ist also eine Schulung der Unterscheidungsfähigkeit, wie sie etwa Konrad Paul Liessmann in seinem Essayband *Lob der Grenze. Kritik der politischen Unterscheidungskraft* fordert: »Unterscheidungen zu treffen wird in einer Zeit schwer, die sich prinzipiell davor scheut, überhaupt noch Unterscheidungen im Denken zuzulassen – denn unterscheiden bedeutet ausschließen, und das behagt der aktuellen Inklusionsrhetorik wenig. Grenzen zu ziehen, sei es in der Wirklichkeit, sei es im Denken, gilt als unfein.«[17]

Aber auch wenn es gelänge, unser Begriffsinstrumentarium in puncto Opfer und Täter zu schärfen, die Verwirrung und Vermischung der Begriffe, Analyse und Schlussfolgerungen aufzudröseln – es bliebe immer noch die wichtigste Frage offen: Muss es überhaupt Opfer geben? Und ist es realistisch zu fordern, dass mit dem Opfern Schluss sein solle oder zumindest den Tanz um das die Kassen wie die Herzen zum Klingen bringende Opfer in den Medien aufzugeben?

1.
DER SÜNDENBOCK UND DER BEGINN DER KULTUR

»Zwei Männer haben im zentralindischen Staat Chhattisgarh ein Mädchen (7) rituell geopfert und ihre Leber den Göttern dargeboten. Die beiden gestanden die Tat, sie hatten sich laut Polizei eine gute Ernte erhofft«, meldete *Die Presse* am 20. Januar 2012.

Wie aus diesem und auch dem einleitenden Zitat dieses Buchs hervorgeht, gibt es auch heute noch Opfer im ursprünglichen Sinne: Menschenopfer. Ihr Tod mutet so grausam und sinnlos an, dass man es kaum glauben kann, selbst wenn man es in der Zeitung liest. Menschenopfer werden heute einhellig als primitiv empfunden, dabei zeugen sie von den ersten Differenzierungen. Denn Opfer haben immer mit Differenzierung zu tun und also mit Kultur.

Die Praxis des Opferns einfach zu verurteilen ist leicht. Zu sagen »Das war früher, damit haben wir nichts mehr zu tun« kann fatale Folgen haben. Denn Opferprozesse gibt es auch heute noch, blutige und unblutige, von Bruderkriegen über Lynchjustiz bis zu Mobbing. Wenn man die Entstehung von Kultur verstehen möchte, lohnt es sich, genauer hinzuschauen, zu versuchen, Opferprozesse zu verstehen, bevor man sie verurteilt.

Wie dünn die Decke der Zivilisation ist, zeigt sich nicht nur regelmäßig, wenn nach Naturkatastrophen oder in kriegerischen Auseinandersetzungen die öffentliche Ordnung zusammenbricht und der Mob plündernd und mordend durch die Straßen zieht. In Europa finden Opferprozesse oft »nur« auf der psychischen Ebene statt oder »nur« in den sozialen Medien, wie beim immer beliebteren Shitstorm via Internet, aber damit werden Menschen nicht nur virtuell erledigt. Manche bringen sich um, weil sie die Schande nicht ertragen, andere werden mit dem Tod bedroht.

Als im März 2012 im deutschen Emden ein elfjähriges Mädchen missbraucht und ermordet wurde, nahm die Polizei einen Verdächtigen fest. Der 17-jährige Berufsschüler stellte sich später als unschuldig heraus. Allerdings war seine Verhaftung beobachtet worden. Seine Identität wurde über Facebook und andere soziale Medien verbreitet, und wenig später stand ein Mob von ca. fünfzig Personen vor der Polizeiwache, der die Herausgabe des Jungen forderte, um ihn zu lynchen.[18]

Glücklicherweise war die öffentliche Ordnung zu diesem Zeitpunkt an diesem Ort der Welt intakt. »Der Abstand zwischen dem Todeswunsch und dem Töten ist – in einem geordneten Staatswesen – zum Glück riesig«, wie es der Kriminalpsychiater Hans Ludwig Kröber formuliert.[19] Das war nicht immer so. Denn die öffentliche Ordnung, das heißt eine Ordnung, die über den unmittelbaren Familien- und Verwandtschaftskreis hinausgeht, stellt eine Errungenschaft der Zivilisation dar, die mühsam und über Umwege erlangt wurde. Und die, wie man sieht, auch heute noch stets bedroht bleibt.

EINE EINFACHE HYPOTHESE

Wenn René Girard das Opfer am Beginn der Menschwerdung ortet, erklärt er ein komplexes System, nämlich die Kultur, mit einer einfachen Hypothese. Da es über die Zeit, über die wir sprechen, vor hunderttausenden bis zu Millionen von Jahren, keine schriftlichen Aufzeichnungen gibt, handelt es sich hier notwendigerweise um Mutmaßungen und nicht um Beweise, aber Mutmaßungen können geringere und größerer Plausibilität besitzen.

Die Einfachheit einer Hypothese kann einen Pluspunkt dar-stellen – auch die Naturwissenschaften bevorzugen »elegante« Lösungen. Aber einfachen Hypothesen wird oft gerade ihre Einfachheit auch wieder vorgehalten. Nach dem Motto: Die Welt ist zu komplex für einfache Erklärungen. Dagegen spricht im Falle von Girard die Bandbreite der Phänomene, die sich mit seiner mimetischen Theorie erklären lassen.

Tatsächlich ist es beeindruckend, welche Lebensbereiche die Annahme von der Entstehung der Kultur aus dem Opferprozess abzudecken und wie viel bisher scheinbar nicht Zusammenhän-gendes und Unerklärliches sie zu erklären und in einem neuen Licht erscheinen zu lassen vermag: Raum und Zeit, Sprache und Denken, den Zusammenhang von Gewalt und Religion, kollektive Gewalt und Kriege, Verbote und Rituale, das sakrale Königtum und die Monarchie, das Inzestverbot, die Haustier-haltung, Fastenzeit und Fasching, den Zusammenhang von Wahnsinn und Vernunft, das Theater, die »Vorbildwirkung« der Werbung und die Globalisierung – kurz: die ganze Palette der erschreckenden und paradoxen Verhaltensweisen der Spe-zies Mensch.

Diese »Anthropologie des Religiösen«, wie Girard sie selbst nennt, stellt eine »radikal soziologische Lesart aller geschicht-lichen Formen von Transzendenz«[20] dar und sieht im Opfer kei-ne Angelegenheit der Götter, sondern der Menschen, die sie des-wegen auch in »menschlichen« Begriffen analysiert. Sie steht im Einklang mit der Evolutionstheorie und betrachtet die Religion, um mit Kant zu sprechen, »innerhalb der Grenzen der bloßen Vernunft«.

Trotzdem hat die mimetische Theorie und ihr Verständnis des Opfer- bzw. Sündenbockprozesses sich an Teile der katho-lischen Theologie als »anschlussfähig« erwiesen – sicher ein Grund dafür, dass sie in intellektuellen Kreisen weniger stark re-zipiert wurde. Ebenso wie die Tatsache, dass sie zu der Konver-sion ihres Entdeckers, des ehemaligen Agnostikers Girard, zum christlichen Glauben geführt hat. Was aber nicht bedeutet, dass man, um seine Theorie des Opfers, der Entstehung von Kultur und des Zusammenhangs von Gewalt und Religion nachvollziehen zu können, einen irgendwie gearteten Glauben braucht. Ein weiteres Plus: Sie kommt ohne einen goldenen Naturzustand aus, die Annahme, dass alles einmal gut war oder der Mensch »eigentlich« gut ist. Denn dieser Glaube steht im Gegensatz zu aller Evidenz des menschlichen Charakters, der Geschichte und der mythischen Erzählungen über unsere Vorfahren.

Die durch Soziologen wie Richard Sennett immer wieder vorgebrachte Hoffnung, dass die eine Seite des menschlichen Wesens, seine Fähigkeit zu Empathie und seine Angewiesenheit auf *Zusammenarbeit* – so der Titel von Sennetts Plädoyer von 2012[21]– dereinst zur einzigen Triebfeder seines Handelns wird, scheint nicht nur unrealistisch, sondern auch kontraproduktiv. Denn wenn man die Wirklichkeit verändern will, ist es immer besser, vom Istzustand als von einem Ideal auszugehen.

Und der besteht eben nicht ausschließlich aus Kooperation, sondern auch aus Konkurrenz. Nicht nur aus Mitleid, sondern auch aus Neid. Nicht nur aus Liebe, sondern auch aus Gewalt, wie der »real existierende« Kommunismus, der auf dieser schönen Hoffnung gegründet war, auf schaurige Weise bewiesen hat.

Im Klartext: Auch oder gerade in jener Gesellschaft, die auf dem Gedanken der Gleichheit aufgebaut war, ist es dem Menschen gelungen, Sündenböcke auszumachen und sie erbarmungslos zu vernichten. Davon erzählen das 3. und 4. Kapitel dieses Buches.

DIE UNSTILLBARKEIT DES BEGEHRENS

Wer ist René Girard? René Girard wurde 1923 in Avignon geboren, studierte zunächst Geschichte, kam von dort, seit 1947 in den USA lebend und lehrend, über die Literaturwissenschaft zur Mythenforschung, wo er – sozusagen als unvoreingenommener »Laie« und im Niemandsland zwischen den Disziplinen, in dem sich immer wieder die besten Entdeckungen machen lassen – zum Igel wurde. Zu einem Igel nach Isiah Berlins berühmter Unterscheidung von Denkern, die die Welt als kohärentes, zusammenhängendes System erklären und deren Theorie auf einer einzigen großen Erkenntnis beruht (und damit im Gegensatz zu den Füchsen stehen, die sich vornehmlich auf Einzelheiten konzentrieren).[22]

Wie schon der Name mimetische Theorie verrät, hat das etwas mit der Mimesis, der menschlichen Nachahmungsfähigkeit zu tun, auf der das Lernen und Begehren des Menschen beruht. Dadurch, dass es in Menschengruppen keine natürlichen Hierarchien gibt und der Mensch durch Nachahmung lernt, sind Konflikte, Rivalität und daraus resultierende Gewalt unvermeidlich. Und da Gewalt ansteckend ist, breiten sich die Konflikte aus – zu einem Zustand des »Kriegs aller gegen alle«, der bekannten Prämisse von Thomas Hobbes' Staatstheorie des *Leviathan* (1651).

In der Gewalt, von der die Mythen berichten und auch noch die heutigen zwischenmenschlichen Beziehungen zeugen, entdeckte Girard ein Muster, einen Mechanismus, den er »Sündenbockmechanismus« nannte, weil die Aggressionen in der sozialen Krise auf einen einzigen Unschuldigen abgewälzt werden – im Falle von Krieg und Völkermord kann das aber auch eine ganze Bevölkerungsgruppe sein, wie die Ermordung der Juden im Nationalsozialismus oder die der russischen Kulaken unter der Herrschaft Stalins zeigt.

Bekannt geworden ist Girard mit seiner Studie *Das Heilige und die Gewalt* (erschienen 1972 unter dem Titel *La violence et le sacré*), in der der Universalgelehrte und Querkopf bereits seine ganze Kulturtheorie entwickelte, die er später nur noch ergänzte und vervollständigte. Obwohl Girard mittlerweile Weltruhm genießt und 2005 in die altehrwürdige Académie Française aufgenommen wurde und Michel Serres ihn als »Darwin der Humanwissenschaften« bezeichnet, spielen seine Thesen in den öffentlichen Diskursen kaum eine Rolle.[23]

Das ist besonders deswegen bedauerlich, weil Girard zu einigen virulenten Themen der Gegenwart – vom globalen Wettbewerb bis zum Zusammenhang von Gewalt und Religion – schlüssige Erklärungen vorzulegen vermag. Aber vermutlich hat das auch Vorteile: Außenseiter sind in der Regel weniger auf ihren Ruf und die Meinung der anderen bedacht, wobei zu vermuten steht, dass Girard sich darum noch nie viel gekümmert hat.

In *Das Heilige und die Gewalt* legt er eine veritable Theorie der kollektiven Gewalt vor. Und erklärt das Opfer und damit die menschliche Gewalt als Ursprung aller Differenzierung und damit der Kultur, von der Religion bis hin zu den politischen Institutionen. Die Institutionen entstanden demnach aus den später rationalisierten und funktionalisierten, aber im Kern archaischen Hinrichtungs-, Geburts-, Todes-, Ehe-, Jagd- und Ackerbauriten.

Sie alle dienen der Vermeidung von ungebremster Rivalität und damit Gewalt im Inneren der Gesellschaft. Auch der französische Soziologe und Ethnologe Emile Durkheim (1858–1917) vertritt in *Die elementaren Formen des religiösen Lebens* (1912) übrigens die These, dass alle großen Institutionen aus der Religion geboren wurden.

Während in dieser frühen Schrift oft noch von der Grundlosigkeit der Gewalt die Rede ist, so sollte Girard später die mimetische Struktur des menschlichen Begehrens als Auslöser für die Gewalt in den Vordergrund stellen. Warum führt das Zusammenleben des Menschen notwendigerweise zu Gewalt? Wegen der Unstillbarkeit des menschlichen Begehrens, sagt Girard. »Sind die Primärbedürfnisse einmal gestillt – zuweilen sogar schon vorher –, ist der Mensch von intensiven Wünschen beseelt, weiß aber nicht genau, was er wünscht: Er begehrt das Sein – jenes Sein, das ihm seinem Gefühl nach fehlt und von dem ihm scheint, ein anderer besitze es.«[24]

»Der Mensch ist jenes Geschöpf«, formulierte er später, »das einen Teil seines animalischen Instinkts verloren hat, um zu dem zu gelangen, was Begehren genannt wird. Sind ihre Grundbedürfnisse einmal befriedigt, begehren die Menschen intensiv, aber sie wissen nicht genau, was, weil kein Instinkt sie leitet.«[25] Der Blick in ein beliebiges Kinderzimmer oder auf einen Spielplatz können das bestätigen: Interessant ist schon für den kleinen Menschen immer ausschließlich das, was der andere besitzt oder in der Hand hält. Und seien auch noch so viele andere Spielsachen zur Verfügung.

Nachahmung und Konkurrenz hängen ursächlich zusammen und machen Beziehungen ambivalent: »Ahme mich nach, das heißt, werde so wie ich, aber untersteh dich, mich vom Sockel zu stoßen«, lautet der Doublebind in den verschiedensten Beziehungen: zwischen Eltern und Kindern, zwischen Freunden, zwischen Vorgesetzten und ihren Untergebenen.

In traditionellen Gesellschaften verhinderten Verbote und Tabus die Konvergenz der Wünsche auf ein und dasselbe Objekt. Heute scheint Wettbewerb das Erwünschte. Mit offenbaren Folgen: Konkurrenz auf allen Ebenen des menschlichen Lebens, von den intimsten Beziehungen bis zur globalen Wirtschaft.

Der Mensch wünscht sich das, was andere haben – das beweist uns heute noch jeden Tag im Fernsehen die Werbung und die globalisierte Konsumkultur, wo sich das Begehren von immer mehr Menschen auf immer weniger Marken konzentriert. Konformität scheint das zu sein, was das menschliche Herz begehrt, allen Beteuerungen der Individualität zum Trotz.

Aber die Nachahmung hat auch positive Auswirkungen: »Durch das mimetische Begehren entkommen wir dem Animalischen«, stellt der leidenschaftliche Aufklärer Girard fest. »Dieses Begehren ist für das Beste wie für das Schlimmste in uns verantwortlich, verantwortlich für das, was uns unter das Tier herabsinken lässt, wie für das, was uns über es hinaushebt. Unsere endlosen Zwiste sind der Preis unserer Freiheit.«[26]

Und verweist darauf, dass es wohl kein Zufall sein kann, dass das zehnte und letzte Gebot vor genau diesem Begehren mit einer eindringlichen Aufzählung warnt: »Du sollst nicht begehren deines Nächsten Haus. Du sollst nicht begehren deines Nächsten Weib, Knecht, Magd, Rind, Esel, *noch alles, was dein Nächster hat*« (2. Mose 20,17).

DER SCHLÜSSEL ZU DEN MYTHEN

Den Schlüssel zu seiner Theorie fand Girard in den Mythen weltweit, von der griechischen Antike bis nach Polynesien. Mythen sind nach ihm keine bewundernswerten, fröhlich-naiven, pluralistischen oder gar toleranten Ursprungserzählungen, als die sie etwa die französischen Strukturalisten von Claude Lévi-Strauss bis Jacques Lacan oder im deutschen Sprachraum Odo Marquard in seinem *Abschied vom Prinzipiellen* (1981) auffassen. Im Gegenteil. Mythen stellen für Girard Erzählungen über die *wirkliche* und *gewalttätige* Ausstoßung eines unschuldigen Sündenbocks dar, geschildert aus der Perspektive der Täter, weswegen in den Mythen stets die Gewalt verschleiert und dem Sündenbock die Schuld zugeschrieben wird.

Bei den Ojibwa, einem indigenen Volk Nordamerikas, schaffen sich fünf anthropomorphe, übersinnliche Wesen ein sechstes vom Leib, indem sie es in den Ozean zurückschicken – die Geburt der fünf Stämme der Ojibwa. In einem Mythos auf der Insel Tikopia in Polynesien bringt ein rasender Mob einen fremden Gott, der in die Gemeinschaft eindringt und Lebensmittel zu stehlen versucht, zu Fall, und er stürzt in den Himmel. Aber vier pflanzliche Lebensmittel können für die Menschen gerettet werden. Bei den »Bacchantinnen« des Euripides wird ein sündiger König von rasenden Mänaden in einer Orgie zerrissen.[27] In der hinduistischen Mythologie wird das kosmische Urwesen Purusha durch eine Menschenmenge zerstückelt und gebiert das Kastenwesen.[28] Und auch in anderen Mythen werden Eindringlinge oder angebliche Missetäter von Klippen gestoßen, gesteinigt oder davongejagt.

Das Opfer in den Mythen sieht Girard als real an. Aber die Darstellung seiner Schuld als (unbewusste) Lüge: »Sie lügen nicht vorsätzlich; sie wollen uns nicht betrügen; sie sind selbst Betrogene; sie nehmen ihre Opfer wirklich als solch furchtbare Missetäter wahr, wie sie sie schildern. Sie sind gefangen in der Illusion des Sündenbock-Geschehens.«[29]

Dafür, dass diese Opferungen reale Gewaltakte abbilden, spricht nach Girard, dass sich die mythischen Erzählungen nur in Einzelheiten unterscheiden, die Struktur aber stets dieselbe bleibt: spontane Kollektivgewalt. »Weltweit sind die Ähnlichkeiten zwischen Opfersystemen derart konstant und leicht erklärbar, dass die Auffassung, die Opferungen seien imaginär oder psychopathologisch motiviert gewesen, wenig plausibel ist.«[30]

Die Mythenbildung kann also zusammengefasst als ein unbewusster Prozess verstanden werden, »der auf dem versöhnenden Opfer gründet und auf Kosten der Wahrheit der Gewalt geht; diese Wahrheit wird nicht ›verdrängt‹, sondern vom Menschen getrennt und vergöttlicht«.[31] Verkennung stellt also eine grundlegende Dimension des Religiösen dar, und »das Fundament dieser Verkennung ist nichts anderes als das versöhnende Opfer«.[32]

Mythen sind Märchen, aber nur insofern, als man hier nicht die ganze Wahrheit erfährt: Weil die Täter sich selbst die Wahrheit nicht eingestehen können, ohne dass ihr fragiles System zusammenbräche. Von hier aus ist es auch verständlich, mit welcher Inbrunst traditionelle Gesellschaften Riten, Verbote und Tabus verteidigen. Und womöglich lässt sich die Unfähigkeit bzw. Schwierigkeit, auch heute über Opfer ohne Verblendung und Funktionalisierung zu sprechen, als Nachhall dieses archaischen Impulses verstehen.

Mythische Helden tragen oft die Züge von typischen Opfern, von Ausnahmefiguren in die eine oder andere Richtung: Sie sind krank, verkrüppelt – man denke an den Klumpfuß von Ödipus –, stinken, sind hässlich und kommen häufig aus der Fremde oder sind im Gegenteil so schön, begabt, mächtig und reich, dass sie Neid hervorrufen.[33] Und die berüchtigten Eskapaden der griechischen Götter, von Vatermord über Inzest bis zum Kannibalismus an den eigenen Kindern, lassen sich als Spuren der Verbrechen lesen, die den ehemaligen Opfern vor ihrer Vergöttlichung angelastet wurden.[34] Interessanterweise variieren diese Zeichen von Kultur zu Kultur kaum. »Ihre Beständigkeit widerspricht dem anthropologischen Relativismus.«[35]

Aus den Mythen filtrierte Girard den »mimetischen Zyklus«, der die Rivalitäten innerhalb von (früh-)menschlichen Gruppen beschreibt. Ohne kulturelle Regelungen müssen diese Rivalitäten von Zeit zu Zeit notwendigerweise eskalieren und eine Spirale von Gewalt in Gang setzen, die in einer Krise der sozialen Ordnung kulminiert, einem Kampf aller gegen alle. Dieses Chaos wird dann jäh und ohne Planung durch die unwillkürliche Zusammenrottung aller gegen ein willkürlich ausgewähltes, unschuldiges Opfer wiederhergestellt. »Auf das Jeder-gegen-Jeden folgt jäh das Alle-gegen-Einen.«[36]

Diese Annahme unterscheidet sich fundamental von jener Sigmund Freuds von einem ursprünglichen Mord des Vaters durch seine Söhne, obwohl es auch Gemeinsamkeiten gibt: allen voran die Gründung der Kultur auf dem (realen) Mord. Allerdings bleibt für Freud das Opfer, etwa in seiner berühmt-berüchtigten Interpretation des Ödipus-Mythos, schuldig: Ödipus begehrt ja im Ödipus-Komplex wirklich seine Mutter. In der Interpretation von Girard wird ihm dieser Inzest nur angelastet, um ihn opfern zu können. Und Ödipus ist eigentlich unschuldig. In *Das Ende der Gewalt* reflektiert Girard diese und andere Differenzen zu Sigmund Freud ausführlich.[37]

KOLLEKTIVE GEWALT UND DAS ERSTE OPFER

Am Anfang war der Streit. Und am Schluss stand ein neuer Gott. Wie kann das vonstattengegangen sein?

Nachdem die zwischenmenschliche Rivalität derart eskaliert ist, dass alle Unterschiede eingebrochen sind, erklärt Girard, jeder gegen jeden kämpft und die gesamte Gesellschaft in die Krise geraten ist, wird die soziale Ordnung, der Friede durch die Zusammenrottung aller gegen ein willkürlich ausgewähltes Opfer wiederhergestellt. Dieser nicht intendierte und kollektiv durchgeführte Mord im »mimetischen Furor« findet bevorzugt als Steinigung, Stoßen von einer Klippe etc. statt, das heißt, es ist wesentlich, dass niemand genau weiß, wer angefangen hat und wer diese Tötung herbeigeführt hat, also wer die Schuld trägt.

Ein Nachhall dieses Vorgangs stellt die Hinrichtungspraxis etwa in den USA dar: Bei Vollstreckung eines Todesurteils durch die Giftspritze drücken mindestens zwei Beamte in einem Nebenraum jeweils einen Knopf. Niemand weiß also genau, wer den Verurteilten getötet hat – eine Taktik zur Verminderung der Schuldgefühle der Beamten. Aber zurück zu unseren Vorfahren.

Weil dieser erste Sündenbock, dieser erste Tote, der Gemeinschaft wieder zu Einmütigkeit und sozialem Zusammenhalt verholfen hat, wird er im Nachhinein zum göttlichen Wohltäter erhoben. Die Mythen erzählen einhellig davon: von dem Streit, der Versöhnung und dem gleichzeitigen Erscheinen des neuen Gottes, auf den sie ihre Kultur und alle ihre Strukturen zurückführen. In der Mythologie der Sumerer gehen die kulturellen Institutionen aus dem Körper eines Opfers hervor, ebenso in Indien, wo die Zerstückelung des Purusha durch die Menge das Kastenwesen gebiert. Und ähnliche Mythen findet man in Ägypten, China und bei den germanischen Völkern.[38]

Daraus schließt Girard, dass die Völker nicht ihre Götter erfinden, sondern ihre Opfer divinisieren, unter Zuhilfenahme von folgendem Gedankengang: »Es scheint, das Opfer sei umgekommen; aber im Gegenteil, es muss lebendig sein, weil es die Gemeinschaft, unmittelbar nachdem es sie zerstört hat, wiederaufbaut. Es ist offensichtlich unsterblich, folglich also göttlich.«[39] Das Wort *sacrificium* (lat. Opfer), zusammengesetzt aus den Wörtern *sacrum* (das Heilige) und *facere* (herstellen), deutet ja direkt auf diesen Umstand hin: Das Opfer ist die Herstellung des Heiligen. »Das Opfer schützt die ganze Gemeinschaft vor *ihrer* eigenen Gewalt, es lenkt die ganze Gemeinschaft auf andere Opfer außerhalb ihrer selbst. Die Opferung zieht die überall vorhandenen Ansätze zu Zwistigkeiten auf das Opfer und zerstreut sie zugleich, indem sie sie teilweise beschwichtigt.«[40]

Das Opfer bringt also Frieden, aber nur unter dem Tribut der Gewalt – und leider nicht auf Dauer. Denn bald brechen neue Rivalitäten aus. Der mimetische Zyklus trägt die Tendenz zur Wiederholung in sich, zu einem Teufelskreis. Aber sobald sich die Menschen an die Wirksamkeit des ersten Opfers erinnern, sinnen sie, es zu wiederholen. Das war nur mithilfe eines stellvertretenden Opfers möglich, lautet eine der Grundthesen von *Das Heilige und die Gewalt*.[41] Damit war der Ritus entstanden.

RITUALISIERTE GEWALT – ODER: DAS STELLVERTRETENDE OPFER

Den Prozess der Hominisation, der Menschwerdung, macht Girard in diesem Übergang vom ersten zum stellvertretenden Opfer aus. Das versöhnende Opfer, das im Ritus, der Wiederholung und Nachahmung der spontanen kollektiven Gewalt, in früheren Stadien durch einen weiteren – oft unschuldigen – Menschen und später durch ein Tier ersetzt wird, stellt somit den Schlüssel zu allen Riten dar.

Riten haben eine vorbeugende Rolle: die Wiederkehr der Krise des Opferkults zu vermeiden. Sie wenden Gewalt an, um die Gewalt in den Griff zu bekommen. Die »Feindseligkeit, Verachtung und Grausamkeit«, denen das stellvertretende Opfer ausgesetzt ist, wandelt sich nach dessen Tod in Verehrung und Respekt, der mit der kathartischen Entspannung zusammenhängt, in der der Ritus so wie die primäre Opferung mündet.[42] »Sogar die gewalttätigsten Riten sind darauf ausgerichtet, die Gewalt zu vertreiben«, sagt Girard. »Wer in ihnen die morbidesten und pathologischsten Eigenschaften des Menschen sieht, der täuscht sich gründlich.«[43]

Riten beruhen also auf Substitution bzw. Verschiebung – zuerst wird die Gewalt auf ein Opfer verschoben, das unschuldig war und an die Stelle der Gemeinschaft tritt: das Gründungsopfer. Und dann wird die »Heilung« mit einem Prozess wiederholt, der nicht der ursprüngliche war: dem stellvertretenden Opfer. Eine harmlosere Form der Gewalt, die die Gemeinschaft vor der Selbstauslöschung durch unkontrollierte Gewalt schützt.

»Funktion des Rituals ist es, die Gewalt zu ›reinigen‹, d. h. sie zu ›täuschen‹ und an Opfern auszulassen, die mit Sicherheit nicht gerächt werden.«[44] Und die sich nicht wehren können. Das können Kinder sein – wie im Falle des kleinen Mädchen aus Chhattisgarh, dem seine Hilflosigkeit noch im Jahr 2012 zum Verhängnis wurde –, Schwache und Behinderte, Fremde oder auch Tiere. Im Alltag kennt jeder von uns die harmlosere Variante dieser erstaunlichen menschlichen Fähigkeit zum Ersatz: den Chef, der seinen Frust an seinem Angestellten auslässt, den Mann, der seine Wut an der Frau auslässt und diese wiederum an den Kindern oder dem Hund …

»Religiöses und moralisches Verhalten zielt, im Alltag unmittelbar und im ritualisierten Leben mittelbar, auf Gewaltlosigkeit ab, und zwar paradoxerweise über die Vermittlung von Gewalt«, sagt Girard.[45] Auch die rituelle Nachahmung ist sich nicht bewusst, was sie nachahmt, enthält jene eine Form von Verkennung, die Girard eine grundlegende Dimension des Religiösen nennt: Es wirkt nur, solange man sich seiner eigentlichen Funktion nicht bewusst ist!

Aber die Opfermethode kann auch aus anderen Gründen nie auf Dauer sicher sein. Denn das System kann sich »abnutzen«, dann kommt es zu einer Krise des Opferkults – und die Opfer werden selbst im archaischen Sinne sinnlos, da sie die Ausbreitung von Gewalt nicht mehr verhindern. In einer solchen Phase sieht Girard die heutige Zeit. In der Moderne funktioniere das Gründungsopfer nicht mehr, geblieben aber sei die »fundamentale Neigung der Menschen«, »sich auf Kosten eines beliebigen Opfers ihrer Gewalt zu entledigen«.[46] Girard vergleicht den Opferprozess schon 1972 mit der Entseuchung von atomaren Anlagen, bei der die Reinigungstrupps nach getaner Arbeit ihrerseits entseucht werden müssen. Und wo Unfälle immer möglich sind.[47]

ENTDIFFERENZIERUNG UND GLOBALISIERUNG

Das moderne Streben gilt der Gleichheit und sieht deswegen Unterschiede als Hindernis an. Aber in früheren Gesellschaften waren es die Unterschiede, die zur Erhaltung und Wiederherstellung des Friedens beitrugen: Stände, Kasten, Heiratsverbote und Tabus etc. sind Ergebnis des Ritus und hatten einen lebenserhaltenden Sinn. Sie werden seit mehr als zweihundert Jahren, seit der Aufklärung und der französischen Revolution mit ihrer Forderung nach Freiheit, Gleichheit und Brüderlichkeit, eingerissen – in einem in der Geschichte beispiellosen Prozess der Entdifferenzierung, die Girard als eine Form der Opferkultkrise ansieht.

Diese Entdifferenzierung, die am Ende des 20. Jahrhunderts in die sogenannte Globalisierung mündete und damit immer schneller immer größere Teile der Weltbevölkerung erfasste, hat zu einer – zumindest nominellen – Gleichheit im Kleinsten und Größten, von der Konkurrenz zwischen Mann und Frau bis zum weltumspannenden Wettbewerb der Wirtschaft geführt, also zu steigenden Spannungen. Sie kann aber gleichzeitig als Grund für »die erstaunliche Mobilität der Moderne und deren überragende Effizienz« gelten.[48]

»Ohne sakrifizielle Mittlerinstanzen müssen sich die Menschen auf immer und ewig miteinander versöhnen oder sie finden sich mit dem baldigen Aussterben der Menschheit ab«, formuliert Girard im Jahr 1978 angesichts von Atombombe, weltweitem Wettrüsten und zunehmender Umweltzerstörung. Das bedeutet: Wenn sich der Mensch der mimetischen Ansteckung hingibt – besser, erfolgreicher und reicher zu sein als andere und diese zu beherrschen, um Ersteres sicherzustellen –, gibt es keine Opfermechanismen mehr, die einen Garant für einen zumindest zeitweiligen Frieden darstellen.[49]

Seitdem wird jeder Klimagipfel im Angesicht seiner vorher ausgesprochenen Ziele im Nachhinein als gescheitert eingestuft. Und auch wenn mehr als dreißig Jahre später die gegenseitige atomare Bedrohung in der Weltpolitik keine derart große Rolle mehr zu spielen scheint – das Vorhandensein von Atomwaffen in den USA und Russland und die Panik, dass es Ländern wie dem Iran, Pakistan oder Nordkorea gelingen könnte, ebenfalls Atomwaffen herzustellen, bedeutet immer noch: Der derzeitige Frieden wird im Schutze äußerster Gewalt gesucht bzw. mit Androhung von Gewalt gesichert.

»Niemals hat die Gewalt ihre Doppelrolle als ›Gift‹ und ›Heilmittel‹ unverfrorener ausgeübt«, schreibt Girard in *Das Ende der Gewalt*.[50] Die Zweischneidigkeit der Gewalt als Gift und Gegengift ist auch im altgriechischen Begriff *pharmakón* bzw. *pharmakós* sichtbar, der in der Antike in der Bedeutung von Gift *und* von Heilmittel gebraucht wurde und ein Menschenopfer bezeichnet, einen Sündenbock, der für Reinigungsrituale vorgesehen war. »Die Athener unterhielten regelmäßig eine Reihe von entarteten und unnützen Wesen auf öffentliche Kosten. Wenn dann irgendein Unheil, wie z. B. eine Seuche, Trockenheit oder Hungersnot, die Stadt heimsuchte, opferten sie zwei dieser ausgestoßenen Sündenböcke«, berichtet James Frazer.[51]

Übrigens leitet auch die Pharmazie, die moderne Wissenschaft von den Arzneimitteln, ihren Namen von diesem paradoxen Begriff her. Medikamente verwenden bekanntlich oft Gifte, die sich in wohldosierter Form als Heilmittel erweisen.

RELIGION, VERBOTE UND DIE ENTSTEHUNG DER KULTUR

Seit Voltaire wird Religion in der öffentlichen Diskussion gerne als etwas Sekundäres, um nicht zu sagen Unnützes und Parasitäres angesehen, von Mächtigen oder Ideologen erfunden zum Zwecke des Ausbaus oder der Rechtfertigung von Herrschaft und Unterdrückung, zur Not unter Verwendung von Gewalt. Nach der mimetischen Theorie ist das Religiöse aber keineswegs unnütz. Es hält sich die Gewalt als übermenschlich vom Leibe und versucht sie zu bändigen. Damit entzieht es dem Menschen seine Gewalt und gibt ihr eine Form, aus der Kultur entsteht. Denn der Ritus kommt zwar nicht ohne Gewalt aus, stellt aber trotzdem das aktive Bemühen dar, die Harmonie zwischen den Gliedern der Gemeinschaft aufrechtzuerhalten – auf Kosten eines Einzigen, des Sündenbocks. »Die bestmögliche Leistung der Menschen in Sachen Gewaltlosigkeit ist die Einmütigkeit minus *eins* des versöhnenden Opfers.«[52]

Dabei spielen Verbote eine entscheidende Rolle. Sie halten dem Leben der Gemeinschaft eine geschützte Zone frei, ein Minimum an Gewaltlosigkeit für die wesentlichen Funktionen, für das Überleben der Kinder und ihre kulturelle Erziehung.

Nicht die stets ins Feld geführte menschliche Angst vor dem Tod, sondern der Wunsch nach Friede innerhalb der Gruppe firmiert in dieser Erklärung also als Ursache der Entstehung von Religion. Mit dem ermordeten Opfer wird dabei von dem in den Prozess der Hominisation eingetretenen frühmenschlichen Wesen, das sich um das erste Lynchopfer schart, auch die erste Leiche und damit der Tod entdeckt.

Das erste *stellvertretende* Opfer markiert sodann die Entstehung der Kultur. »Die Kultur entspringt nicht direkt der Versöhnung, die auf den Opferakt folgt, sondern dem zweifachen Imperativ von Verbot und Ritual, das heißt der um der Krisenvermeidung willen nun vollständig geeinten Gemeinschaft.«[53] Das stellvertretende Opfer unterbricht die Krise, den Kampf aller gegen alle, also den Entstrukturierungsprozess, der die Ordnung zu zerstören droht. Damit steht es am Ursprung aller Strukturierung.[54]

In *Das Heilige und die Gewalt* sowie teilweise noch ausführlicher in *Das Ende der Gewalt* exemplifiziert Girard diese weitgreifende These eindrücklich an Riten und Festen, den elementaren Formen von Verboten wie Nahrungs- und Inzestverboten, den Übergangsriten und der politischen Gewalt, der richterlichen Gewalt, der Heilkunst, dem Theater, der Philosophie und selbst der Anthropologie.

Sogar der Mechanismus des menschlichen Denkens und der Prozess der Symbolisierung selbst wurzelt für ihn im versöhnenden Opfer. »Auch wenn keiner der Einzelbeweise, für sich allein genommen, schlüssig ist, so ist ihre Konvergenz doch überwältigend. Sie ist es umso mehr, als sie in Wahrheit mit den Aussagen der scheinbar allernaivsten Ursprungsmythen zusammenfällt – mit jenen Mythen also, die aus dem Leib der Ursprungsopfer selbst sämtliche für den Menschen nützlichen Pflanzen, alle Nahrung, aber auch die religiösen, familiären und gesellschaftlichen Institutionen hervorgehen lassen. (…) Der Ritus lässt die Menschen allmählich aus dem Heiligen auftauchen; er ermöglicht es ihnen, ihrer Gewalt zu entgehen; er entfernt sie von ihr, und er verleiht ihnen alles Denken und alle Institutionen, die ihre Menschlichkeit definieren.«[55] Der Mechanismus des versöhnenden Opfers bringt das erste Objekt und die Sprache hervor, das symbolische Denken und den Unterschied zwischen Drinnen und Draußen, Gut und Böse sowie den Antrieb, das Reale zu erobern.[56]

»Wenn dem so ist, dann ist die Gründungsgewalt tatsächlich der Ursprung dessen, was zum Wertvollsten der Menschen gehört und was zu bewahren ihnen am meisten am Herzen liegt«, heißt es in *Das Heilige und die Gewalt*.[57] »Die menschlichen Gesellschaften«, stellt Girard später noch pointierter fest, »sind das Werk der durch den Ritus disziplinierten mimetischen Prozesse.«[58]

Am Anfang war der Mord. Und aus diesem erst entstand das Wort. Will sagen: Womöglich war die Bezeichnung für das Opfer also sogar das erste Wort – und mit dem Moment, in dem das Opfer bezeichnet wurde, die Schwelle vom Tier zum Menschen überschritten. Der Mensch wurde sich seiner selbst bewusst: seiner Macht und seiner Gefährdung – das heißt der Gemeinschaft, seiner Angewiesenheit auf diese und seiner Sterblichkeit –, die im Prozess des Opfers auf unheimliche Weise zusammengeschweißt scheinen.[59]

MOBBING – EIN ALLTÄGLICHER SÜNDENBOCKPROZESS

Mobbing ist ein klassischer Sündenbockprozess, den man offenbar nicht erlernen muss. Mobbing kennt jeder, und das schon seit seiner Kindheit. Denn kaum eine Schulklasse kommt ohne einen Sündenbock aus. Und die wenigsten Schüler können sich dem sozialen Druck entziehen, der von einer Zusammenrottung der Mehrheit gegen einen einzelnen Schwachen ausgeht. Falls sie nicht aktiv mitmachen bei Hänseln und Drangsalieren bis zu körperlicher Gewalt, gehören sie zu denen, die wegschauen. Natürlich gibt es auch die Verteidiger des Opfers, aber das sind naturgemäß wenige. Und sie können den Prozess ohne Hilfe von außen zumeist nicht stoppen.

Wenn der »Chef« oder der »Stärkste«, in diesem Fall die Lehrerin oder der Lehrer, unantastbar ist, richtet sich die Aggression gerne gegen das schwächste Glied. Beim Mobbing »von oben« nominiert der »Stärkste« ein Opfer, um sich beliebt zu machen oder zu profilieren. Das heißt, auch Lehrer können beim Mobbing mitmachen und die Situation noch anheizen.

Mobbing beginnt oft mit übler Nachrede, mit Klatsch. Klatsch ist heimliches Gerede, das Sündenböcke produziert. Klatsch vereint die Klatschenden unter Preisgabe des einen. Auch Klatsch kann sich nach oben oder unten richten – auf

Hollywoodstars oder den beneideten Chef genauso wie auf den pickligen Mitschüler. Klatsch ist ein Versuchsballon, ob sich jemand zum Opfer eignet. Wenn andere darauf einsteigen, kann es losgehen. Denn die Starken auf dem Schulhof wissen erst, dass sie die Gewinner sind, wenn klar ist, wer die Verlierer sind. »Klatsch ist als Waffe gebrauchte Information. Er verstärkt entlehntes Begehren, Eifersucht und Rivalität.«[60] Er ist verwandt mit Gerüchten und schafft neue Mythen, das heißt diffamierende Geschichten über das Opfer, die höchstens teilweise wahr sind.

Während in den Medien immer mehr Menschen freiwillig als Opfer ins Rampenlicht treten, um sich zu profilieren und ihre »wahren Geschichten« zu erzählen, gilt »Du Opfer!« auf dem Schulhof als schlimmstes Schimpfwort. In ihrem »Mobbingreport« *Du Opfer! Wenn Kinder Kinder fertigmachen* erklären Mechthild Schäfer und Gabriela Herpell, dass es im Mobbing nicht um Verteidigung gegen einen (natürlichen) Feind geht wie im Tierreich, für das der Begriff von Konrad Lorenz 1963 geprägt wurde, sondern um Dominanz und soziale Macht in der Gruppe.

Mobbing bedeutet ein »funktionales Verhalten zur Stärkung oder Aufrechterhaltung von sozialen Gruppen« und stellt einen »Missbrauch sozialer Macht auf der Basis wiederholter Attacken gegen Schwächere« dar.[61] Dieser gedeiht besonders in fixen Umfeldern, aus denen man nicht so einfach ausbrechen kann, also im Gefängnis, im Militär, im Büro und in der Schule – und weniger etwa an der Universität, wo man einfach in ein anderes Seminar wechseln kann.

Mobbing gibt es schon seit Menschengedenken, die Mobbingforschung aber erst seit etwa dreißig Jahren, wobei in den letzten fünfzehn Jahren wesentliche neue Erkenntnisse gewonnen wurden. Etwa dass es nicht zum Ziel geführt hat, »im Wesen des Opfers nach Gründen für das Mobbing zu suchen«, da es keine bestimmten Eigenschaften gibt, die jemanden zum Opfer prädestinieren, wie etwa Schüchternheit oder physische

Schwäche. Und dass es keine angemessene Reaktion seitens des Opfers gibt – denn sowohl Abducken als auch Zurückschlagen kommen den Tätern zugute. »Ein Kind kann ein anderes fertigmachen wollen, weil es es verachtet, aber genauso gut, weil es dessen Konkurrenz fürchtet.«[62] Oder ganz einfach, um sich überlegen zu fühlen.

Neu ist auch die Erkenntnis, dass die Täter nicht »von Grund auf böse«[63] sein müssen, nicht immer selbst traumatisiert oder gar dumm sind, sondern oft außergewöhnliche soziale Fähigkeiten besitzen. Schließlich erfordert es Intelligenz und Spürsinn, das »richtige« Opfer zu finden, sowie manipulative Fähigkeiten, die anderen unmerklich gegen es aufzuwiegeln und beim Opfer die wunden Punkte auszumachen.[64] Schon Kinder können in diesem Sinne Machiavellisten sein. Und aus den Schulhof-Anführern werden später oft erfolgreiche Manager.[65] Aber eigentlich muss auch der Täter, so wie das Opfer, keine besonderen Merkmale haben, referieren Schäfer / Herpell, denn: »Jeder Mensch ist dazu in der Lage, in jedem anderen Menschen eine Schwäche auszumachen, die sich dazu eignen könnte, ihn fertigzumachen.«[66]

In Schulklassen gilt wie in den Medien: Opfer vereinen. Deswegen ist Mobbing oft unsichtbar. Alles scheint harmonisch. Und wenn ein Opfer abhandengekommen ist, ist das nächste an der Reihe. Denn die Täter brauchen das Opfer, um sich gut zu fühlen. Früher hieß es: Klärt das unter euch! Oder: Das wächst sich aus. Heute wird Mobbingverhalten durch die öffentliche Demütigung von Kandidaten in Castingshows »geradezu veredelt«[67]. In beiden Fällen wird die Tatsache verharmlost, dass sich hier alle auf Kosten von einem oder viele auf Kosten von wenigen amüsieren und gut fühlen dürfen, denn der Spaß der Täter steht beim Mobbing in keinem Verhältnis zum Leiden der Opfer.

Schäfer / Herpell sprechen von drei bis fünf Prozent betroffenen Schülern, das wären alleine in Deutschland etwa eine halbe Million Mobbingopfer im Klassenraum. Und sie betonen, dass es bei Mobbing unmöglich ist, sich nicht zu verhalten, denn gerade die Wegschauer stellen oft das Zünglein an der Waage dar, das es den Tätern und Mitläufern ermöglicht, Unschuldige zu quälen und damit manchmal in den Selbstmord zu treiben, aber in den meisten Fällen zumindest für lange Zeit, wenn nicht für den Rest des Lebens zu traumatisieren. »Kaum etwas erschüttert das Selbstvertrauen und auch das Vertrauen in andere so sehr wie die kollektive Ausgrenzung der Gleichaltrigen ohne ersichtlichen Grund.«[68] Ein Opfer kann sich nicht richtig verhalten. Deswegen macht Opfersein so ohnmächtig und so wütend. Es zerstört den Zusammenhang zwischen dem eigenen Handeln und dessen Konsequenzen, das Gefühl für Verantwortung.

Das Perfide dabei: Ist das Kind intelligent, gelingt es ihm manchmal sogar, »eine Art Profit aus seinem Opferdasein zu schlagen«, indem es seine gefühlte und auch reale Ohnmacht dazu verwendet, sich aus der Verantwortung für sein eigenes Fortkommen zu ziehen, womit es eigentlich vor sich selbst geschützt werden müsste. Und Mobbing hat einen direkten Zusammenhang mit Amoklauf, der oft an Schulen stattfindet.[69]

Das ehemalige Opfer wird zum Täter, rächt sich für seine Demütigungen und sein Ausgeschlossensein und versucht zumeist, möglichst viele Menschen zu töten, bevor es sich selbst umbringt[70], wie zuletzt im Dezember 2012 in Newtown/Connecticut. Damit befinden wir uns schon wieder mitten in der unheilvollen Verstrickung von Opfertum und Täterschaft, in dem schwer einzulösenden Anspruch, sie auseinanderzuhalten, ohne ihre wechselseitige Verstrickung zu verleugnen.

2.
DIE WELTRELIGIONEN UND DAS INNERE OPFER

In den Anfängen der religiösen Kulte dienten vor allem Menschen als Opfer, darauf deuten zahlreiche textliche und archäologische Indizien hin. Doch nach und nach traten Tieropfer an ihre Stelle, die allerdings fast überall als weniger wirksam angesehen wurden. »Bei äußerster Gefahr kehrte man auch noch im klassischen Griechenland zum Menschenopfer zurück. Glaubt man Plutarch, dann ließ Themistokles am Vorabend der Schlacht bei Salamis unter dem Druck der Menge persische Gefangene opfern.«[71] Das war 480 v. Chr.

Alle großen Weltreligionen – Judentum, Christentum, Islam, Hinduismus und Buddhismus – vollzogen diesen Schritt der Ersetzung der Menschenopfer durch Tieropfer, Opfer von Gegenständen wie Nahrungsmittel oder Blumen und symbolische, also innerliche Opfer. Aber keine dieser zivilisatorischen Errungenschaften ist davor gefeit, verloren zu gehen bei Gefahr, Verzweiflung oder unter dem Einfluss von Sekten und Fanatikern.

Der Buddhismus kennt Massenselbstmorde, radikalisierte Hindus stürmen Moscheen, der Islam produziert am laufenden Band Selbstmordattentäter, die versuchen, so viele Opfer wie möglich zu generieren, fanatische Christen bringen Abtreibungsärzte um, und in jüdischen Siedlungen im Westjordanland eskaliert die Gewalt. Trotzdem: »Jede Weltreligion enthält in ihren Schriften Empathie und Mitleid für die Opfer kollektiver Gewalt«, resümiert Thomas Vollmer in seiner Studie *Das Heilige und das Opfer*, in der er sich der »soziologischen Re-Lektüre der Religionen« verschrieben hat. Die verschiedenen

Heilstexte, die unisono die Gewaltproblematik thematisieren, konstatiert Vollmer, bieten auch Einsichten in die Bildung von normativen sozialen Ordnungen.[72]

Guy S. Stroumsa, Professor für monotheistische Religionen an der Universität Oxford und Mitglied der israelischen Akademie der Wissenschaften, betont in *Das Ende des Opferkults* den geringen Erkenntnisnutzen der traditionellen Einteilung in monotheistische und polytheistische Religionen im Hinblick auf die Opfer. Man müsse gar nicht der umfassenden mimetischen Theorie von René Girard anhängen, »um dem Opfer in den antiken Kulturen einen ursprünglichen, vorrangigen Charakter zuzuerkennen«, schreibt Stroumsa. Die von ihm betrachtete Epoche von etwa 300 bis 600 n. Chr. zeichne sich durch eine »Erschütterung des Gleichgewichts zwischen Mythos und Ritus aus, das in den spätantiken Gesellschaften durch die Opfer gewährleistet war«.[73] Dieses Gleichgewicht wurde durch die Entwicklung des Judentums und des Christentums, zumindest in Hinblick auf das Menschen- und Tieropfer, empfindlich gestört.

»Sacrificiorum aboleatur insania« (»Der Wahnsinn der Opfer soll beendet werden«), lautet ein Gesetz Konstans' II., das Eingang in den *Codex Theodosianus* fand.[74] Das war am Ende des 4. Jahrhunderts nach Christus. Dem endgültigen Verbot war eine tiefgreifende Veränderung des Opferrituals vorangegangen. »Die religiösen Transformationen der Spätantike legten in großem Maße den Grundstein für die europäische Kultur«[75], stellt Stroumsa fest. Dabei spielte das Judentum eine entscheidende Rolle. Ohne seinen Beitrag zu beachten, so Stroumsa, sei es unmöglich, diese Veränderungen zu verstehen.

Die Reflexion dieser Veränderungen könne aber auch dabei helfen, die tieferen Wurzeln von Problemen wahrzunehmen, mit denen wir heute konfrontiert sind, meint Stroumsa – und spricht damit offenbar den religiös motivierten Terrorismus islamischer Prägung an, dem man mit den Begriffen Opfer, Ritual, Rache und Reinigung am besten beizukommen vermag. Doch dazu später mehr.

DAS JUDENTUM: EURE FETTEN HEILSOPFER WILL ICH NICHT SEHEN

Die Geschichte kennt jeder, auch weil sie zu den Grundtexten des Judentums, Christentums und des Islam gehört. Im Alten Testament, in der Genesis, Kapitel 22, wird sie so erzählt: Gott fordert von Abraham, seinen Sohn Isaak zu opfern, aber als Abraham den Altar gebaut hat und den Sohn darauf legen will, ruft ihn Gott zurück. Abraham solle gegen das Kind keine Hand erheben. Stattdessen findet er einen Widder, den er nun opfert. Aus dem Menschenopfer wurde ein Tieropfer.

Im Buch Amos kritisiert Gott selbst die Opfer der Menschen. Im Abschnitt über den »wahren Gottesdienst« heißt es: »Ich hasse eure Feste, ich verabscheue sie und kann eure Feiern nicht riechen. Wenn ihr mir Brandopfer darbringt, ich habe keinen Gefallen an euren Gaben, und eure fetten Heilsopfer will ich nicht sehen. Weg mit dem Lärm deiner Lieder! Dein Harfenspiel will ich nicht hören, sondern das Recht ströme wie Wasser, die Gerechtigkeit wie ein nie versiegender Bach.« (Amos, 5, 22–24)

Das Judentum sollte nach Stroumsa die erste opferlose Religion werden: An Stelle des Opfers traten die Verhaltensregeln – also Recht und Gerechtigkeit – gemäß der Halakha und die Interpretation der Schriften sowie Fasten, Gebet, Studium der Schriften und Almosen. Der Bereich des Sakralen wurde immer mehr dem Privaten zugeordnet und die öffentliche Domäne dem Profanen. Diese Entwicklung führt Stroumsa maßgeblich auf die Zerstörung des Tempels in Jerusalem 70 n. Chr. zurück. Ohne einen sakralen Raum konnten die öffentlichen Kulthandlungen nicht mehr stattfinden, was zu einer Verinnerlichung, Privatisierung und Modernisierung der Religion führte. »Man kann wohl behaupten, dass mehr als jedes andere Einzelereignis die Zerstörung des Jerusalemer Tempels im Jahre 70 durch Titus als Ergebnis des Jüdischen Krieges die langsame, allzu langsame Transformation der Religion in Gang setzte, der wir unter anderem die europäische Kultur zu verdanken haben.«[76]

DIE NEUE SORGE UM SICH SELBST

Begonnen hatte alles mit dem hebräischen Prophetentum, mit dem die ethische Sorge um sich selbst und seinen Nächsten erstmals einen Platz in der Religion erhielt.[77] Zunächst ein Vorrecht der Eliten, sollten sich diese neuen Ansprüche durch das Christentum rasant verbreiten – sein Modell gründete nicht auf Bildung und Herkunft, sondern auf einer religiösen Praxis, »die sich durch Übereifer, Exzentrik und die Neigung zur öffentlichen Darstellung derer auszeichnet, die Max Weber die ›religiösen Virtuosen‹ nannte«.[78]

»Die religiöse Praxis der Juden definiert sich fortan, ebenso wie die der Christen, zumindest theoretisch durch Mehrleistung: Die neue Praxis kann tatsächlich das Opfer ersetzen; Gott schätzt das zerknirschte Herz und den guten Willen, beide von Natur aus unsichtbar.« Gott, hieß es, lasse sich weder durch Rauch noch den Geruch von verbranntem Fleisch etwas vortäuschen – die Geburt der »Gesinnungsreligion«[79], mit der jener Wettbewerb Einzug in die Frömmigkeit hielt, der sich im heutigen Diskurs der Political Correctness säkularisiert hat.

Der rituellen Reinigung der »schmutzigen« Gewalt durch Opfer folgte die seelische Reinigung, die Prüfung seiner selbst auf Sünden. »Das christliche Selbst ging nicht in der Gemeinschaft unter, sondern wurde zu einem Wahrzeichen seiner selbst.«[80] Das wurde durch die Praxis des Lesens unterstützt: Judentum und Christentum sind Buchreligionen und kreisen um zentrale Schriften, sagt Stroumsa, der das Christentum nonchalant als »Taschenbuchreligion« bezeichnet. Die Christen schrieben viel, und sie trachteten danach, ihre Botschaft zu verbreiten.[81] Und entwickelten damit Textsorten, die man getrost als Vorläufer der modernen Werbung betrachten darf.

An die Stelle des Opfers trat nicht nur bei den Rabbinern, sondern auch im frühen Christentum die *Erzählung* des Opfervorgangs. Aus dieser Perspektive betrachtet scheint es, dass die heutige Obsession der Medien mit dem Thema tatsächlich alte

Wurzeln hat. Denn auch sie liefern immer nur das eine: Geschichten von Opfern in immer neuen Variationen. Erzählungen über Opfer beinhalten – implizit oder explizit – Bewertungen. Noch heute wird das Opfer quasi »heilig«gesprochen und der Täter verurteilt, während sich der Erzähler nur allzu gerne einen moralischen Orden um den Hals hängt.

DIE ERZÄHLUNG VOM OPFER

Die Erzählungen des Alten und Neuen Testaments kreisen um das Opfer, auch in ihnen wimmelt es von Gewalttätigkeit und Sündenbockmechanismen, stellt auch René Girard fest. Mit einem wesentlichen Unterschied: der Interpretation. Während in den Mythen die Opfer nicht sichtbar sind, weil sie als Täter gelten, werden sie hier als Opfer anerkannt.

Im Alten Testament bekommt das Opfer eine Stimme. Das Opfer ist kein Gott mehr. Es wird vermenschlicht, wehrt sich gegen die Beschuldigungen und wird von der Erzählung als nicht schuldig dargestellt. So wie der zwar hochnäsige, aber unschuldige junge Josef, der von seinen Brüdern nach Ägypten verkauft wird und ihnen später verzeiht. Die Leidensgestalt Hiob und auch die Opfer in den Psalmen lehnen sich gegen ihr Schicksal auf.

Die Opfer des Alten Testaments werden somit nicht mehr einmütig und mit eigener Zustimmung, also nicht mehr »totalitär« verurteilt, so wie noch im 20. Jahrhundert in den stalinistischen Schauprozessen, wo das Opfer sich unbedingt schuldig bekennen musste – und damit zum Sinnbild für die Archaik und Grausamkeit dieser Form von »Gerichtsbarkeit« wurde.[82]

Die jüdische Religion »entgöttlicht die Opfer und entviktimisiert das Göttliche. Der Monotheismus ist Ursache und Folge dieser Revolution zugleich«, sagt Girard.[83] Denn im Monotheismus ist die Produktion von neuen Göttern durch die Produktion von neuen Opfern unterbunden. Es gibt nur noch einen

Gott. Und dieser eine Gott, Jahwe, war kein ursprüngliches Opfer. Auch Jesus geht nicht aus dem Missverständnis über das Opfer als Gott hervor, sondern indem er die Wahrheit über die Opferungen an seinem eigenen Leib demonstriert und ihre Wirksamkeit damit zersetzt.

Jesu Passion demonstriert in der Lesart von René Girard nicht nur eindrücklich, dass das Opfer unschuldig ist, sondern damit auch gleichzeitig, wie der mimetische Furor sich zusammenbraut, das Alle-gegen-Alle zum Alle-gegen-Einen umschlägt, kurz: den mimetischen Prozess als solchen.[84] Girard liest die Bibel, Altes und Neues Testament, also als *Erkenntnisgewinn* seiner Autoren über den mimetischen Prozess, jenen Opfermechanismus, der die menschlichen Gemeinschaften über so lange Zeit zumindest vorläufig befriedet hat.

Diese Offenlegung des mimetischen Prozesses, der in den Mythen stets verschleiert wird, stellt für ihn das Hauptthema der »Anthropologie des Evangeliums« dar: »Die Kollektivgewalt so präzise wie die Evangelien darzustellen heißt, ihr den von den Mythen zugestandenen positiven religiösen Wert abzusprechen, heißt, sie in ihrem rein menschlichen Schrecken als moralisch schuldig zu betrachten, heißt, sich von der mythischen Illusion zu befreien, welche die Gewalt entweder in eine lobenswerte, heilige, weil der Gemeinschaft nützliche Handlung verwandelt oder aber sie vollständig ausblendet, wie das heutzutage in der wissenschaftlichen Mythenforschung geschieht.«[85]

Freilich bezieht sich der christliche Ritus immer noch auf das Opfer, vollzieht es aber auf einer rein symbolischen Ebene: im unblutigen Gedenken an den Kreuzestod Jesu im Abendmahl während des Gottesdiensts, der eucharistischen Liturgie. Das Opfer Jesu war – zumindest theoretisch – in der Interpretation von Guy Stroumsa auch das letzte Menschenopfer: »Die offen bekundete Abscheu der Christen vor dem Opfer im Allgemeinen und ihr Grauen vor dem Menschenopfer im Besonderen spielten eine nicht zu vernachlässigende Rolle bei der Ausmerzung des Menschenopfers in den Mittelmeerländern.«[86]

DAS CHRISTENTUM: ALLE WERDEN OPFER

Außerdem wies das Christentum erstmals Frauen, Kindern, Fremden und Sklaven – also »klassischen« ehemaligen Opfern – einen bedeutsamen Platz in der Gesellschaft zu. Jeder konnte mitmachen. Und nicht nur Opfer (dar)bringen, sondern in einer so eigentümlichen wie folgenreichen Wendung des Opferbegriffs selbst Opfer werden: »Die Märtyrer und Jungfrauen bringen das Opfer nicht mehr dar, sie sind das Opfer. Das Christentum bietet jedem und jeder Gläubigen die Möglichkeit, Opfer zu werden.«[87]

Opfer werden, das hieß: mit Jesus Christus bezeugen, dass das Opfer unschuldig ist. Die Evangelien sind in der Girardschen Lesart im wahrsten Sinne des Wortes Offenbarung: die Offenlegung einer Wahrheit, die dem Menschen so unerträglich war, dass er sie bis dahin nicht betrachten konnte – seiner eigenen Gewalttätigkeit. »Indem Jesus die Gewalt bis ans Ende erleidet, offenbart und entwurzelt er die strukturale Matrix jeder Religion.«[88]

Die Passion, die Kreuzigung Jesu, trägt nach Girard sämtliche Züge von Mythen – aber mit umgekehrten Vorzeichen. Sie spricht nicht das Opfer schuldig, sondern die Täter. Jesus wird geopfert, aber gegen alle Gewalt. Er verlangt nicht nur, seinen Nächsten zu lieben wie sich selbst und die andere Backe hinzuhalten, wenn man geschlagen wird. Für die Überwindung der gefährlichen zwischenmenschlichen Mimesis bietet sich Jesus selbst als positives, weil gewaltfreies Vorbild an: Indem die Christen danach streben, Jesus zu imitieren, ihm nachzufolgen, ist die Rivalität – zumindest theoretisch – von den Mitmenschen abgelenkt.

Satan, heißt es im Johannesevangelium (8,43–44), war ein »Mörder von Anfang an« und ein Lügner. Im Altgriechischen bedeutet Satan »der Ankläger« und Paraklet, der Heilige Geist, »der Anwalt der Opfer« oder »Verteidiger der Angeklagten«. Die satanische Ordnung bedeutet demnach die Ordnung der unschuldigen Opfer und der vertuschten Morde, die durch den Tod Jesu sichtbar gemacht wurde.[89] Jesus ist das absolut unschuldige Opfer, und die Evangelien die Erzählung des Prozesses seiner Opferung, der mimetischen Ansteckung, die sogar die Jünger ergreift, und des Erscheinens eines neuen Gottes: der Wiederauferstehung.

Hatte Girard den Begriff Opfer für den Tod Jesu in früheren Schriften noch abgelehnt, weil Jesus in seiner Lesart »nicht in einem Opferakt, sondern gegen alle Opferakte stirbt, damit es überhaupt keine Opferakte mehr gebe«[90], so sollte er diese Auffassung später revidieren, auch wenn er sich der Vermischung von archaischem Opfer und Opfer Christi vehement entgegenstellt: »Christus bejaht es, zur Überwindung aller blutigen Opfer geopfert zu werden, und ich bin jetzt der Überzeugung, dass seine Selbsthingabe – so paradox es auch scheinen mag – letztlich in Begriffen des (Selbst-)Opfers beschrieben werden muss.«[91]

Das Lamm Gottes stirbt den Tod eines Sündenbocks. Und unterbindet damit zumindest in unserer Kultur die weitere Herstellung von Heiligem durch Gewalt. In dem darauf folgenden »entmythologisierten« Zeitalter gibt es keine versöhnenden Opfer mehr – mit weitreichenden Implikationen.

WER WIRFT DEN ERSTEN STEIN?

»Obwohl die Logik der Gewalt vorläufig das letzte Wort hat, ist die Logik der Gewaltlosigkeit überlegen, denn sie versteht die Logik der Gewalt und versteht sich auch selbst; dazu ist die Logik der Gewalt nicht fähig«, meint Girard.[92] Natürlich gibt es heute immer noch Opfer – aber seit dieser »Aufklärung« durch die Evangelien kann und wird immer irgendwo jemand aufstehen und sagen: Das Opfer war unschuldig! Die mythische Einmütigkeit ist verloren. Heute sind wir sogar so weit zu denken, dass das Opfer per se unschuldig sein muss. Ein schuldiges

Opfer gilt schon als Contradictio in adjecto. Auch wenn manche Christen weiterhin Gewalt als probates Mittel ansehen: Mit dem Neuen Testament lässt sich diese nicht legitimieren. Die Logik der Vergebung beendet zumindest theoretisch die Spirale von Gewalt und Rache.

An mehreren Stellen seines Werks analysiert Girard die Geschichte von der Ehebrecherin. Mit den berühmten Worten »Wer unter euch ohne Sünde ist, der werfe den ersten Stein auf sie« (Johannes, 8,3–11) lässt Jesus hier die Luft aus der erhitzten Menschenmenge. Heute würde man es die Einleitung eines gruppendynamischen Prozesses nennen. Warum ist niemand bereit, bewusst den ersten Stein zu werfen? »Wer ihn wirft, hat niemanden, den er nachahmen kann. Es gibt nichts Leichteres, als ein schon vorhandenes Vorbild nachzuahmen. Mit eigenem Beispiel voranzugehen, ist etwas ganz anderes.«[93]

Mit seinen Worten löst Jesus die gewalttätige Einmütigkeit, die bereit ist zur Steinigung, löst er die Menge auf. Einer nach dem anderen geht. Und das Individuum erscheint. (Für Girard ein Hinweis darauf, dass sich auch das Gute nur durch Nachahmung durchsetzt.)

Mythologische Gewalt ist einmütig. Aber die Jünger bzw. Apostel, die von Auferstehung zeugen, stellen eine dissidente Minderheit dar, die es in Mythen nicht gibt – und erliegen während der Passion trotzdem dem kollektiven Druck, der mimetischen Ansteckung. Die von Jesus selbst vorausgesagte Verleugnung durch Petrus ist dafür nur das bekannteste und spektakulärste Beispiel.[94]

»Das Christentum spiegelt die Gewalt, die die Menschen stets auf ihre Gottheiten projiziert haben, auf sie selber zurück«, resümiert Girard. »Gerade deshalb beschuldigen wir es, uns Schuldgefühle einzuimpfen. Und diesbezüglich haben wir sogar recht, denn es muss, um unsere Opfer zu verteidigen, deren Verfolger verurteilen, also uns selber.«[95]

EINE ANTHROPOLOGIE DES RELIGIÖSEN

Indem Girard das Neue Testament nicht als heilige Schrift liest, sondern interpretiert wie jeden andern Text auch, entdeckt er dessen Erkenntniskraft. Sein 2002 erschienenes Buch *Ich sah den Satan vom Himmel fallen wie einen Blitz* nennt er denn auch im Untertitel eine kritische Apologie, das heißt Rechtfertigung des Christentums. Dass seine Entdeckungen auch zu einer Konversion des ehemaligen Agnostikers zum Katholizismus geführt haben, tut für deren Verständnis nichts zur Sache, denn seine Auslegung der Offenbarung stellt keine theologische, sondern eine anthropologische Lesart dar. Girard versteht mit Simone Weil die Evangelien nicht in erster Linie als »Gotteslehre«, sondern als »Lehre vom Menschen«.[96]

Von den Linken als Konservativer, von den Rechten als Revolutionär abgestempelt sitzt er seitdem zwischen allen Stühlen. Trotzdem stellt seine Theorie des Opfers eine der wenigen Erklärungen dar, die nicht nur eine Bandbreite an Opferprozessen verständlich machen, sondern auch die Geschichte der Menschheit bis hin zu unserer zeitgenössischen schönen neuen Medienwelt. Auch deswegen ist es an der Zeit, Girards Gedanken einem breiteren Publikum vorzustellen.

Biografisch gesehen ging bei Girard die Entdeckung des mimetischen Zyklus, den er in *Das Heilige und die Gewalt* von 1972 aus den Mythen filtrierte, übrigens der Entdeckung des Christentums voraus. Zu seiner eigenen Überraschung fand er diesen Teufelskreis der Gewalt im Zuge der darauffolgenden Forschungen in den Evangelien bereits vollkommen »erklärt«. Das bedeutet aber nicht, dass das Christentum in seiner zweitausendjährigen Geschichte keine Opfer mehr produziert hätte, im Gegenteil. Die offenbare Gewalt der christlichen Geschichte und die Tatsache, dass das Christentum schon bald seinen Sündenbock gefunden hatte, die Juden als »Mörder Jesu«, gehören in dieses unrühmliche Kapitel, das Girard immer wieder thematisiert, ebenso wie Inquisition und Hexenverbrennungen. Der jahrtausendealte christliche Antisemitismus stellte keine unwesentliche Voraussetzung zur Vernichtung von Millionen Juden während des Nationalsozialismus dar, des schlimmsten Kapitels des christlichen Abendlands – selbst dann, wenn dieser Völkermord von antichristlichem Opferwillen zeugen sollte.

DER CHRISTLICHE RÜCKFALL INS
SÜNDENBOCKDENKEN

Für Girard stellt dieses historische Christentum, das sich trotz und gegen das Neue Testament dem Opferdenken verschrieb und somit sakrifiziell blieb – das heißt, besonders im Mittelalter mit seinen Kreuzzügen, Inquisition, Juden- und Hexenverfolgung Züge einer Opferreligion trug –, ein fundamentales Selbstmissverständnis dar, was für ihn für die Stärke des von den Evangelien aufgedeckten Mechanismus spricht. Auch heute können wir nicht aufhören mit der Herstellung von Opfern via Sündenbockprozessen – und niemand weiß, ob die Menschheit jemals ohne sie wird leben können.

Trotzdem: Girards kritische Apologie des Christentums wirft – auch wenn man Girard nicht bis zum Ende folgt und annimmt, dass hinter einer solchen »Offenbarung« nur ein Gott stecken kann, weil sie das denkbar Unwahrscheinlichste darstellt[97]– einen neues Licht auf eine der grundlegenden Schriften unseres Kulturkreises: Sie liest das Neue Testament als Aufklärung und könnte sich damit imstande erweisen, auch Skeptiker und Atheisten mit dem christlichen Erbe zumindest teilweise zu versöhnen.

»Die Betonung der Ungerechtigkeit des Opfervorgangs, die Abschaffung des Sakralopfers als Mittel der Gemeinschaftsbildung und die damit einhergehende Gewaltkritik ist eine bleibende zivilisatorische Leistung des Christentums«, resümiert Thomas Vollmer in *Das Heilige und das Opfer*.[98] Im zeitgenössischen intellektuellen Diskurs bleibt das Christentum allerdings weitgehend ausgeschlossen – für Girard stellt es aus diesem Grund selbst einen Sündenbock dar. Ihm wird alle Schuld an vergangener Unmoral zugeschrieben. Das mag seine biografischen Gründe haben in einer Generation, deren Kindheit von einer unterdrückenden und womöglich bigotten Kirchenmoral geprägt war. Und die jüngst aufgedeckten und intensiv diskutierten Missbrauchskandale durch Geistliche bedeuten natürlich Wasser auf die Mühlen. Trotzdem sollte man die Augen vor seinen Verdiensten nicht verschließen. Denn sie sind beträchtlich.

Es scheint paradox: Christliches Gedankengut hat den Geruch des Peinlichen. Kein Philosoph und kein Politiker – nicht einmal der christlich-konservativen Parteien – würde in einer Talkshow Jesus zitieren. Aber insgeheim dominiert das Christentum den öffentlichen Diskurs über Opfer. Denn sind nicht die Opfer unschuldig? Und sind wir nicht alle Opfer?

Bedauerlicherweise ist es dem Christentum nicht gelungen, den Menschen diesseits von Selbstverleugnung und Selbstvorwürfen einen befriedigenden, um nicht zu sagen glücklich machenden Umgang mit sich selbst vorzuschlagen – mit ein Grund, warum heute in den modernen Gesellschaften viele etwa mit dem Modell des Buddhismus mehr anzufangen wissen.

SKLAVENMORAL UND HERRENMORAL

Die durch das Christentum verbreitete Moral, die die Perspektive der Schwachen, der Opfer einnimmt, hat heute Hochkonjunktur, vielleicht mehr als je zuvor in der Geschichte. Aber sie ist naturgemäß nicht ohne Einspruch geblieben. Und sie hat massive Einbrüche erlitten in den großen Katastrophen des 20. Jahrhunderts, in denen Millionen Opfer vorsätzlich umgebracht wurden.

Zu den bekanntesten Kritikern der christlichen Moral zählt der Philosoph Friedrich Nietzsche (1844–1900). Er führt die Parteinahme des Christentums für die Opfer auf die Rachelust der Erniedrigten und Beleidigten, der Schwachen zurück, die das Christentum unter seine Fittiche nahm – und denen er den rücksichtslosen, rachedurstigen Übermensch entgegenstellt.[99] »Der Einzelne wurde durch das Christenthum so wichtig genommen, so absolut gesetzt, dass man ihn nicht mehr opfern konnte: aber die Gattung besteht nur durch Menschenopfer.«[100] Nach Girard entdeckte Nietzsche als Erster die Analogie der Struktur des Mythos, besonders jenes des griechischen Gottes Dionysos, mit dem Neuen Testament und die Umkehrung der zentralen Botschaft durch das Christentum: »Dionysos gegen den ›Gekreuzigten‹: da habt ihr den Gegensatz. Es ist *nicht* eine Differenz hinsichtlich des Martyriums, nur hat dasselbe einen anderen Sinn. Das Leben selbst, seine ewige Fruchtbarkeit und Wiederkehr bedingt die Qual, die Zerstörung, den Willen zur Vernichtung … im anderen Fall gilt das Leiden, der ›Gekreuzigte als der Unschuldige‹, als Einwand gegen dieses Leben, als Formel seiner Verurtheilung.«[101]

Die Struktur weist zumindest Ähnlichkeiten auf, aber die Interpretation widerspricht sich diametral. Indem im Christentum »der Opfernde zum Geopferten wurde, tat sich ein radikaler Wandel im religiösen Verhalten kund, der absurde Konsequenzen haben musste, die ganz offenbar noch nicht völlig verstanden sind«[102], schließt Guy Stroumsa seine Ausführungen zum *Ende des Opferkults* und spielt in diesem Zusammenhang auf Kamikaze und Selbstmordattentäter wie Mohammed Atta an, den vermuteten Anführer der Terroristen des 11. September 2001. Auch der religiös motivierte Terrorismus islamischer Prägung stellt eine Neuinterpretation des Opfermechanismus dar, denn die Attentäter sind wie Jesus Märtyrer, sie opfern sich selbst – aber nicht, um das Opfern zu beenden. Im Gegenteil: Der Opfermechanismus wird entfacht, um ihn zu benutzen – um inklusive sich selbst möglichst viele (unschuldige) Opfer zu produzieren und damit auf Umwegen die Welt zu retten, sich aus einer gefühlten Versklavung zu befreien oder das Ruder an sich zu reißen. Als Herren der Geschichte.

In Attas am Bostoner Flughafen zurückgelassenen Habseligkeiten wurde ein seltsames Dokument vorgefunden. Das »›islamisierte‹ Ritual eines Opfers, eines Menschenopfers und nicht eines Tieropfers, das im Zustand äußerst detailliert beschriebener körperlicher und spiritueller Reinheit durchzuführen sei, ohne dass der ›Priester‹ sich zu Gefühlen der Wut oder des Mitleids hinreißen lassen dürfe, auch nicht – als handle es sich bei ihm um das Schaf beim 'Id al-Adha [dem islamischen Opferfest, Anm.] – beim Durchschneiden der Kehle des Flugbegleiters in der entführten Maschine. Die rituelle Handlung, und sie allein, hat hier soteriologischen« – das heißt erlösenden – »Wert; sie stürzt die Weltordnung um und lässt automatisch den neuen geopferten Opfernden ins Paradies ein. Im Unterschied zum Tieropfer, bei dem man die Zustimmung des Tiers unterstellte, wird hier nicht um Zustimmung der geopferten Menschen gefragt«[103], resümiert Stroumsa. Das 7. Kapitel, »Königsmord, Terroranschläge und Heldendämmerung«, widmet sich diesem Prozess aus ethisch-politischer Sicht.

DER ISLAM: TIEROPFER UND SELBSTOPFER

Eigentlich vollzieht auch der Koran die Substitution des Menschenopfers durch das Tieropfer. In seinem Korpus befindet sich neben anderen Erzählungen aus dem Alten und Neuen Testament auch die Geschichte Abrahams/Ibrahims, des Vaters, der seinen Sohn opfern soll, wobei das Opfer von Gott durch ein Tier, ein Lamm, ersetzt wird (Sure 37,99–113). Diese Geschichte gilt als Muster für die unbedingte Hingabe an Gott, als Abkehr von den früher üblichen Menschenopfern und den Beginn der islamischen Opfertradition.

Im Islam – das Wort bedeutet übersetzt »Hingabe an Gott« – spielt das religiöse Opfer eine tragende Rolle. Das wichtigste islamische Fest des Kalenderjahrs, das Opferfest 'Id al-Adha, an dem jeder Moslem teilnehmen soll, erinnert an dieses Opfer und findet gleichzeitig mit der Pilgerfahrt nach Mekka statt, die jeder Moslem einmal im Leben unternehmen soll. Grundsätzlich wird das Opfersystem im Islam also nicht infrage gestellt.[104] Neben Opfertieren gibt es auch andere materielle Opfer, etwa Almosen für die Armen sowie das Spenden von Geld und Ausstattungsgegenständen für Grabstätten.

Jesus stellt im Koran nicht den Sohn Gottes, sondern lediglich einen Propheten dar, der an zweiter Stelle hinter Mohammed rangiert. Er wird auch nicht getötet, sondern die Kreuzigung wird explizit zurückgewiesen mit dem Hinweis, dass Allah ihn zu sich erhoben habe (vgl. Sure 4,157–158). »Dies bedeutet«, meint Thomas Vollmer, »dass der Prozess einer kollektiven Verfolgung, in deren Abschluss das Opfer als angeblicher Urheber einer gesellschaftlichen Krise getötet und im Anschluss an diese Tötung sakralisiert wird, nicht zu seinem sakrifiziellen Abschluss kommt, denn Jesus wird erhoben, bevor er das Opfer der kollektiven Gewalt wird. Allah ist ein Gott, der das Menschenopfer nicht verlangt, sondern es durch seine Macht verhindert. Die Intervention des Heiligen beendet auch hier eine kollektive Verfolgung – und zwar zugunsten des Opfers.«[105]

DSCHIHAD UND SELBSTMORDATTENTATE

Die religiöse Lehre des Islam unterstützt Gewalt nicht prinzipiell. Wie viele Religionen erlaubt er zwar die Gewaltanwendung in bestimmten Fällen, sieht Gewaltlosigkeit und Frieden aber als wichtigste religiöse Ziele an.[106] Trotzdem war Mohammed im Gegensatz zu Jesus und Buddha ein »bewaffneter Prophet«[107], und im islamischen Wertekanon spielt die Bereitschaft, sich für die Gemeinschaft zu opfern, eine in Europa und den USA seit dem Ende des Zweiten Weltkriegs kaum mehr nachvollziehbare Rolle.

Rache anerkennt der Koran als legitimes Instrument, wenn

sie nicht maßlos ist, und seine stark ausgeprägte Logik des Krieges, des Dschihad, die maßgeblich zu seiner raschen Ausbreitung beitrug, teilt die Menschheit in Freund und Feind, Gläubige und Ungläubige und legitimiert Gewaltanwendung gegen Letztere. Sie enthält, meint Vollmer, »ein nicht zu unterschätzendes Gewaltpotenzial, aus dem auch der militante Islamismus beziehungsweise totalitäre Dschihadismus seine destruktive Vitalität zieht. Wenn im Rahmen des militärisch verstandenen *dschihad* unschuldige Zivilisten zu Schaden kommen, so ist der Attentäter von der Vision beseelt, dass er lediglich Ungläubige und Schuldige opfert, deren Schicksal im Jenseits ohnehin das der Hölle sein wird«.[108]

Der christliche Märtyrer erduldet in der Nachfolge Jesu am Kreuz das Leid, das ihm angetan wird – und bezeugt damit seine Hingabe an Gott. »Der muslimische Märtyrer erduldet in der Regel nicht, sondern ist aktiv im Einsatz für das, was er als Verbreitung des Glaubens oder als Kampf gegen Ungläubige versteht«, erläutert Klemens Ludwig in *Die Opferrolle. Der Islam und seine Inszenierung.* Und nennt die Verbrechen des 11. September »die extremste Form des muslimischen Märtyrertums« – als solche seien sie auch von ihren Akteuren verstanden worden.[109]

Erst mit Beginn der 1980er-Jahre wurde es im Zuge des Kampfs gegen die sowjetische Besatzung Afghanistans üblich, Selbstmordattentate religiös zu legitimieren – allerdings unterstützt von zahlreichen religiösen Gelehrten. Heute gehört der Salafismus zu den bekanntesten religiös-politischen Bewegungen, die solche Gewalttaten mit dem Koran begründen. Die Attentäter von 9/11 sind Teil dieser Strömung. Auch die extrem konservative, wörtliche Koranauslegung der saudiarabischen Wahhabiten, zu denen Osama Bin Laden, der ehemalige Kopf der Terrorgruppe al-Qaida und Drahtzieher der Attentate von 9/11 gehört, spielt hier eine Rolle. 14 der 19 Attentäter stammten aus Saudiarabien. Das Selbstopfer im Namen der Gemeinschaft, die immer mehr zählt als das Individuum, und die Tradition des unbedingten Gehorsams sorgen dafür, dass es auch heute noch islamistischen Gruppen gelingt, junge Menschen als Selbstmordattentäter zu gewinnen, obwohl der Islam eigentlich sowohl die Selbsttötung als auch die Tötung Unbeteiligter verbietet.

»Der tiefgläubige Muslim ist verpflichtet, den Feind zu bestrafen«, erklärt Seyran Ates in der *Zeit* (20. September 2012) anlässlich der weltweiten gewaltsamen Proteste gegen ein beleidigendes Mohammed-Video im September 2012 – und zählt dort die verschiedenen Suren auf (4,89; 65/66; 33,61), die gerne herangezogen werden, »um Gewalt gegen diejenigen zu rechtfertigen, die den Islam beleidigen. Also Blasphemie wird gleichgesetzt mit Unglaube, und Unglaube gilt als größte Sünde, die ein Mensch auf sich laden kann. Darauf steht der Tod.« Glücklicherweise deutet nicht jeder Muslim den Koran auf diese Weise, und nicht in allen islamischen Ländern steht auf Blasphemie das Todesurteil.

Selbstverständlich gibt es auch religiösen Terror seitens Mitgliedern anderer Religionsgemeinschaften, Christen, Juden, Hindus, ja sogar Buddhisten. Mark Juergensmeyer hat ihnen seine Studie *Terror im Namen Gottes* gewidmet – und festgestellt, dass ihre Motive sich gar nicht so sehr unterscheiden. Da der islamische Terror aber derzeit als einziger global agiert und sich gleichzeitig die Logik der Massenmedien in puncto Aufmerksamkeitserzwingung durch Opferproduktion zu eigen gemacht hat, soll ihm hier besonderes Augenmerk gewidmet werden. Denn in diesem Buch geht es nicht um eine empirische Darstellung oder gar um eine Aufrechnung, welche Religion wie viele Terroristen mit wie vielen Todesopfern hervorgebracht hat, sondern um den Versuch, ein Phänomen zu verstehen: die Untrennbarkeit von Religion und Gewalt, von Opfern und Tätern – und den Einfluss, den die Aufmerksamkeit der Medien auf ihr Verhältnis gewonnen hat.

HINDUISMUS: KASTEN UND KARMA

Opfer schaffen Differenz. Das lässt sich auch an den grundlegenden Texten des Hinduismus belegen. In der Rigveda, der ältesten der vier Veden (ca. 1200 v. Chr.), wird die Geschichte der Opferung des kosmischen Urwesens Purusha erzählt, aus dessen Zerstückelung das Varna-System als stabile Ordnung hervorging: das Universum, Himmel und Erde, die Verse und Sangesweisen, die Tiere und das menschliche Kastensystem: Priester (Brahmanen), Krieger, Bauern / Händler und Diener/Arbeiter. »Dem gewalttätigen Gründungsereignis korrespondiert der altindische Grundsatz, dass Leben nur durch Gewalt (*himsa*) gegen andere möglich ist, da alles nur für das Opfer geschaffen ist.«[110]

Kastenwesen und Karmalehre, die Lehre von den Früchten, die man für seine Taten ernten wird, waren maßgebliche Faktoren, die die indische Gesellschaft strukturierten, Ungleichheit begründeten bzw. rechtfertigten und Rivalitäten verhinderten. Und vermutlich auch für einen Teil der Ergebenheit in das eigene Schicksal verantwortlich zeichnen, die vom Westen aus gerne beneidet wird.

»Das Karma konvertiert die soziale Ordnung in eine moralische, indem der Unterschied im sozialen Rang als ›gerechte‹ Vergeltung interpretiert wurde«, wendet Ilkwaen Chung gegen diese allzu rosige Sichtweise ein.[111] Obwohl das Kastenwesen auf Betreiben von Mahatma Gandhi nach der Unabhängigkeit von England unter der Regierung Nehru vor über einem halben Jahrhundert abgeschafft wurde, besitzt es heute immer noch großen Einfluss. Buddhismus und Christentum, die alle Menschen als gleich ansehen, hatten übrigens von Kastenlosen bzw. den unteren Kasten in Indien immer den meisten Zulauf.

Das Opfersystem im Hinduismus ist unendlich kompliziert und ausdifferenziert und wird im Yajurveda (*yayur* = Opferformel), dem vierten Veda, dem Handbuch für Priester, detailliert beschrieben. Die darin enthaltenen Ritualschriften *Brahmanas*

(800–500 v. Chr.) betonen die korrekte Durchführung des Opfers. Die innere Haltung spielte dabei keine Rolle, die Wirksamkeit des Opfers sah man durch die minutiöse Einhaltung der Regeln gewährleistet.

DAS INNERE OPFER

Aber bereits im ältesten Veda, dem bis ins 15. Jahrhundert vor Christus zurückreichenden Rigveda, keimen erste Zweifel an einer Gottheit auf, die Opfer fordert.[112] Und die Opfer werden nach und nach in das Innere des Menschen verlegt, in die Haltung zu sich selbst und dem Leben, den anderen Menschen, wobei Selbstbeobachtungsfähigkeit und Hingabe geschult werden – nicht unähnlich jenem Beten und Fasten, durch die auch im Judentum die äußeren Opfer ersetzt wurden. Auch wenn die äußeren Opfer nicht als unwirksam gelten: Dem inneren Opfer wird nun sogar noch mehr Macht zugeschrieben.

Die *Upanishaden* bilden den Schlussteil der Veden. Von den drei damals bekannten Heilswegen – Erfüllung des Dharma, seiner Pflichten, auf der Grundlage der Autorität des Veda, dem Jnana genannten Erkenntnisweg und dem Versenkungsweg des Yoga – beschäftigen sich die *Upanishaden* vorwiegend mit letzteren beiden. Ahimsa, die Gewaltlosigkeit, stellt hier eines der entscheidenden ethischen Prinzipien dar – so wie auch in dem wichtigsten Yogatext, den Yoga-Sutren des Patanjali, deren Datierung von 200 v.Ch. bis 400–500 n. Chr. reicht, wobei die in diesen Sutren ablesbaren buddhistischen Einflüsse auf zumindest eine Überarbeitung im letztern Zeitraum schließen lassen.

Fußend auf einer geistigen Erneuerungsbewegung revolutionierten die *Upanishaden* das auf einer äußeren Handlung beruhende Opfer zu einem inneren Opfer, einem Opfer des Egos, des Geistes, der Ichheit, das nunmehr mittels Meditation, Kontemplation und Selbstbeherrschung dargebracht wurde. Aber auch schon allein durch den Atemvorgang. So wird etwa in der *Kau-*

shitaki-Upanishad (2.5) an die Stelle des Morgen- und Abend-
opfers Agnihotram der Prozess des Einatmens (*prana*) und Aus-
atmens (*vac*) beim Reden gesetzt: »Solange nämlich ein Mensch
redet, solange kann er nicht einatmen; dann opfert er den Odem
in der Rede – und solange ein Mensch einatmet, solange kann
er nicht reden; dann opfert er die Rede in dem Odem. Diese
beiden Opferungen sind unendlich, unsterblich; denn man
bringt sie dar ohne Unterlass im Wachen wie im Schlaf. Hingegen die anderen Opferungen sind endlich, denn sie bestehen aus
Werken.«[113]

In der *Pranagnihotra-Upanishad* wird sogar die Nahrung
als ein dem Verdauungsfeuer des eigenen Leibes dargebrachtes
Opfer interpretiert – auf diese Weise wird der äußere Kultus
durch den inneren ersetzt, das ganze Leben mit jedem Atemzug
in seinen Dienst gestellt.[114]

AHIMSA – GEWALTLOSIGKEIT

»Der Weg der fernöstlichen Desakralisierung der Gewalt ist
von seinem Grundgedanken her einfach. Der Begriff *ahimsa*
bezeichnet exakt das Gegenteil dessen, was der Mensch in der
Opferhandlung sowie im Krieg vollzieht, nämlich das Nicht-
Töten und Nicht-Verletzen. (…) Die *Upanishaden* kamen also
aus dem Opfer, aber sie führten in die Askese, die die rituellen
Systeme hinter sich ließ«, resümiert Thomas Vollmer.[115]

Die bekannteste Schrift des Hinduismus, die *Bhagavad Gita*,
stellt hier einen Übergang dar. Sie ist Teil des *Mahabharata*,
des großen Kriegsepos, und wird der epischen Epoche (600–
100 v.Chr.) zugerechnet. Die *Bhagavad Gita* preist das ritu-
alistische Opfersystem der Brahmanen – das auf Gabe und
Gegengabe beruht – und propagiert gleichzeitig das absichts-
lose Tun, das weder nach Lohn noch Resultaten fragt. Sie
empfiehlt Entsagung und fordert zum aktiven Handeln in der
Welt auf.

Während Mahatma Gandhi (1869–1948) die *Bhagavad Gita* als Evangelium der Gewaltfreiheit las, interpretierte sein Zeitgenosse Sri Aurobindo Ghose (1872–1950) sie als Anleitung zu einem Befreiungskampf, wenn notwendig auch unter Anwendung von Gewalt. Was allerdings nicht zu verwundern braucht: Schließlich geht es im *Mahabharata* und auch in der *Bhagavad Gita* ja um einen Krieg.

Indem die *Bhagavad Gita* dem Begriff des *dharma*, den religiösen Kasten- und Opferpflichten, das *svadharma* entgegensetzt, vergleichbar mit der jüdischen »Sorge um sich selbst«, setzt sie jedoch einen entscheidenden Schritt in Richtung Verinnerlichung und Individualisierung. Die erste Silbe dieses Begriffs, *sva*, bedeutet eigen oder eigenes, *dharma* kann man mit Gesetz, Pflicht, Norm oder Aufgabe übersetzen. Je nachdem, ob man das *svadharma* aus religiös-hinduistischer Sicht oder aus yogischer Sicht interpretiert, bedeutet es allerdings etwas Grundverschiedenes. Aus religiöser Sicht nämlich die pure Erfüllung der Kastenpflichten zur Erlangung von Ruhm und Ehre und zur Vermeidung von Bestrafung. Aus yogischer Sicht bedeutet es ein Erkenne-dich-selbst: Erkenne, was dein eigenes Gesetz oder deine eigene Norm ist. Handle nach deiner eigenen Aufgabe und Pflicht. Folge deiner Bestimmung und Berufung.

Jeder muss handeln. Aber Handeln führt oft zu Gewalt, zumal in einer so verzwackten Situation, in der sich der Kriegsherr Arjuna in der *Bhagavad Gita* befindet. Entweder er führt Krieg gegen seine Verwandten – das bedeutet Gewalt. Oder er führt keinen Krieg – dann üben diese Gewalt aus. Gewalt lässt sich also nicht verhindern. Dieses Dilemma, das im Mittelpunkt der philosophischen Lehrschrift steht und auch heute noch nicht an Aktualität eingebüßt hat, kann Arjuna nicht auflösen. Wie kann man richtig handeln? Gott Krishna lehrt Arjuna deswegen, dass der Unterschied in der Haltung zu seiner eigenen Handlung besteht.

Aus der Sicht der *Bhagavad Gita* soll das Handeln nie durch etwas Äußerliches wie Erfolg oder Misserfolg, Belohnung oder

Strafe motiviert sein. Es soll sich also nicht nach den sogenannten Früchten des Handelns richten, sondern die eigene, innere Erfahrung zum Maßstab machen. »Handeln nach dem *svadharma* heißt jetzt ein Handeln, das für die jeweilige Person an einem bestimmten Ort zu einer bestimmten Zeit aus sich heraus so richtig ist. Es geht um ein Handeln aus der eigenen Mitte, aus dem wahren Selbst. Der Yogi handelt, weil dies die innere Erfahrung des eigenen Gesetzes sagt, weil dies der eigenen Bestimmung, der eigenen Berufung entspricht.«[116]

Anders gesagt: Es gibt eine Dimension, wo man in und mit seinem Handeln so zufrieden ist, dass man keine Anerkennung mehr braucht – ein anderer Ausweg aus den Rivalitäten, als ihn die Nachfolge Christi vorschlägt. Das Opfer wird also verinnerlicht und »spiritualisiert«[117] – und gleichzeitig die Gewalt säkularisiert: »Nicht mehr die Gewalt erscheint als heilig und erhebt den Menschen in sakrale Kreise, sondern das kontemplative Sich-Besinnen, die innere Ablösung von den Dingen der Welt, von Hass und Begierde.«[118] Zu bedenken bleibt freilich, dass eine nach innen gewendete Gewalt, die Askese, auch noch Gewalt bleibt.[119] Und im Falle eines fehlbaren Wesens wie des Menschen selbstverständlich jederzeit wieder ausbrechen kann.

BUDDHISMUS – UTOPIE DER GEWALTFREIHEIT

Die buddhistischen Texte verschreiben sich ganz dem Ahimsa-Gedanken. Thomas Vollmer konstatiert, dass sich das buddhistische Gedankensystem »nicht aus einem von Gewalt regierten Urzustand herleitet« und das sakrifizielle Denken dem Buddhismus »völlig fremd« sei.[120] Tatsächlich ist Buddha kein Gott, sondern »nur« jemand, der die Erleuchtung erlangt hat und, wie Max Weber formulierte, die Gläubigen *exemplarisch*[121] und nicht wie Jesus als stellvertretendes Opfer für die Sünden erlösen bzw. anderen den Weg dorthin weisen will – auch wenn er im buddhistischen Volksglauben freilich wie ein

Gott angebetet wird. »Die Empfehlung Buddhas, vor der Aus-
führung des Opferkults den Wohlstand und die Sicherheit
wiederherzustellen, zeigt, dass eine opferrituelle, also eine gewaltsame Gewaltabsorption, für den Buddha indiskutabel ist.
Der Frieden soll allein durch friedliche Maßnahmen wiederhergestellt werden.«[122]

Um Heil zu erlangen, braucht der Buddhist keine äußeren
Opfer, sondern die rechte, und das heißt individuelle Erkenntnis – jenseits von Dogmen – sowie den Verzicht auf Gewalt.
»Das Heilsziel des Buddha ist (…) ein utopischer Zustand ab-
soluter Gewaltfreiheit. So konnte Buddha bereits ein halbes
Jahrhundert vor Christus die Ethik der Nichtfeindschaft predigen«, resümiert Vollmer.[123] Für die menschliche Gewalt werden
im Buddhismus Begehren, Hass und Gier sowie Selbstliebe bzw.
die Illusion des abgegrenzten Ichs verantwortlich gemacht. An
ihre Stelle treten Nichtanhaften, Liebe und Mitgefühl – ein Modell, mit dem heute zunehmend mehr Menschen etwas anzufangen wissen.

»Glaubensfeinde hat der Buddhist nicht, vielmehr werden
die gemeinschaftskonstituierenden Mechanismen von In- und
Exklusion außer Kraft gesetzt«, betont Vollmer[124] und zeichnet
damit womöglich ein allzu rosiges Bild dieser freilich beeindru-
ckenden Lehre, die von manchen eher als Philosophie denn als
Religion angesehen wird.

DER YOGISCHE KÖRPER ALS OPFERARENA

Im Gegensatz dazu betont Ilkwaen Chung in seiner detaillierten
und kenntnisreichen Studie *Paradoxie der weltgestaltenden
Weltentsagung im Buddhismus* den Ersatz des vedischen Opfers durch das buddhistische innere Opfer und deutet Ahimsa
als sakrifizielle Gewalt gegen sich selbst bzw. magisch-ritualis-
tisches Tabu für das Leben, das mit seinen asketischen Aspekten
Leibentsagung, rituelle Selbstverstümmelung und Selbsttötung

im Gegensatz zum derzeitigen öffentlichen Bild von der Wellness-Wunschbefriedigung des Buddhismus steht.[125]

In der »Vergeltungs-Kausalität« der Karma-Lehre, in der keine Tat, weder gut noch böse, ungesühnt bzw. nicht vergolten bleibt, wendet Chung mit Girard ein, sei weder Platz für unbestrafte Ungerechtigkeit und nicht geahndete Bosheit noch für gerechte Unglückliche und verfolgte Unschuldige. In dieser Welt gebe es kein unverdientes Leid, würde die Unvollkommenheit der Gesellschaft inneren und äußeren Sündenböcken zugeschrieben – also mithilfe von Opfern der »Mythos der eigenen Vollkommenheit« genährt.[126]

Trotzdem versteht Chung die Weltentsagung in Meditation, Waldeinsamkeit und yogischen Übungen als eine »Institution zur Eindämmung der Gewalt«[127]. Sie übernimmt »in spezialisierter Weise die Funktion des opferkultischen Schutzes«, der damit ins Innere des Menschen gelegt wird, wie Chung detailreich belegt.[128] Damit erbringt er den erstaunlichen Beleg, dass die mimetische Theorie René Girards sogar auf Buddhismus, Meditation und Yoga anwendbar ist, die Chung auf überzeugende Weise rituell interpretiert: als gewaltsame Vereinigung der Energien im Inneren des Menschen, wobei der yogische Körper zur Opferarena wird, in dem die Atmung, wie weiter oben zitiert, das Opfer für das innere Feuer (agni) bringt und der Yogi seinen unreinen Körper in eine sakrale Reliquie verwandelt.[129]

GLOBALISIERUNG – ODER: DIE RÜCKKEHR DER RELIGION?

Und heute? Leben wir nicht, wie allerorts beklagt, in einem religionsfeindlichen Zeitalter, in dem die Rückkehr der Religion gerne in Zusammenhang mit der Rückkehr von Gewalt gebracht wird? Als sei die Religion an der menschlichen Gewalt schuld, die mir nichts, dir nichts verschwinden würde, wenn man nur die Religion abschaffen könnte. Als hätte es irgendwann in der Menschheitsgeschichte einmal einen Moment ohne Gewalt gegeben und als würde ohne die Religion sich plötzlicher Friede ausbreiten. Zu schön, um wahr zu sein.

Während traditionelle Gesellschaften dazu tendieren, Konflikte schon vor ihrem Ausbrechen zu unterdrücken, indem sie durch Verbote potenzielle Konfliktsituationen gar nicht erst aufkommen lassen – Ehrung der Alten, Heiratsverbote, ständischer Berufsschutz, Festschreibung des Geschlechterverhältnisses –, regiert in der modernen Gesellschaft der Wettbewerb aller mit allen: die universale Rivalität.

Doch unser Zeitalter erweist sich als fähig, Entdifferenzierung, und das heißt Wettbewerb in hohen Dosen zu absorbieren: »Was in einer anderen Gesellschaft als fatales Gift gewirkt und ein jähes ›Durchgehen‹ mimetischer Rivalität ausgelöst hätte, kann in unserer Gesellschaft zwar von eher erschreckenden, bislang allerdings stets befristeten Verwerfungen begleitet sein. Die moderne Welt hat sich davon nicht bloß erholt, sondern hat daraus gewissermaßen neue Kraft geschöpft; so konnte sie sich von neuem auf einer immer ›moderneren‹, das heißt einer immer breiter angelegten und immer geeigneteren Basis entfalten und Kulturbestände und Bevölkerungen integrieren und assimilieren, die sich zuvor außerhalb ihre Einflussbereichs befunden hatten«, analysierte René Girard 1978 in *Das Ende der Gewalt*.[130]

Was sich seitdem geändert hat? Das Rad des Wettbewerbs dreht sich zusehends schneller. Und religiöse Fundamentalisten, vor allem islamischer Prägung, wollen oder können mit dieser Entwicklung nicht Schritt halten und halten an ihren Gesetzen und Verboten eisern fest, vermutlich nicht nur aus Trotz, sondern auch in der Hoffnung auf das Jenseits. In den westlichen Gesellschaften hingegen glauben die Menschen, dass Religion und Verbote nur dazu erfunden worden seien, sie daran zu hindern, im Diesseits glücklich zu sein. Und das heißt, ihr Begehren zu erfüllen. Und sie haben gewissermaßen recht damit. Denn

Religion hat immer mit Verboten zu tun, von denen die stärksten Tabus genannt werden.

Heute gefallen sich nicht nur Künstler, sondern teilweise auch Politiker darin, Tabus zu brechen und anarchische Zustände zu fordern, in denen nach ihrer Annahme jeder Mensch sofort zu Zusammenarbeit und Altruismus umschwenken würde – und erträumen eine von solidarischem Handeln angetriebene Gesellschaft ohne Hierarchien, in der trotzdem der Einzelne alle individuellen Freiheiten behält.

Aber was würde geschehen, wenn jeder sein Begehren ungehindert befriedigen könnte? Dass damit erstmals in der Menschheitsgeschichte der Frieden ausbricht, scheint wohl mehr als naiv. Denn Verbote und Tabus haben auch die Funktion, den Menschen vor dem Gefährlichsten in seinem Leben zu schützen: vor dem Menschen – und damit vor sich selbst. Sich ständig auf die Suche nach äußeren Feinden zu begeben, die die Befriedigung seines Begehrens behindern – die Kirche und ihre Gebote, die Autoritäten und ihre Gesetze, die Reichen und ihre Banken –, kann wohl kaum zur Lösung dieses fundamentalen Dilemmas beitragen.

3.

FREUND UND FEIND: DER KRIEG
UND DIE GESCHICHTE

Heute begegnen wir Gewalt, und das heißt im Extremfall Töten, zumeist nur im Fernsehen. Und das Fernsehen ist voll davon. Krimis und Thriller gehören zu den beliebtesten Spielfilmformaten, und Dokumentationen über die schlimmsten Verbrechen aller Zeiten haben Hochkonjunktur, ebenso über Kriege, Massaker und Terroranschläge.

Gewalt ist ekelhaft. Sie gehört nicht zu uns. Sie gehört immer zu den anderen. Außer am Sonntagabend, wenn die Familien im deutschsprachigen Raum zusammen vor dem *Tatort* sitzen, der das Morden in die klein- und großbürgerliche Welt trägt wie einen Fremdkörper. Dass Gewalt fasziniert, gibt kaum jemand zu. Nicht einmal die Fans von Quentin Tarantino, dessen Filme gewaltverherrlichend zu nennen eine Untertreibung wäre.

»Wir Deutschen sind heute aus tiefstem Herzen davon überzeugt: Du sollst nicht töten! Schon Kätzchen zu ertränken ist etwas Schlimmes«, sagt der Kriminalpsychiater Hans-Ludwig Kröber. »Das absichtliche Töten eines Menschen gilt erst recht als unmenschlich. Wir haben hohe Hemmungen davor, und entsprechend selten kommt es vor. Der scheinbar naheliegende Umkehrschluss: Wer dennoch so etwas tut, ist nicht normal, muss verrückt sein oder schwer traumatisiert oder ein ideologisch verblendeter Fanatiker (Anarchist, Rassist, Islamist). Kaum einer kennt solche Täter persönlich, und so fällt es nicht sehr schwer, sich das Bild eines Täters nach Belieben zurechtzuschnitzen – bis die Polizei anrückt und mitteilt, der eigene Sohn werde wegen Totschlags gesucht.«

Das war nicht immer so: »Im unterschwelligen Gedächtnis der Menschen dieses Landes ist immer noch verankert, dass es die Aufgabe der Männer zwischen 16 und 60 sei, sich eine Uniform anzuziehen und zu töten oder getötet zu werden. Bis zum Ersten Weltkrieg wurde dieses Schlachten und Sterben ritterlich geadelt, zu Unrecht, wie wir wissen. Im Zweiten Weltkrieg war das Kriegshandwerk dann verschwistert mit ideologisch begründetem Massenmord.«[131]

VON SEUCHENOPFERN ZUM POETISCHEN OPFERKULT

Werfen wir einen Blick in die Genese des Opferbegriffs in der abendländischen Politik und Philosophie. In der Frühneuzeit wurde das Opfer noch als symbolisches Objekt im Sinne einer Inszenierung von Souveränität durch den Herrscher und seine Sorge und Vorsorge verstanden, ab dem 17. Jahrhundert wurde es auch statistisch interessant. Der Begründer der Demografie John Graunt (1620–1674) erfasste in seinen Statistiken nicht nur Seuchen-, Mord- und Unfallopfer, sondern auch »besondere« Opfer, nämlich sozial randständige – und wollte damit zwischen Natur und Politik nicht mehr prinzipiell unterscheiden.[132]

Die Aufklärung propagierte im Namen des gesellschaftlichen Fortschritts erstmals die »Überwindung der Notwendigkeit des Opfers«: »Die Beseitigung des Irrationalen im Allgemeinen und des Opfers im Besonderen sind im Selbstverständnis der Aufklärung parallele Vorgänge.«[133] Spätestens im 18. Jahrhundert wurde das Opfer wieder mehr in die Person und ihre Psyche verlegt, also verinnerlicht, und gleichzeitig aktiv dargebracht, als die Selbstaufopferung aus »Empfindeley« den Opferdiskurs zu dominieren begann. Diese ans Pathologische grenzende Opferbereitschaft zeigt einen Paradigmenwechsel von einer öffentlichen, repräsentativen höfischen Gesellschaft zu einer privaten, intimen bürgerlichen Gesellschaft mit ihren Opfern der Empfindsamkeit an.[134]

Auch das *Deutsche Wörterbuch* der Brüder Grimm konstatierte: »Der sinnliche Begriff tritt zurück vor dem innerlichen und geistigen«. Dafür zeichnet eine Verschiebung von einer hierarchischen, obrigkeitsfixierten Begründung zu einer solidarischen und säkularisierten verantwortlich: Im deutschsprachigen Pietismus opfert man nun sich selbst, sein Wohl, sein Vergnügen – und das nicht mehr unbedingt nur Gott, sondern auch seinem Nächsten. Die Verinnerlichung geht dabei so weit, dass man erst gar nicht mehr zur Opfer-Tat schreiten muss: »Die ›reinen‹ Opferrituale der Empfindsamen sind eine leere und bloß imaginative Tätigkeit.«[135]

Allerdings wird die dabei angestrebte Natürlichkeit unversehens wieder sakralisiert, der empfindsame Opfergang bekommt einen Zug ins Opferkultische – wächst sich zu einem poetischen Opferkult aus, der eine ganze Epoche prägen sollte und in dem die Opfergaben immer weniger privat und mehr auf dem »Altar des Gemeinwesens« darzubringen waren, zum Nutzen für die »Glückseligkeit« aller.[136]

Mit der Entwicklung der staatsrechtlichen Begriffe »polizeiliche Überwachung«, »Prävention« und »Entschädigung« entstand, wie Burkhart Wolf in *Die Sorge des Souveräns* zeigt, der moderne Opferbegriff. Bei Georg Wilhelm Friedrich Hegel (1770–1831) wird das Opfer »zum Prüfstein eines freien und zusehends reinen Werdens der Vernunft« und beglaubigt die Menschlichkeit des Menschen.

Opfer und Vernunft? Opfer ohne Blut? Das scheint nicht zusammenzupassen, und in der Tat, lange hielt diese philosophische Interpretation in Richtung Verinnerlichung und Rationalisierung der Realität nicht stand. Spätestens zum Beginn des Ersten Weltkriegs kippte die Stimmung in Richtung Opfer der Tat. Man war bereit, Blut zu vergießen, ja sogar begierig darauf. Wie konnte es dahin kommen?

Das hat unter anderem mit dem Aufkommen der Nationalstaaten und dem Nationalismus zu tun, der sich mit der Französischen Revolution entwickelte. Die allgemeine Wehrpflicht mit dem Ziel, die Einheit zwischen Regierung, Heer und Nation herzustellen, wurde 1813 in Preußen eingeführt. Der Feind war schon da: die Franzosen. Jetzt verlangte, wie früher die Religion, auch das Vaterland nach Opfern, der Nationalismus wurde zur säkularen Religion des 19. und 20. Jahrhunderts und entfaltete sich als aggressiver Imperialismus.

Der Erste Weltkrieg mit seinen Millionen Toten war die Generalprobe für das, was nachkommen sollte – die nationalsozialistische und stalinistische Ideologie der Hinopferung fürs Vaterland oder für die Zukunft, das höhere Ganze. Hitler sah Deutschland als Opfer der Friedensverträge von Versailles von 1919, so konnte er formidabel die Notwendigkeit zur Tat begründen. Auch hier zeigt sich wieder, wie wenig Opfertum und Täterschaft, zumindest in den Köpfen Fanatisierter, zu trennen sind. Denn beinahe jeder Täter fühlt sich als Opfer oder hat sich einmal als solches gefühlt oder gibt zumindest vor, sich als solches zu fühlen: um die Tat zu rechtfertigen. Denn schuld sind immer die anderen.

VON DER NERVENSCHWÄCHE ZUR KRISE

Zu Beginn des Ersten Weltkriegs war der Opferstatus nicht mehr etwas, was man erlitt, sondern eine genuine Möglichkeit zur heroischen Tat, für die einem Respekt gebührte und die einen zum Helden machte. Die von jenem Ennui, jener blasierten Langeweile erlöste, die die erschöpfte und von sich selbst als degeneriert wahrgenommene Jugend zumindest der gehobenen Kreise plagte. Freudig und wie erlöst stürzt sich Hans Castorp in Thomas Manns Roman *Zauberberg* nach sieben Jahren edler Langeweile im Schweizer Sanatorium auf der letzten Seite in das »Weltfest des Todes« des Ersten Weltkriegs. Und er steht nur exemplarisch für viele junge Männer seiner Zeit.

»Nie sah sich eine Gesellschaft so reif zum Opfer wie die Zeit der Jahrhundertwende, nie waren sich rechts und links so nahe wie in ihrer euphorischen Zustimmung zum Krieg, und nie waren sich die Nationen Europas so einig in der Bereitschaft zum Opfer wie am Vorabend des Ersten Weltkriegs, in dem sie dann als Feinde aufeinandertreffen sollten«[137], schreibt Hans Richard Brittnacher und spricht in diesem Zusammenhang von einem säkularen »Sog des Opferdenkens«. Im Modell des Opfers und dem ihm innewohnenden Versprechen »einer zeremoniellen Bannung der Gewalt« habe das Krisenbewusstsein dieser Epoche zu einer Aussöhnung mit der »drohenden Modernität« gefunden – allerdings nur vorübergehend.[138]

Das Lebensgefühl der gebildeten Jugend und fast der gesamten Kunstszene war bis dahin geprägt gewesen von einer »Romantik der Nerven«[139], einem Gefühl von Müdigkeit, Abschied und Hysterie, kurz einer morbiden Grundstimmung. Die Rede von der Krise gehörte – wie heute, allerdings weniger unter wirtschaftlichen Vorzeichen! – »zum kulturellen Inventar der Zeit«[140]. Zumindest versagte sich die Literatur der Jahrhundertwende »konsequent jede Aussicht, wie vage sie auch sei, auf Besserung«[141]– ein Suhlen in der eigenen Befindlichkeit, das Karl Kraus wegen seiner Künstlichkeit despektierlich »Gänsefüßchen-Décadence« zu nennen pflegte, wobei er damit natürlich noch nicht jene Anführungszeichen der Political Correctness gemeint haben konnte, die heute so nervös, um nicht zu sagen hysterisch um das Opfer kreist.

Auch das gemeinsame Thema, auf das sich die Kunst der Jahrhundertwende einigte, gehört zum Opferthema wie das Amen zum Gebet: die Gewalt.[142] Die Literatur, die Theaterstücke jener Zeit waren voll von Rachsucht, Blutrausch, Lustmorden, grausamen Herrschern vergangener Zeiten. Gewalt tritt hier nicht nur stets extrem stilisiert auf, sondern zeigt auch eine auffällige Orientierung an rituellen Aspekten und gibt damit Auskunft über das »Unbegreiflichwerden der Welt und die Erschütterungen der davon Betroffenen«. Der Ort dieses Ritus ist die Bühne, Oscar Wildes *Salomé* (1891), Rainer Maria Rilkes *Alkestis* (1907) oder Hugo von Hofmansthals *Elektra*

(1909) gehören in diese Inszenierung des Opfers als innerweltliche Erlösung.

In dem Maß, in dem diese »literarischen Versuchsanordnungen die unbegriffene Gewalt der Realität um die Figur eines Opfers zentrieren«, sprechen sie dem Opfer die religiöse bzw. quasi-religiöse Funktion eines modernen Sündenbocks zu, der die auseinanderbrechende Welt wieder zusammenschweißen und vor dem phantasierten Untergang retten soll.[143]

DIE FRAGLOSE ORDNUNG UND
DER SINN DES LEIDENS

Nach dem Sturz der Transzendenz, den Nietzsche in den berühmten Satz »Gott ist tot« gefasst hatte und die er mit dem Übermenschen zu ersetzen versuchte, erwacht eine »neue Leidenschaft für Surrogate der religiösen Sinnstiftungen, die dem vergangenen Jahrhundert noch unproblematisch verfügbar waren«. »Eine ›vagierende‹ Religiosität heftet sich deshalb an jeden Trend auf dem Markt der Weltanschauungen und Ersatzreligionen, der esoterische Gewinne oder metaphysische Tröstungen verspricht.«[144]

Das klingt nicht viel anders als heute, wo die Medien das Opfer zelebrieren ebenso wie die Kunst, wo der Markt an esoterischen Sinnangeboten schier endlos ist, nur dass heute die Erbauung ohne Preis zu haben scheint: als Wellness oder in einem weichgespülten Buddhismus, der im Gegensatz zum strengen japanischen Zen nicht wehtut, als Teilhabe an den Schicksalen von ach so armen Opfern in fernen Ländern oder zumindest weit entfernt scheinenden Gesellschaftsschichten via TV-Nachrichten und Twitter.

Das Opfer in der Belle Époque griff »auf ein archaisches Lösungsmodell zurück«, um die »Desintegrationserfahrungen der Moderne zu überwinden«.[145] Tun wir das heute auch?

In vieler Hinsicht scheinen die »Probleme« der letzten Jahrhundertwende den unsrigen gar nicht so fern: Mit der Differenziertheit und Relativität der modernen Lebenswelt, der Trennung der Kategorien von Religion, Politik und Sozialem kommen auch heute viele nicht zurecht. Da erscheint das Opfer – und sei es nur die Rede *über* das Opfer – eine willkommene Lösung. Gemeinsam mit der Medienmeute bilden wir ein Rudel, gejagt werden am liebsten Promis: von Theodor zu Guttenberg über Jörg Kachelmann, Christian und Bettina Wulf bis zu Annette Schavan, um nur einige Beispiele aus jüngster Vergangenheit zu nennen. Und schon ist alles wieder gut. »Rituelles und Soziales sind wieder ungeschieden eins, Gläubige und Ungläubige, Herrscher und Beherrschte, Opferer und Geopferte, Männer und Frauen besetzen keine austauschbaren, sondern vom Schicksal unverrückbar vorgegebene Plätze. Im zwingenden Charakter mythischer Vorgaben liegt für den, der sie zu befolgen hat, auch das Versprechen der Entlastung von aller Verantwortung«, schreibt Brittnacher, und man denkt an Formulierungen wie jene von Pascal Bruckner, in dessen Buch *Ich leide, also bin ich* (dt. 2004) ein Kapitel die Überschrift trägt: »Ist das Baby die Zukunft des Menschen?«, oder an Slavoj Žižeks Kritik an der (Selbst-)Viktimisierung als Identitätsbildungsmerkmal der Postmoderne in »Liebe dein Symptom wie dich selbst« (dt. 1991).[146]

»Das Opfer wurde zur moralischen Kategorie, darin sehe ich ein Problem, denn heute lässt sich sogar eine Reputation damit erlangen, Opfer zu sein, zu leiden«, sagt der Analytiker und Philosoph Christian Kohner-Kahler. Das hat nach ihm damit zu tun, »dass die Funktion eines Großen Anderen, wie ihn Lacan konzipierte, also die Sicherheit einer symbolischen Ordnung, immer brüchiger wird. Als Opfer muss ich keine Verantwortung übernehmen – das Kind ist heute ja das Opfer schlechthin, seine Unschuld zu einem Wunschobjekt ersten Ranges geworden.« Auf der psychischen Ebene erspare das selbst gewählte Opfertum, sich mit den eigenen, inneren Dynamiken auseinanderzusetzen. Aber es habe auch Konsequenzen für die Politik: »Denn niemand ist mehr bereit, etwas einzusetzen oder zu riskieren.«[147]

VOM ZERFASERTEN DENKEN ZUM
OPFER DER TAT

»Zerfasert und zerfressen/Vom Denken, abgeblasst und ausge-
laugt« fühlt sich Claudio in Hugo von Hofmannsthals *Der Tor
und der Tod* (1894).[148] Wie heute viele Menschen sehnen sich
die Helden der Dramen jener Zeit mit ihren Autoren nach Lin-
derung von Rationalität, Skepsis und Sachdenken. Das Selbstopfer im Krieg – sein Leben zu riskieren, indem man andere
tötete, ein paradoxes Amalgam von christlichem Selbstopfer
und dem gewalttätigen Opfermodell der griechischen Antike,
das in der Kunst vorbereitet wurde – versprach Erlösung. Die
Faszination von Macht und Gewalt, die Erhebung bewunderter
Täter zu Führern und der Anspruch auf unbedingten Gehorsam schafften willige Vollstrecker des Krieges, die freilich von
dessen realen, blutigen Niederungen oft schnell desillusioniert
waren.

Todesphantasien und Männerbund, Verlangen nach dem
Frauenopfer und allgemeiner Opferkult, der Rausch des Blut-
vergießens und die Sehnsucht nach dem Selbstopfer sowie die
Verherrlichung der griechischen Vorgeschichte als das »goldene
Zeitalter des Menschenopfers«[149] wurden am Vorabend des
Ersten Weltkriegs nicht nur zum Gift und Gegengift gegen
Langeweile, sondern auch gegen die Haltlosigkeit durch den
sprichwörtlichen Tod Gottes und die Mühsal des historischen,
differenzierenden Denkens.

»Neben anderen Vorzügen empfiehlt die Ideologie des Opfers
sich auch dank ihrer Eigenschaft, Gewalt zu anonymisieren,
indem sie dem Täter das Bewusstsein seiner Tat entwindet. Wer
opfert, tötet nicht, sondern handelt als ausführendes Organ
höherer Gewalten«, referiert Brittnacher in Bezug auf Rudolf
Borchardts Abhandlung *Über Alkestis* von 1911.[150] Nietzsches
Übermensch erlebte eine Hochkonjunktur. »Das Opfer hat die
Generation des Fin de siècle fasziniert«, fasst Brittnacher zusammen, und das soll hier einmal zitiert werden, um sich die

Gemeinsamkeiten auf der Zunge zergehen zu lassen, »weil es die Weihe des Religiösen und die Aura des Bedeutsamen versprach, weil es mit der Vorstellung von charismatischen Tätern und neuer Souveränität lockte, weil es einen Ausweg aus den allgegenwärtigen Krisen zu verheißen schien, weil es die bevorstehende Apokalypse zu verzögern und die drohende epidemische Gewalt zeremoniell stillzustellen versprach.«[151]

Auch wenn die von uns geforderten Opfer – ein bisschen Konsumverzicht aufgrund einer drohenden Klimakatastrophe, der apokalyptischen Phantasie unserer Zeit – dagegen lächerlich erscheinen mögen, sozusagen als Wiederkehr der Tragödie als Farce: Die Struktur weist genügend Analogien auf, um stutzig zu werden.

Aber schauen wir noch einmal 100 Jahre zurück: Die »Tatphantasien des Jugendstils« werden vom Expressionismus übernommen, »gesteigert und schließlich im Ersten Weltkrieg zum Glühen und zum Verlöschen gebracht«.[152] Von hier aus führte ein direkter Weg zu den Massakern des Zweiten Weltkriegs, wie der Schriftsteller Wilhelm Michel schon 1922 hellsichtig voraussah: »Der Krieg ist verloren. Die Angst ist fort. Das kleine schäbige Elend ohne Begeisterung hockt auf der Ruine des kaiserlichen Deutschland. Es gibt nicht mal richtiges Bier. (…) Der Stamm wird unruhig und bewaffnet sich. Die Niederlage muss gerächt werden. Der Täter ist unangreifbar. Der Stamm hungert nach Ernüchterung. Er braucht ein wenig Raserei. Kollektives Schlachten ist eines der besten Rauschmittel. Der Stamm schwärmt aus. Er findet den Fremdling, den Juden. Er umtanzt ihn, heulend vor Wonne, ein greifbares, kenntliches Objekt zu einer Ernüchterungs-Orgie gefunden zu haben. Er kreist ihn ein, zerrt ihn von Faust zu Faust, die Keulen heben sich. Hurra, es ist fast wie 1914.«[153]

Ernst Jünger, vom Ersten Weltkrieg nicht wie viele Generationsgenossen »kuriert«, schrieb noch 1932, dass »das tiefste Glück des Menschen« darin bestehe, »dass er geopfert wird und die höchste Befehlskunst darin, Ziele zu zeigen, die des Opfers würdig sind«.[154] Es gab genug andere, die ebenfalls darauf erpicht waren, dass es wieder losging ...

»Wie kaum ein Zeitalter zuvor hat das 20. Jahrhundert in seiner ersten Hälfte das aktive Opfer propagiert und sich hemmungslos auf Töten und Sterben eingelassen. Dies zeigt sich nicht nur in den unmissverständlichen Appellen, dem Vaterland Opfer zu bringen, und in der anschließenden Formel von den Kriegs*opfern*; es erstreckt sich auch auf hintergründige Formen der Rhetorik wie jene des deutschen Generalstabschefs der Jahre 1914 bis 1916, von Falkenhayn, der für seine Strategie vor Verdun den Begriff des Ausblutens wählte und damit nicht nur eine technische Beschreibung für die Erzeugung massenhafter Verluste von Menschenleben gab, sondern zugleich die Assoziation einer mit dem Opfer verbundenen heiligen Handlung verknüpfte.«[155]

DAS OPFER, DER KRIEG UND DIE POLITIK

Im Krieg gibt es nur zwei Kategorien von Menschen: Freunde und Feinde. Krieg hat mit Recht so wenig zu tun wie mit Gesellschaft. Denn im Krieg gibt es keine Gesellschaft mehr, sondern nur noch eine Gemeinschaft. Und die vereinigt sich über ihren Opfern: denen, die sich opfern, und denen, die geopfert werden. Und natürlich hat Krieg mit Gewalt zu tun, stellt geradezu den Inbegriff von Gewalt dar – obwohl er oft dazu dient, Gewalt, also Spannungen im Inneren einer Gesellschaft, abzubauen: durch die Benennung und Bekämpfung innerer oder äußerer Feinde.

Auch Krieg stellt also einen indirekten Sündenbockprozess dar, der auf der Fähigkeit des Menschen zur Verschiebung bzw. Substitution beruht. Dann »ist es der Fremde, der Erbfeind, nicht aber der Nahestehende, den jede Gemeinschaft mit ihrem Hass verfolgt oder verzehrt«, schreibt René Girard in *Das Heilige und die Gewalt*[156]. Ausstoßung folgt immer denselben Mechanismen – und der Sündenbock wird meist nicht nur rein räumlich abgesondert oder diskriminiert, sondern oft auch aus dem Leben verstoßen, ausgelöscht, vernichtet. Damit ist der Nationalismus mit seinen Erbfeinden nicht sehr weit entfernt vom mythischen Denkschema des auf Krieg und gegenseitiger Tötung beruhenden Opferkults archaischer Mythen.

Krieg führt zu religiösen oder zumindest quasireligiösen Gefühlen bzw. Geisteshaltungen. Er schweißt zusammen durch die Opfer, die er bringt, bedeutet also Feindschaft nach außen und Liebe nach innen. Auch wenn Krieg aus Staatsraison oder Kalkül geführt wird, besteht immer die Gefahr, dass er sich mit religiösen Gefühlen auflädt: »Der Krieg als realisierte Gewaltandrohung schafft«, sagte schon Max Weber (1864–1920), »gerade in der modernen politischen Gemeinschaft, ein Pathos und ein Gemeinschaftsgefühl und löst dabei eine Hingabe und bedingungslose Opfergemeinschaft der Kämpfenden und überdies eine Arbeit des Erbarmens und der alle Schranken der naturgegebenen Verbände sprengenden Liebe zum Bedürftigen aus, welcher die Religionen im Allgemeinen nur in Heroengemeinschaften der Brüderlichkeitsethik Ähnliches zur Seite gestellt haben.«[157]

Nach dem französischen Soziologen Roger Caillois (1913–1978) bedeutet der Krieg eine heilige Zeit, eine Epiphanie des Göttlichen, und eröffnet eine berauschende Welt, in der die Gegenwart des Todes den Menschen erschauern lässt und seinen Handlungen eine höhere Weihe verleiht und die Menschen zusammenschweißt – eine Fortsetzung des rituellen Opfers mit anderen Mitteln.[158]

In diesem Zusammenhang muss selbstverständlich auch an Carl Schmitts (1888–1985) Grundunterscheidung des Politischen in Freund und Feind erinnert werden. Alle prägnanten Begriffe der modernen Staatslehre, meint Schmitt, seien säkularisierte theologische Begriffe.[159] Auch Mark Juergensmeyer kommt in seiner Studie *Terror im Namen Gottes* von 2004 zu dem Schluss, dass für nahezu alle religiösen Terroranschläge gilt: »Wenn es die Feinde nicht gibt, müssen sie erfunden werden.«[160]

Thomas Hobbes (1588–1679) wäre hier ebenfalls zu erwähnen, der den »Krieg aller gegen alle« als Urzustand postuliert, für den er Konkurrenz, Misstrauen und Ruhmsucht der Menschen, ihr Streben nach Selbsterhaltung, Macht und Anerkennung, verantwortlich macht. Von ihm stammt der berühmte Satz, dass der Mensch des Menschen Wolf sei, aber auch des Menschen Gott[161] – Grundannahmen, die wir auch bei René Girard wiederfinden. Da es beim Menschen kein Oben und Unten gebe, alle Menschen gleich seien und die gleichen Wünsche hätten, meint Hobbes, komme es unweigerlich zu jenem kriegerischen Naturzustand, von dem bei Hobbes allerdings ein angenommener Gesellschaftsvertrag erlöst, der dem Staat alle Gewalt überträgt.

Demgegenüber hat die Theorie René Girards vom zufällig und nicht bewusst ausgewählten Sündenbock, der den Ritus und damit letztendlich den Staat »erfindet«, den Vorteil, nicht von einer freiwilligen und vernunftgeleiteten Abgabe von Macht und Gewalt ausgehen zu müssen, die doch eher unwahrscheinlich anmutet: Frühe Menschen, die sich über einem Opfer zusammenrotten, scheinen doch plausibler als frühe Menschen, die sich plötzlich aus Vernunftgründen zusammensetzen und einen Vertrag aushandeln.

Ein weiteres Plus von Girards Opfertheorie gegenüber Vertragstheorien, denen etwa auch der einflussreichste Philosoph des 20. Jahrhunderts auf dem Feld der politischen Philosophie John Rawls (1921–2002) anhängt: Sie vermag die Gewalt besser zu erklären, die solcherart entstandenen kulturellen Institutionen systemisch innewohnt, als das Konstrukt eines vernunftdominierten Wesens, das sich ohne Neid und Ressentiments zu einem Vertrag zusammensetzt, den es dann ohnehin fortwährend brechen wird – denn die Geschichte war bekanntlich voll von Verbrechen und Kriegen.

Interessanterweise taucht auch in den neueren Theorien der Gerechtigkeit, die sich sämtlich auf Rawls berufen, etwa von Amartya Sen oder Martha Nussbaum auf rund tausend Seiten jenes Unwort, die dunkle Kehrseite des hehren Wunsches nach Gerechtigkeit, der Neid, nicht einmal auf.[162] Dabei ist Neid die Kehrseite der exorbitanten Fähigkeit zur Nachahmung, die den Menschen vom Tier unterscheidet. In seiner berühmten Abhandlung zum Neid aus dem Jahr 1966 kommt der Soziologe Helmut Schoeck deswegen zu dem Schluss: »Der Mensch wurde also als Neider, über die Neidfähigkeit, zum eigentlichen Menschen.«[163] Neid ist menschlich. Oder allzumenschlich. Er ist für Gutes wie Schlechtes verantwortlich, für Fortschritt wie für Kriege.

DIE OPFERMASCHINERIE DES NATIONALSOZIALISMUS

Kann man Opfer aus Vernunft bringen? Zumindest mit Kalkül und kalter Gleichgültigkeit, das haben die Nationalsozialisten bewiesen. Von Opferfuror lässt sich hier höchstens angesichts der schieren Zahl sprechen, die neu in der Geschichte war – und unter anderem auf die Anwendung neuer Vernichtungstechniken zurückzuführen ist. Der Holocaust beruhte, wie Götz Aly betont, nicht auf einem lange zuvor gefassten Plan, wurde aber »von einem politisch aktiven kleineren Teil der Deutschen unter stillschweigender Duldung oder heimlicher Komplizenschaft der Mehrheit dennoch planvoll durchgeführt«.[164]

Die Opfer des Nationalsozialismus und hier insbesondere die Opfer des Holocaust sind zum Referenzpunkt jeglicher Diskussion über Opfer geworden. Über ihre Leiden, ihre Zahl und ihre Henker etwas Neues zu schreiben oder sie auch nur adäquat darzustellen, kann nicht Ziel dieses Buches sein. Die Literatur zu dem Thema füllt mittlerweile Bibliotheken, und das ist gut so. Auch wenn immer wieder neue, grausame Details und Einzelschicksale bekannt werden: Dieser dunkelste Teil der deutschen Geschichte wurde umfassender beleuchtet als alle anderen Kapitel. Trotzdem wird es nicht leichter, darüber zu schreiben, denn durch die sich notwendigerweise über die Jahre abnutzenden Superlative gleitet jeder Versuch, diese deutschen Verbrechen, die der Menschheit immer noch in den Knochen sitzen, in Worte zu fassen, unweigerlich ins Pathetische und damit Nicht-Authentische ab.

Trotzdem muss über die Opfer des Nationalsozialismus und insbesondere die jüdischen Opfer des Holocaust weiterhin gesprochen werden. Sie stellen ein zentrales Thema auch dieses Buches dar, und zwar nicht vornehmlich die Art und Weise, wie sie zu Opfern gemacht wurden, wer daran schuld oder mit schuld ist und nur am Rande die immer noch brennende Frage, wie das alles geschehen konnte – sondern vielmehr die Art und Weise, wie der Nationalsozialismus durch seine schockierende Zahl an Opfern und die Erbarmungslosigkeit der an ihnen begangenen Taten die öffentliche Debatte über Opfer verändert hat. Diesem Komplex, »Der Holocaust und die Folgen«, widmet sich das gesamte 4. Kapitel.

ANTISEMITISMUS UND DAS (ANTI-)CHRISTLICHE ERBE

Hier sei zunächst von Gründen die Rede, konkret von einer der Wurzeln des nationalistischen Opferbegriffs, dem christlichen Antisemitismus, der, obwohl historisch unstreitbar, einen Widerspruch in sich selbst darzustellen scheint. Denn eigentlich schlägt sich das Neue Testament eindeutig auf die Seite der Opfer. Es verteidigt den Einzelnen, der von einer gewalttätigen Masse angegriffen und zum Sündenbock gemacht wird – was Nietzsche am Christentum und seiner »Sklavenmoral« so störte. »Der Einzelne wurde durch das Christenthum so wichtig genommen, so absolut gesetzt, dass man ihn nicht mehr opfern konnte: aber die Gattung besteht nur durch Menschenopfer ... Die ächte Menschenliebe verlangt das Opfer zum Besten der Gattung – sie ist hart, sie ist voll Selbstüberwindung, weil sie das Menschenopfer braucht. Und diese Pseudo-Humanität, die Christenthum heißt, will gerade durchsetzen, dass *Niemand geopfert* wird ...«, schreibt Nietzsche in seinen Nachgelassenen Schriften. »Der Nationalsozialismus ist darauf erpicht, dieses Vorhaben als null und nichtig zu erklären. Absichtlich greift man auf das Sündenbocksystem zurück, wobei man zwangsläufig eine größere Schuld auf sich lädt als in der archaischen Zeit«, interpretiert Girard die Nationalsozialisten als willige Vollstrecker Nietzsches. »Man will die Mythen wiederherstellen, indem man die Juden zu Opfern macht, und man will sogar die primitiven Mythen wieder aufleben lassen, in den germanischen Wald zurückkehren ...«[165]

Freilich konnte der Nationalsozialismus dabei auch auf den jahrtausendealten Sündenbock des real existierenden, historischen Christentums zurückgreifen – das Paradox einer Abkehr von christlichen Werten unter Benutzung »bewährter«, genuin christlicher Sündenböcke. Denn auch das Christentum begab sich trotz der Offenlegung des Sündenbockprozesses im Neuen Testament, so Girards These, noch einmal auf die Suche nach einem Sündenbock und wurde selbst wieder sakrifiziell.[166]

Götz Aly erklärt in seiner Studie zur Vorgeschichte des Holocaust, wie die Nazis diese Schwierigkeit bewältigten: die Überwindung der Reste christlicher Moral in der Durchschnittsbevölkerung. Zuallererst stilisierten sie den Völkermord als Akt der Notwehr. Und dann exerzierten sie ihn an »nicht lebenswerten« Teilen des eigenen »Volkskörpers« vor, sprich mittels der getarnten, dezentralisierten, systematischen Ermordung von geistig oder körperlich Behinderten und der Sterilisierung von hunderttausenden Deutschen, denen Aly sein jüngstes Buch widmete: *Die Belasteten. »Euthanasie« 1939–1945. Eine Gesellschaftsgeschichte*[167]. Gemäß der Logik: Wer erst einmal hinnimmt, dass Verwandte, die als erbbiologisch wertlos gelten, ermordet werden, wird auch bei Angehörigen einer als fremd und bedrohlich denunzierten »Rasse« nicht aufmucken. Zumal, wenn das Morden (man möchte hinzufügen: wie seit Urzeiten) unter der Bedingung geschah, dass sich die Mehrheit aus der Verantwortung und damit der Gewissensnot stehlen konnte durch die Verdrängung des vagen Wissens durch ein überstarkes Nicht-wissen-Wollen.[168] Eine Zeitlang gelang es tatsächlich: So zu tun, als ob man nichts wüsste. So zu tun, als ob man nichts gewusst habe. Dann brach die Holocaust-Diskussion über Deutschland und mit Verzögerung über Österreich herein. Seitdem reden wir über nichts anderes.

Totalitäre Systeme, die auf Sündenböcken beruhen – und hier ähneln sich rechte und linke Systeme, faschistische und kommunistische –, sind nicht nur ein Kennzeichen der Moderne. Sie haben, wie René Girard meint, eine begrenzte Lebenserwartung. Das liegt daran, dass jedermann, auch wenn er das eine Zeitlang verdrängen kann, im Grunde weiß, »dass die Opfer, auf die sie sich gründen, unschuldig sind, während diese Tatsache im Falle der ›wahren‹ Mythen in den vorchristlichen Gesellschaften niemandem bewusst war«.[169]

VON OPFERN ZU TÄTERN ZU OPFERN

Die Opfer des Holocaust, die heute den Inbegriff des Opfers darstellen, wurden von ihren Tätern gar nicht Opfer genannt. Das scheint aber nur auf den ersten Blick bemerkenswert, denn seit Menschengedenken wurden, davon erzählen die archaischen Mythen, die Opfer immer als die »eigentlichen« Täter angesehen und auch als solche verfolgt. Genau in dieser Logik verfolgten die nationalsozialistischen Täter die von ihnen ausgemachten Täter, die heute Opfer genannt werden, im Namen der Opfer, die sie selbst zu sein wähnten, im Namen des »deutschen Volkes«, das sich in seinem Überleben bedroht sah.

Auch wenn dieser Opferbegriff bis ins Groteske verdreht zu sein scheint – historisch gesehen stellt er nichts Neues dar. »Die klassischen Opfer – Kinder, Frauen, Ausgebeutete, Sklaven, Fremde – wurden«, wie auch Christian Kohner-Kahler bemerkt, »früher ja gar nicht Opfer genannt.«[170] Der Opferbegriff der Nationalsozialisten stellt eine wenn nicht direkte, so doch nachvollziehbare Folge der ideologischen »Vorarbeit« nicht nur der klassischen Mythen und der real existierenden Geschichte des Christentums, sondern auch der Ideologien des 19. Jahrhunderts dar, die einen starken Zug zum Religiösen hatten[171] und die den Ersten Weltkrieg vorbereiteten – von christlichem Antisemitismus, Nationalismus und Rassismus, die den Individualismus der selbsternannten »Übermenschen« mit dem Kollektivismus versöhnte als Idee einer Gemeinschaft, die im Gegensatz zur Gesellschaft nicht auf Recht, sondern das Blut gegründet ist.[172]

Neu war im Nationalsozialismus die schiere Zahl der Opfer, die, da man sie für Täter zu halten vorzog, unter vorgeschobenen »wissenschaftlichen« Gründen und unter stiller Duldung oder heimlicher Akklamation der Mehrheit an dezentralen Orten »gewissensschonend« umgebracht wurden, allen voran die sechs Millionen Juden – wobei diese Zahl, auf die sich die öffentliche Diskussion geeinigt hat, auch schon so etwas wie mythische Dimensionen aufweist. Und neu war die Art und Weise, wie die Opfer dargebracht wurden: systematisch, mit aller Absicht und ohne jeden sichtbaren Furor. Seit Hannah Arendts Formulierung von der »Banalität des Bösen« (so der Untertitel ihres Berichts über den Eichmann-Prozess in Jerusalem von 1961) versuchen die Historiker und Philosophen dieses Phänomens deuterisch Herr zu werden, wie auch jüngere Titel wie Harald Welzers *Täter. Wie aus ganz normalen Menschen Massenmörder werden* (2006) belegen.[173]

Die nationalsozialistische Ideologie von den jüdischen Tätern, die das deutsche Volk aushöhlen, durchsetzen, infizieren, die Weltherrschaft anstreben etc., kann man heute in jedem

Handbuch nachlesen. Juden wurden zum Inbegriff des Kranken, Perversen und Schmutzigen stilisiert. Zu den neueren Abhandlungen darüber gehört etwa Raphael Gross' *Anständig geblieben. Nationalsozialistische Moral*, der die Verstrickung der Deutschen ins Täter-Opfer-Dilemma im Kapitel über den »Führer als Betrüger« auf den Punkt bringt: »Verstanden sich die antisemitischen Deutschen vor 1945 als Opfer der betrügerischen Juden, konnten sie sich nach 1945 als Opfer des betrügerischen Führers verstehen.«[174] Ähnlich gelang es ja, wie bereits erwähnt, dem Mittäterland Österreich, sich nach dem Krieg eine neue Identität als »erstes Opfer Hitlers« zu geben.

ENTHISTORISIERUNG UND NEGATIVE EPIPHANIE

Das nationalsozialistische Strafrecht diente, sobald es uneingeschränkt zur Anwendung kam, nicht mehr als juristisches Instrument, sondern für den Überlebenskampf.[175] Denn es ging nicht mehr primär darum, festzustellen, ob jemand Unrecht getan hatte und bestraft werden musste, sondern wer das Recht hatte zu leben und wer nicht. Wobei der imaginierte Überlebenskampf bekanntlich Ideologie, um nicht zu sagen Paranoia war. Aber auch oder gerade Hirngespinste können grausame Tatsachen schaffen.

Um ihr Überleben kämpften bald tatsächlich nicht die nationalsozialistischen Täter, sondern ihre Opfer, die von den Tätern in einem klassischen Sündenbockprozess für jene Probleme innerhalb der Gemeinschaft verantwortlich gemacht wurden, die aus jenem rasanten Prozess der Modernisierung und Industrialisierung resultierten, dem die Deutschen mental hinterherhinkten, aus dem verlorenen Ersten Weltkrieg und den daraus folgenden Reparationszahlungen sowie der Wirtschaftskrise von 1929, die Deutschland besonders hart traf.

Folgt man der Interpretation von Götz Aly in *Warum die Deutschen? Warum die Juden? Gleichheit, Neid und Rassenhass 1800–1933*, war Neid eine Haupttriebfeder des Wunsches, die Juden loszuwerden, auch um den Preis, sie eliminieren zu müssen – wobei allerdings nur die Triebfeder unbewusst blieb und nicht die Auswahl des Opfers, so wie in klassischen Sündenbockprozessen. Die Opfer wurden systematisch zusammengetrieben, abtransportiert und bewusst ermordet. Das war, zumindest in diesem Ausmaß, ein Novum der Geschichte. Das nichtsdestotrotz vergleichbar ist.

Norman G. Finkelstein kritisiert in seinem kontrovers diskutierten Buch *Die Holocaust-Industrie* von 2000 die verbreitete Rede von der Einzigartigkeit des Holocaust, die Gegenstand des »Historikerstreits« von 1986/87 war und die meist zusammen mit dem Argument vorgebracht wird, dass der Holocaust nicht rational zu begreifen sei. Erst dieses Argument habe den Holocaust zu einer »Mysterien-Religion«[176] gemacht, über die man nicht mehr diskutieren dürfe, sondern die man nur noch als moralische Keule benutzen könne. Als einen der Gründe für den Holocaust führt auch Finkelstein die gute alte Todsünde Neid an, jene Todsünde, die man am wenigsten gerne zugibt, auch im Zeitalter demonstrativer Laster und Tabubrüche, und die einer der Hauptgründe für Sündenbockprozesse geblieben ist.

»Ich fürchte, dass durch diese Theologisierung des Holocaust eine Enthistorisierung eintritt: Das funktioniert geradezu wie ein schwarzes Loch, das die gesamte Geschichte in sich hineinzieht und das historische Denken zerstört«, kritisiert auch der österreichische Philosoph Rudolf Burger die moralische Sekundärausbeutung und die damit verbundene Heuchelei und den Konkurrenzkampf um den größeren Opferstatus sowie die Interpretation des Holocaust als negative Epiphanie, als Einbruch des Bösen von außen in diese Welt (*Die Zeit*, Österreich-Teil, 30. August 2012).

Natürlich lässt sich der Holocaust vergleichen. Etwa mit dem Stalinismus, dem zweiten großen totalitären System im Europa des 20. Jahrhunderts. Dieser hat sogar noch mehr Opfer produziert – aber in einem anderen Begründungszusammenhang. Und zerstört wird tatsächlich etwas mit der Forderung, dass der Holocaust mit nichts vergleichbar sein dürfe: der Referenzpunkt, der ihn im Hier und Jetzt hält. Wenn man etwas vergleicht, heißt es ja nicht, dass man es gleichsetzt. Und nichts auf der Welt ist nur durch sich selbst verständlich, sondern erst durch den Vergleich mit etwas anderem.

NEID UND DER NÄCHSTE

Und so tendiert auch der Mensch, diese Nachahmungsmaschine, dazu, sich ständig zu vergleichen. Vergleiche begünstigen Neid. Götz Aly betont, dass der Neid der Deutschen auf die Karrieren der Juden als Bildungsträger und Geschäftsleute sogar größere Bedeutung gehabt habe als religiöse Ressentiments, die im Laufe der Aufklärung in den Hintergrund getreten seien.[177] Und er sei noch verstärkt worden durch den erfolgreichen sozialen Aufstieg vieler Deutscher in den Jahren vor der Machtergreifung Hitlers, also die Verringerung der sozialen Unterschiede.

Denn man kann nur auf jemanden neidisch sein, mit dem man sich vergleichen kann. Früher waren die Untertanen wohl kaum neidisch auf den König, aber heute kann jeder Tom Cruise oder Arnold Schwarzenegger beneiden. Er hätte es ja schließlich selbst schaffen können. Diese Denkmöglichkeit begann in Europa mit den Parolen der Französischen Revolution in das Bewusstsein der breiten Massen zu sickern: Freiheit, Gleichheit, Brüderlichkeit. 1808 wurde mit der Städteordnung der Zunftzwang aufgehoben und die Gewerbefreiheit unabhängig von Stand, Geburt und Religion gesichert. Zahlreiche Deutsche forderten Gleichheit auch für Juden, die mit dem Preußischen Judenedikt von 1812, wenn auch mit großen Einschränkungen, erstmals gewährt wurde.

Doch im Laufe der Zeit sollte sich zeigen: Die Kinder der Juden waren nicht nur besser in der Schule, schafften nicht nur schneller den bildungsmäßigen Aufstieg aufs Gymnasium und die Universität, sondern legten danach Karrieren hin, die zu Ansehen und Wohlstand führten. Damit lösten sie bei deutschen Aufstiegswilligen, die vier Generationen für vergleichbare Leistungen brauchten, Angst und Neid aus. Die auch in England, Frankreich und den USA erfolgreiche »Rassentheorie« stellt nur eine nachträgliche Rationalisierung oder vielmehr Vertuschung dieses Neides dar[178], den Götz Aly aus einem Minderwertigkeitskomplex aufgrund verlorener Kriege und einer schwachen, unsicheren Identität der jungen Nation Deutschland erklärt. Im Zeitalter der Entmythologisierung und Rationalisierung mussten die Deutschen ihre gemeinsamen Mythen von Grimms Märchen über Kleists *Hermannsschlacht* bis zu Wagners *Ring der Nibelungen* erst erfinden. Und Hitler, der Demagoge von Inklusion und Exklusion, verwirklichte diesen »kulturnationalistischen Traum« dann: als Alptraum.[179]

In den Jahren vor dem Sieg des Nationalsozialismus war die soziale Mobilität besonders hoch. Die Deutschen hatten langsam aufgeholt. Trotzdem, nein, man muss sagen, gerade deswegen wurde die Rivalität der jungen, aufstiegsorientierten Deutschen aus dem Arbeitermilieu mit den jüdischen Nachbarn virulenter.

DIE ANGST VOR DER FREIHEIT

»Neidgetriebene Menschen sprechen ausgiebig von eigener Benachteiligung, fürchten die Freiheit und neigen zum Egalitarismus.«[180] Diese Diagnose trifft sicher nicht nur auf die Deutschen zwischen 1800 und 1933 bzw. 1945 zu – denn auch der Nationalsozialismus war eine egalitäre, volkskollektivistische Bewegung, die alles »aussonderte«, was hervorstach –, sondern auch auf unsere schöne neue Medienwelt. Hier werden neuerdings wieder »die Reichen« lustvoll »gebasht«, freut man sich diebisch bis unverhohlen über den Sturz jedes Stars und Sternchens und besonders über den von Machtträgern, der Politiker.

Die liberale Tradition des deutschsprachigen Raums war immer schon schwach. Mit Freiheit, meint Aly, wussten die Deutschen im Gegensatz zu Franzosen, Engländern oder Italienern immer schon weniger anzufangen als mit Gleichheit. Nicht zufällig hätten sie die wichtigsten Theoretiker des Kommunismus und Sozialismus hervorgebracht. Sein Fazit: »Die Begriffe Gleichheit, Neid und Freiheitsangst ermöglichen es, die Eigenart des deutschen Antisemitismus zu erkennen.«[181]

Und er weist dezidiert darauf hin, welche Gefahren die Abschaffung von Unterschieden, also sozial durchlässige Gesellschaften aufweisen – auch im Hinblick auf die heutigen Immigranten etwa aus der Türkei. »Wir bilden uns ein, wenn die Migranten bessere Bildung haben, werde Friede herrschen. Aber indem sie aufholen, müssen die sozialen Spannungen keineswegs geringer werden – sie können sich vergrößern.« Aly erwähnt in diesem Zusammenhang den Völkermord an den Armeniern in der Türkei von 1915, die wie die Juden in Deutschland bestens alphabetisiert waren, die Städte und den Handel beherrschten. »Erst als die Jungtürken zu Beginn des 20. Jahrhunderts sagten, auch Türken sollen lesen und schreiben lernen, sich westlich orientieren, modern werden – in diesem Moment entwickelten sich bis dahin begrenzte Spannungen bis zum Völkermord. Ähnlich lagen die Verhältnisse zwischen Hutu und Tutsi in Ruanda.« Auch da kam es 1994 bekanntlich zum Völkermord mit bis zu einer Million Toten.

Auch den sozialdemokratischen »Hang zur Gleichheit« in Deutschland und Österreich hinterfragt Aly, ohne daraus freilich zu folgern, dass Gleichheit, der Gerechtigkeitsgedanke und Egalitarismus schlecht seien. »Es geht darum zu verstehen, dass Böses auch aus guten Ideen entstehen kann; Ideen, die wir auch weiterhin für richtig halten dürfen. Das macht die Auseinandersetzung mit der Vergangenheit nicht leichter, aber lehrreicher.« (*Die Presse*, 13. Oktober 2012)

Womit wir wieder bei der guten alten, in der Einleitung dieses Buches geforderten Schulung der Unterscheidungsfähigkeit angelangt wären.

DAS GUTE, DAS BÖSE UND DIE WELTGEMEINSCHAFT

Wenn man das Böse mit dem Bösen, den Massenmord aufgrund von gesteigertem Antisemitismus mit Antisemitismus erklärt, malt man mit dieser tautologischen Argumentstruktur nur einen Dämon an die Wand und ersetzt empirische Fragen durch religiöse Erklärungen, »denen zufolge das Böse eben aus dem Bösen entsteht, das Teuflische vom Teufel bewerkstelligt wird und deshalb gebannt werden muss«.[182] Zuerst schwiegen die Deutschen (und Österreicher), dann machten sie sich an oberflächliche Erklärungen wie jene von der Einzigartigkeit des Holocaust und suchten seine Gründe in einem irrationalen Antisemitismus.

Es stimmt schon: Nicht die Vernunft, sondern Gefühle trieben die Exklusionswünsche der Deutschen an. Gespeist wurden diese in der Lesart von Götz Aly aus »Neid, Versagensangst, Missgunst und Habgier« – »Gewalten des Bösen, die der Mensch seit Urzeiten fürchtet und zivilisatorisch einzuhegen versucht«. »Die an christliche und juridische Traditionen durchaus gebundenen Deutschen waren sich der niederen Beweggründe ihrer Judenfeindschaft bewusst. Sie schämten sich dafür«, ist er sich sicher. Deswegen delegierten sie ihre Aggressionen an den Staat. »So konnten staatliche Akteure jeden Einzelnen entlasten und individuelle Bosheit in die überpersönliche Notwendigkeit zur ›Endlösung der Judenfrage‹ verwandeln.«[183] Aber: »So unmenschlich im moralischen und rechtlichen Sinn das Verbrechen war, so menschlich – im wörtlichen Sinn – bleiben seine historischen Voraussetzungen. Wie die Geschichte des deutschen Antisemitismus lehrt, kann das Böse nicht immer vom Guten getrennt werden; unter Umständen gebiert das Gute oder das teilweise Gute abgrundtief Böses.«[184] Oder anders formuliert: »Es gibt keinen Ort des Bösen, der sich ein für alle Mal vermauern ließe, um derartige Schrecken zu bannen.«[185]

Mit diesem Wissen kann es also nicht darum gehen, sich für eine Hierarchisierung oder gegen eine Hierarchisierung der Gesellschaft auszusprechen. Es geht darum, darauf hinzuweisen, welche Gefahren beide Extreme aufweisen, die total hierarchisierte Gesellschaft tendiert zur Todesstarre. Und die total enthierarchisierte zu Chaos. Leben aber bedeutet ein Äquilibrium zwischen diesen beiden Polen.

In einer lebendigen Gesellschaft muss man Kompromisse finden, bei denen man, wie die noch relativ junge Geschichte der Demokratien beweist, womöglich nie zu einer endgültigen Lösung kommt. Wir leben zum ersten Mal in einer Weltgemeinschaft von Milliarden Menschen ohne vorgegebene Hierarchien. Kein Wunder, dass wir uns damit schwertun. Kein Wunder, dass diese Situation nicht nur große Missverständnisse hervorgerufen hat und das noch tut – nach dem Motto: Wenn erst die totale Gerechtigkeit – das heißt die totale Gleichheit – hergestellt ist, werden alle zufrieden sein. Kein Wunder, dass wir uns noch nicht auskennen. Denn es ist immer noch komplizierter, als man denkt.

GLEICHHEIT UND TOTALITARISMUS

»Im 20. Jahrhundert entstanden große, im Namen von Gleichheit und Gemeinschaft verfolgte, bald schon gewalttätige Utopien«, resümiert Aly. »Die Idee der Gleichheit gehörte zu den verheißungsvollsten Träumen der Menschheit. Das vergangene Jahrhundert offenbarte den gewaltträchtigen, terroristischen Kern des Egalitarismus, als verschiedenartige politische Bewegungen dazu ansetzten, ihre Visionen zu verwirklichen.« Sie versprachen immer dasselbe: sozialen Aufstieg, Gerechtigkeit, Kampf gegen die Feinde zugunsten des eigenen Volkes, denn international waren diese Bewegungen von Italien über Deutschland, Rumänien oder Ungarn bis zu Russland nur in der Theorie, nicht in der Praxis – und sie verwandelten dabei »schöne Gedanken in exekutive Gewalt«.[186]

In Utopien heiligt der Zweck stets die Mittel. Das heißt: Alles ist erlaubt. Wenn es dem Zweck dient. Oder man das zumindest glaubt. Hängen Gleichheit und Gewalt zusammen? Ist Gleichheit also nicht automatisch besser als Ungleichheit? Jedenfalls nicht in Bezug auf den innergesellschaftlichen Frieden, was nicht zuletzt das »Experiment« des Kommunismus in Osteuropa gezeigt hat.

Dort erwies sich, dass der Mensch nicht nur von wirtschaftlichen Parametern bestimmt wird. Genauso wie es sich im kapitalistischen Westen erwies, wo der Durchschnitt der Bevölkerung mit der Steigerung des durchschnittlichen Wohlstands nicht glücklicher und wahrscheinlich nicht einmal zufriedener geworden ist. Auch wenn alle gleich sind, manche schaffen es, um mit George Orwells *Animal Farm* (1945) zu sprechen, trotzdem, »gleicher« zu werden. Und es ist gerade der Nachbar, dem man etwas neidet. Das ist nicht nur im Kinderzimmer der Fall, sondern auch in der großen weiten Erwachsenenwelt. Im Kommunismus wie im Kapitalismus.

Die Tendenz des Menschen, andere Menschen durch Neid und Bewunderung zu vergöttlichen, mündet in totalitären Systemen in einen Führerkult – und das nicht nur auf der rechten, sondern auch der linken Seite des politischen Spektrums. Letzterer hat Gerd Koenen – ein Jahr vor Kriegsende in Westdeutschland geboren, in den 1970er-Jahren in der kommunistischen Szene unterwegs, von der er sich in den 1980ern distanzierte – seine Aufmerksamkeit gewidmet, etwa mit der Sammlung *Die großen Gesänge. Lenin, Stalin, Castro … Sozialistischer Personenkult und seine Sänger von Gorki bis*

Brecht – von Aragon bis Neruda. Dort zeigt er nicht nur den erstaunlichen Willen Intellektueller, blutrünstige, barbarische Tyrannen zu bewundern, sondern auch, wie die jeweiligen Führer ihre Vorgänger rituell verstoßen haben, nachdem sie selbst auf den Thron gelangt sind.

Totalitaristische Systeme stellen den Versuch dar, durch sakrifizielle Gewalt den Frieden und die geschlossene Gemeinschaft wiederherzustellen, meint René Girard, durch Steigerung der Dosis, durch bewusst dargebrachte Opfer. Sowohl der Marxismus als auch der Nazismus sind für ihn »quasi mythische Verfolgungssysteme«[187]: »Ein Projekt, das typisch ist für alle totalitären Bewegungen, für alle virulenten Ideologien, die einander im Laufe des 20. Jahrhunderts bekämpften und ablösten – stets gegründet auf einer Art monströser, in letzter Analyse ineffizienter Rationalisierung der Opfermechanismen. Ganze Kategorien werden vom Rest der Menschheit unterschieden und der Vernichtung anheimgestellt: Juden, Aristokraten, Bürger, Gläubige dieser oder jener Religion, Querdenker aller Art. Die Schaffung des idealen Staates und der Zugang zum irdischen Paradies werden uns durchgängig als von der vorgängigen Beseitigung oder Zwangsbekehrung der schuldigen Kategorien abhängig dargestellt.«[188]

STALINISMUS: SÜNDENBÖCKE UND SCHAUPROZESSE

Waren auch die Opfer des Marxismus bzw. des Leninismus-Stalinismus keine »zufälligen«, keine Kollateralschäden, sondern Teil des Systems? Immerhin trat doch der Marxismus mit der hehren Idee von der Gleichheit *aller* Menschen und dem Paradies auf Erden an, nicht von der Überlegenheit und dem Überlebenskampf einer Rasse wie im Falle der Nationalsozialisten – auch wenn die Proletarier von Anfang an »gleicher« waren als die Mitglieder der alten Bourgeoisie, etwa was Aufstiegschancen des in Sippenhaft genommenen Nachwuchses betraf.

Als der Marxismus nicht funktionierte – die Arbeiter arm blieben, die Menschen sich nicht automatisch zu ihm bekehrten –, brauchte er erst gar keine Sündenböcke zu suchen. Sie waren schon da. Schließlich ging die Theorie des deutschen Vordenkers Karl Marx (1818–1883) immer schon von Schuldigen aus: dem Kapital und den Kapitalisten. Nicht erst der Leninismus-Stalinismus, sondern schon der Marxismus, meint Girard, stützte sich auf ein Sündenbocksystem: »selbstverständlich raffinierter im Vergleich zum Ursprungsprozess: die Opfer werden jetzt absichtlich aufgrund einer Theorie ausgewählt«. Nachdem die Bourgeoisie und die Kulaken (also die grundbesitzenden Bauern) ausgerottet waren, machte sich Stalin – der nach dem Krieg Gerüchte über eine jüdische Republik auf der Halbinsel Krim für Holocaust-Überlebende gestreut hatte – ab 1948 an die Verfolgung der Juden.

»Das System der Sündenböcke hat sich unter Stalin derart beschleunigt, dass man dabei an eine verrückt gewordene primitive Gesellschaft denkt.«[189] Für diese These spricht etwa der Umstand, dass in den drei Moskauer und hunderten weiteren stalinistischen Schauprozessen der 1930er-Jahre in der Provinz, die alle nach demselben Ritual abliefen, im inszenatorischen Mittelpunkt die Selbstbezichtigung und Schuldbekenntnisse der Angeklagten standen. Das Opfer musste sich offiziell als schuldig bekennen, denn nur so konnte die Einmütigkeit wiederhergestellt werden. In dieses Jahrzehnt fällt auch die »Säuberung« der Partei und der Roten Armee sowie der kulturellen Eliten und ethnischer Gruppen, weshalb es den Namen »Großer Terror« erhielt. Wie die Konzentrationslager der Nazis lagen auch die Arbeitslager der Sowjets, der GULAG, vornehmlich exterritorial: im fernen Sibirien. Denn Opfer müssen entweder umgebracht oder ausgestoßen werden.

Das Phänomen des Kommunismus »bleibt die eigentlich unbegriffene Erfahrung und damit das große Enigma des 20. Jahrhunderts«, schreibt Gerd Koenen in seinem Buch *Utopie der Säuberung. Was war der Kommunismus?* aus dem Jahr 1998, ein knappes Jahrzehnt nach dessen friedlicher Implosion. Und er geht unter anderem der Frage nach, warum die kommunistischen Regimes noch mehr Opfer produzieren konnten als der Nazismus, diese Täter aber nie zur Rechenschaft gezogen wurden.

Auch er beharrt auf der Vergleichbarkeit der beiden großen »Experimente« des kurzen 20. Jahrhunderts, das von 1914 bis 1991 dauerte, konzentriert sich aber viel mehr als auf Ähnlichkeiten auf die Unterschiede, die nach seiner Meinung bezeichnender sind, auf die »Parallelität« zweier sich teilweise »diametral gegenüberstehender Systeme«.[190] Das Argument, dass im Vergleich zu Auschwitz alles relativ sei, meint Koenen, sei der absurdeste Gebrauch, der sich von dieser Menschheitserfahrung machen lasse, und die Vernichtung der Kulaken für verständlicher oder begründeter zu erklären als die der europäischen Juden purer Zynismus.[191]

WER WAR SCHLIMMER – ODER: HEILIGT DER ZWECK DIE MITTEL?

Von Götz Aly haben wir gelernt, dass gute Ideen nicht immer nur zu Gutem führen. Gerd Koenen nimmt den Allgemeinplatz aufs Korn, dass gute Absichten gegen böse Folgen aufgerechnet werden können – sprich, dass, »je besser (angeblich) die Absichten und die Gesinnung, umso verständlicher (und also verzeihlicher) die Taten und Untaten« seien. »Eher müsste man gerade umgekehrt sagen, dass die moralischen Abgründe umso tiefer sind, je ›besser‹ die Motive waren.«[192]

Als Kronzeugen für diese These könnte man auch Fjodor M. Dostojewski (1821–1881) aufrufen, der die Frage nach der Rechtfertigung von unschuldigen Opfern in seinem Hauptwerk *Die Brüder Karamasow* (1878–1880) folgendermaßen auf den

Punkt gebracht hat: »Stell dir vor«, sagt Iwan dort zu seinem Bruder Aljoscha, der sich über die ungerächten Leiden der Kinder empört, »du selbst errichtetest das Gebäude des Menschenschicksals mit dem Endziel, die Menschen zu beglücken, ihnen endlich Frieden und Ruhe zu geben, aber du müsstest dazu unbedingt und unvermeidlich nur ein einziges winziges Geschöpf zu Tode quälen (...) und auf seinen ungerächten Tränen dieses Gebäude gründen – wärest du unter dieser Bedingung bereit, der Architekt zu sein? (...) Und könntest du es für möglich halten, dass die Menschen, für die du baust, bereit wären, ihr Glück um den Preis des ungerechtfertigten Blutes eines zu Tode gequälten Kindes zu empfangen und danach für ewig glücklich zu bleiben?«

Diese Fragen beantwortet Aljoscha, der Christ, natürlich mit Nein.[193] Und Iwan antwortet ihm wiederum mit der berühmten Novelle *Der Großinquisitor*, in der Jesus auf die Erde zurückkommt und vom Großinquisitor noch einmal zum Tode verurteilt wird. »Alles ist erlaubt«[194], dabei bleibt Iwan trotz seiner Erzählung, wenn es keinen Gott mehr gibt.

Der Kommunismus hat diese Fragen aufgenommen – und mit Ja beantwortet. Die Opfer, hieß es, seien notwendig, um darauf die lichte Zukunft zu bauen. Das haben Romane ausbuchstabiert wie etwa Fjodor Gladkows (1883–1958) *Zement* von 1925, der in der Sowjetunion zum Bestseller wurde und schon 1927 auf Deutsch erschien. Die Zukunft wird dort buchstäblich auf der Leiche des eigenen Kindes errichtet. Und Gladkow demonstriert, wie die proletarische Kultur »ihren blutigen Ursprung gerade *nicht* verleugnet«, sondern den »Frevel zum Heile der Menschheit« offen bejaht. »Das Mitleid hört auf, Motiv des Handelns zu sein.«[195]

Genauso wenig, wie es um die Frage gehen könne, wer mehr Opfer produziert hat oder wer dabei die »besseren« Absichten hatte, meint Koenen, sei automatisch besser, wer weniger totalitär war. »Im Gegenteil, wenn der Nationalsozialismus weniger totalitär war, dann weil er auf eine höhere Zustimmung, aktivere Beteiligung und größere Komplizenschaft der deutschen Gesellschaft rechnen konnte.«[196] Die Deutschen mussten keinen Massenterror auf ihre eigene Bevölkerung ausüben, um sie mehrheitlich gleichzuschalten. »Es genügten die harschen Mittel einer herkömmlichen Diktatur.«[197]

Während es bei den Nationalsozialisten vor allem um die Eroberung neuen Lebensraums *für* das »eigene« Volk ging, die zu einer inneren Geschlossenheit führte, wurde von den Bolschewiken und Stalinisten, die keinen klaren Feind hatten, eine umso brutalere Gewalt *gegen* die eigene Bevölkerung entfesselt. Sie wurde einer radikalen »Säuberung« unterzogen und die alten Eliten in einer nie gekannten, radikalen Form liquidiert. Im Zweiten Weltkrieg verschwendete die Rote Armee auf beispiellose Weise ihre Soldaten, über zehn Millionen starben, mehr als das Dreifache der deutschen Verluste.[198] Ein Menschenleben – das galt im Stalinismus buchstäblich nichts. Im Nationalsozialismus war es um nichts besser, nur anders. Dort unterschied man bekanntlich zwischen »lebenswertem« und »nicht lebenswertem« Leben – und unterzog den »Volkskörper« ebenfalls inneren »Säuberungen« mit Sterilisationen und der Ermordung Behinderter.

VOM GROSSEN MYSTERIENSPIEL
ZUM GROSSEN TERROR

Die russische Revolution von 1918 begann mit dem Putsch eines Ordens von Berufsrevolutionären gegen die junge demokratische russische Republik, die erst 1905 ausgerufen worden war, und gerierte sich als Befreiung des Volkes durch die Vernichtung aller »Ausbeuter und Unterdrücker, aller Blutsauger, Parasiten und Korrumpierten«. In der berüchtigten großen Säuberung wurden sie »wie in einem großen Mysterienspiel« als »Ungeziefer« eliminiert: das Bürgertum, die Arbeiterschaft als Klasse und Bewegung und das Bauerntum.[199] Die Opferzahlen sind weniger bekannt als jene des Nationalsozialismus, deswegen sollen sie hier Erwähnung finden.

Alleine die »Entkulakisierung« forderte eine halbe Million Tote. 10,8 Millionen fielen dem Bürgerkrieg 1918–1921 zum Opfer, 5 Millionen verhungerten im direkten Anschluss daran, insgesamt ein Zehntel der Bevölkerung des alten Zarenreichs. In der Hungerkatastrophe 1932/33 starben fünf bis sieben Millionen Menschen – und in der Sowjetpresse oder Zeitungen in der Ukraine, wo die meisten Todesopfer zu beklagen waren, gab es nicht einmal Andeutungen darüber.[200] Den Höhepunkt der Willkürherrschaft stellte der Große Terror Stalins von 1937/38 dar, mit 1,5 Millionen Verhafteten, von denen mehr als 1,3 Millionen durch Sondergerichte verurteilt und davon mehr als die Hälfte erschossen wurden. Zwar wurde hier zwischenzeitlich übertrieben, meint Koenen, aber dass »Zeiten des Schreckens, die Hekatomben von Opfern gefordert haben, sich ihre mythischen Ziffern schaffen«, sei begreiflich. Die neuen, niedrigeren Zahlen zeugen immer noch von konzentriertem Terror. »Wann jemals sind – mitten im Frieden – eine Million Bürger eines Staates in weniger als zwei Jahren durch ein von höchster Stelle beschlossenes und zentral durchgeführtes Massaker ermordet worden?«[201]

Das Regime der Bolschewiki beruhte auf einer maßlosen Form des »Terrors, der ohne Vorbild war«.[202] Aber nach dem Verschwinden des Sowjetreichs, konstatiert Koenen mit dem französischen Historiker François Furet, blieb von der Oktoberrevolution außer den Opfern buchstäblich nichts übrig – im Gegensatz zu den Institutionen und Rechtsschöpfungen der Französischen Revolution, die »zum Kernbestand der modernen Zivilisation schlechthin gehören«.[203]

So wie Götz Aly betont, dass man den Holocaust nicht mit dem Antisemitismus erklären könne, sondern vielmehr dieser das zu Erklärende sei, meint auch Gerd Koenen, dass der Charakter Stalins oder seiner Genossen »nicht die Erklärung, sondern vielmehr das zu Erklärende« dieses schockierenden

Vorgangs darstellen müssten. »Diese totalitäre Handlungsmacht und die damit einhergehenden moralischen und institutionellen Enthemmungen der Gruppe um Stalin offenbaren erst, dass es ›gesellschaftliche Zusammenhänge‹ in dem Sinne, in dem eine sozialhistorische Forschung sie professionell sucht, schon nicht mehr gab. Das von den Bolschewiki 1917 begonnene Unternehmen einer Zerstörung aller üblichen Sozialformen war weitgehend ›gelungen‹ – ohne einen neuen Gesellschaftskörper geschaffen zu haben, der in der Lage gewesen wäre, sich aus sich selbst heraus zu reproduzieren und weiterzuentwickeln. Die Entgrenzung und Enthemmung im Zentrum der Macht zeigte das Fehlen jeder Art sozialer Bindung und institutioneller Kontrolle.«[204]

OPFER- UND FÜHRERKULT

Der Zusammenhang von Opfer- und Führerkult ist auch im Stalinismus unschwer auszumachen. Das von Chruschtschow später als »Personenkult« bezeichnete Phänomen »war keine bloße byzantinische Ausschmückung einer terroristischen Diktatur, sondern der alles übergipfelnde Kult um Stalin« gehörte wie der Terror zum Wesen des Systems. Denn die Verehrung Stalins war nicht nur inszeniert und erfasste »nicht nur den aktiven Kern der Gläubigen und Aufstrebenden«, sie war »nicht nur Teil der Liturgie des Regimes, sondern erscheint auch in den breiten Massen ein Bedürfnis nach Begründung, nach Legitimation, nach ›Heiligung‹ alles Erlittenen und Durchlebten befriedigt zu haben«.[205] Gleiches lässt sich selbstverständlich für das Verhältnis der Deutschen zu Hitler feststellen.

Schon vor dem Tod Lenins begannen die Führer der Bolschewiki – Männer von 40, 50 Jahren und erst seit kurzem an der Macht – damit, Städte, Fabriken, Schulen und Kindergärten nach sich selbst zu benennen.[206] Stalin aber wurde nicht nur verehrt, sondern wie ein lebender Gott angebetet, sein Bild

»evozierte in seinen ›besten‹, das heißt trügerischsten Momenten das alte Ideal eines guten Fürsten, sogar eines Weltfürsten, eines Weltfriedensfürsten. Frieden bedeutete dann die Neutralisierung, Isolierung und schließlich Ausschaltung aller Unruhestifter, aller Weltausbeuter, aller Völkerunterdrücker – also die Vollendung der von Lenin begonnenen ›Reinigung der Erde von bösen Geistern‹ und allem ›Ungeziefer‹«.[207]

Hier ist es mit bloßem Auge zu erkennen: das Opfer, das zu einem Frieden führt, der auf Gewalt gebaut ist, das die Gemeinschaft reinigt und einen neuen Gott entstehen lässt – der mimetische Furor als großer Terror, eine Regression ins Menschenopfer, das so erfolgreich überwunden schien, ein altes Menschheitsdrama, das im 20. Jahrhundert in bis dahin nicht gekannten Dimensionen neu aufgeführt wurde. Wenig überraschend in diesem Zusammenhang versuchte sich Stalins Nachfolger Nikita Chruschtschow in seinen Erinnerungen zusammen mit seinen Genossen als die »ersten Opfer« Stalins darzustellen.[208]

Die These ist nicht neu: Totalitarismus weist Gemeinsamkeiten mit Religionen auf. »Die genuine Verführungskraft einer totalitären Gewalt führt zurück an die dunklen Quellen aller Religionen – eines Numinosen, das sich ursprünglich gerade aus dem Menschenopfer und dem Schrecken vor einem Dämonisch-Göttlichen speiste«, resümiert Koenen. In einer Zeit des Umbruchs wie nach der letzten Jahrhundertwende – wo Traditionen und Überzeugungen ins Wanken gerieten, Heilserwartungen und apokalyptische Vorstellungen kursierten – war ein solcher Gestaltungswille, »der keine Opfer scheute, weil er sich vom objektiven Gang der Geschichte getragen fühlte, ein Magnet, auf den sich viele Späne ausrichteten. Gerade die Opfer waren der Beweis dafür, dass es hier ums ›Ganze‹ ging, um etwas historisch ›Erstmaliges‹ und zugleich auch ›Letztes‹, um einen geschichtlichen Durchbruch aus einer grauen Vorzeit in eine völlig neue, lichtere Menschheitsepoche.«

Die Ähnlichkeiten der kommunistischen Riten, Gebete und

Lehren mit Religion verweisen »auf eine Ähnlichkeit der psychischen Energien, die mit einfließen – oder, anders herum, auf die Leerstelle, die der Verlust der Religion als Heilsgewissheit im Seelenhaushalt der Einzelnen wie auch der Gesellschaft hinterlassen hat.«[209]

DER NEUE MENSCH UND DER MANTEL
DES SCHWEIGENS

Der Sozialdemokratie fehlte nicht nur das Element der Transzendenz, um gleichermaßen erfolgreich zu sein, sondern auch die Figur des Retters, die der Kommunismus bereitstellte: »ein neoantiker Proletarier im Rock des Soldaten, ein neuer Prometheus, ein roter Riese, ein proletarischer Sankt Georg, der sozialistische Übermensch. Der Kommunismus war insoweit immer auch ein Kult des MENSCHEN (in Großbuchstaben), von dem Gorki früh gekündet hatte. Die Selbstverherrlichung der Partei in der Gestalt des Führers trug alle Züge eines modernen Götzenkults.«[210]

Gegen die stalinistischen Massenmörder gab es weder im Zuge der Entstalinisierung noch in der Perestroika oder nach dem Fall des Kommunismus Prozesse, in denen die Täter zur Verantwortung gezogen wurden.[211] Auch das unterscheidet dieses Menschheitsdrama vom Nationalsozialismus, dessen Opfer, wenn auch mit Verzögerungen, Entschädigungen erhielten und dessen Täter zu großer Zahl verurteilt wurden – und dessen Opfer-Täter-Verhältnis so stark im Zentrum der öffentlichen Diskussion steht, dass manche es schon nicht mehr hören mögen, während im Falle des Kommunismus Exkulpierungen und Schweigen einhergehen und den dunklen Mantel des Vergessens über das zweite große »Experiment« des 20. Jahrhunderts legen, das in manchen Staaten der Welt, von Kuba über China bis Nordkorea, noch fortdauert – Länder, in denen Menschenleben nach wie vor keine Rolle spielen.

Wie anders ist es erklärbar, dass in Österreichs zweitgrößter Stadt Graz im November 2012 die Kommunistische Partei Österreichs (KPÖ) mit unglaublichen 20,1 Prozent zweitstärkste Kraft wurde, weil sie es schaffte, sich als Wohnungsversorgungs-Kuschelpartei zu präsentieren? Und das, ohne einen öffentlichen Aufschrei zu provozieren? Man kann sich zumindest vorstellen, was geschehen wäre, wenn das einer sich offen zum Nationalsozialismus bekennenden Partei gelungen wäre. Als die FPÖ mit dem Rechtspopulisten Jörg Haider 1999 in den Nationalratswahlen zweitstärkste Partei wurde, war der Aufschrei jedenfalls gewaltig.

Über die Gründe dieser unterschiedlichen Wahrnehmung der beiden »Experimente« lässt sich nur spekulieren. Koenen vermutet, dass die Art und Weise, wie im Stalinismus die Opfer ausgewählt wurden, eine Rolle spielt – nämlich auf dem Höhepunkt des Großen Terrors willkürlich und nicht systematisch wie bei den Nationalsozialisten. Damals gab es »kaum noch eine Regel, wer in welcher Weise zum Opfer wurde und wer nicht. Die Tatsache, dass es die einen traf und die anderen nicht, erhielt damit fast den Charakter eines Unglücksfalls, eines schicksalhaften Verhängnisses, eines Fatums. Das macht die Empörung im Nachhinein fast abstrakt. Es ist *leichter*, mit denen, die als designierte Opfer aus einer Gesellschaft ausgegrenzt werden, empathisch mitzufühlen und sich von denen, die als ›Täter‹, ›Mittäter‹ oder Zuschauer daran mitgewirkt haben, abzugrenzen – als eine Situation emotional noch einmal zu vergegenwärtigen, in der nachts die ›Schwarzen Raben‹ ausschwärmten, um nach kaum nachvollziehbaren Kriterien aus dieser Straße oder jener Wohnung einen abzuholen, der irgendwie auf die Liste geraten war. Und das konnte buchstäblich jeder sein.«[212] Vielleicht liegt es aber auch daran, dass im Falle des Kommunismus Täter und Opfer zu schwer auseinanderzudividieren sind, um sie wie im Falle der Nazis, der Deutschen und Juden, fein säuberlich gegeneinander aufzustellen. Denn Denunzianten versuchten ja in der Phase der Willkürverhaftungen oft auch vor allem, ihre eigene Haut zu retten, indem sie den Verdacht auf andere lenkten.

Der Kommunismus war eine Reaktion auf den Prozess der Moderne, auf die neue »Weltreligion« der Herstellung eines Markts, auf die beginnende Globalisierung, Pluralisierung und Individualisierung. Lenin brach dafür sogar mit der traditionellen Arbeiterbewegung, denn die bolschewistische Propaganda löste alle »›Klassen‹-Kategorien weitgehend in die Dämonologie des universellen Feindes« auf[213]. Der Wettbewerb sollte ausgeschaltet, der Tauschwert der Waren durch regulierte Preise ersetzt, die Wirtschaft von oben gesteuert werden, um Rivalitäten zu verhindern und die Gleichheit zu garantieren. Wie wir wissen, ist dieses Modell kläglich gescheitert.

DIE ÖKONOMIE UND DER FRIEDEN

Womöglich deswegen, weil die Hypothese, dass der Mensch ausschließlich oder vor allem von der Ökonomie bestimmt wird, schlicht und ergreifend falsch ist.[214] Denn das Glück des Menschen wird maßgeblich von den zwischenmenschlichen Beziehungen bestimmt – einer der Gründe dafür, dass die Menschen in reichen Gesellschaften nicht automatisch glücklicher sind. Im Gegenteil. Mit dem Reichtum und der gleichzeitigen Nivellierung der Unterschiede wuchs auch der Neid. Die Politologen Paul Dumouchel und Pierre Dupuy haben dieses Phänomen, inspiriert durch René Girards Abhandlung *Figuren des Begehrens*, schon 1979 in *Die Hölle der Dinge*, in zwei unabhängigen Essays über den Neid und die Knappheit unter die Lupe genommen. Seitdem hat sich nicht viel geändert.

Im Mythos von der »Knappheit« – das meint die Knauserigkeit der Natur, die nie genügend Ressourcen bereitstellt, um alle zu befriedigen – wurde, so Paul Dumouchel, »eine rationale Erklärung für Gewalt«[215] geschaffen. Knappheit hat nämlich in der liberalen ökonomischen Theorie zwei Gesichter: Wenn sie zu groß wird, führt sie zu Verteilungskämpfen und damit zu Gewalt. Gemäßigte Knappheit hingegen regt den Wettbewerb und damit das Wachstum an und begründet so die ökonomische Ordnung. Was war zuerst: die Rivalität oder die Knappheit? Dumouchel interpretiert die Theorie von der Knappheit als *Erklärung* für die Rivalitäten. Denn in der Überflussgesellschaft, die gleichzeitig den Wettbewerb aller gegen alle fördert, ist die Knappheit eine Folge der Rivalitäten, eine *gefühlte* Knappheit, die als Entschuldigung für rücksichtsloses Verhalten herhalten muss. Oder, möchte man hinzufügen, sie wird künstlich hergestellt, wie die damals vermutlich noch nicht so verbreitete Strategie der »Limited Editions« belegt, die es heute sogar schon von so banalen Produkten wie Limonade oder Joghurt gibt. Und die trotz der schreiend falschen Prämisse des »Unterscheide dich, indem du Massenware konsumierst« ihre Wirkung zeitigt und Gefühle von Exklusivität zu vermitteln vermag. Besser zu sein als die anderen. Etwas zu besitzen, das nicht alle haben. Das scheint lächerlich, aber kann getrost als ein Zeichen von Frieden gewertet werden – im Krieg hat man für solcherlei Schein- bzw. Kleinrivalitäten keine Zeit.

Der Aufstieg der Knappheit zum alles erklärenden Dogma hängt, so Dumouchel, von der Entstehung einer Marktgesellschaft nach dem Ende der Subsistenzwirtschaft ab, in der immer nur gerade so viel produziert wurde, wie man zum Überleben brauchte. Und in der es weder Knappheit noch Überfluss im heutigen Sinne gab. Denn es gab noch keine industriell, also massenhaft hergestellten Waren und keine Abhängigkeit von Energieträgern, um diese herzustellen. Industrielle Güter sind unendlich reproduzierbar und werden mit Geld bezahlt – dank ihrer muss man niemandem mehr etwas wegnehmen, um dasselbe zu besitzen, sondern »nur« das nötige Geld zur Verfügung haben.

Heute bedeutet Markt den Tausch von Waren oder Dienstleistungen gegen Geld, aber der Tausch stammt ursprünglich nicht aus dem Besitzerwechsel von Dingen oder Werten, sondern aus dem ritualisierten Konflikt zwischen archaischen Gemeinschaften, aus der im Opferritus kanalisierten Gewalt. Man tauschte Frauen und Gefangene, um sich nicht weiter die Köpfe einzuschlagen. Insofern hat der Tausch einen Zug zum Frieden. Von dieser opferkultischen Verschiebung profitieren beide Seiten, »verhindert sie doch, dass sich die Gewalt dort entfesselt, wo sie sich unter keinen Umständen entfesseln darf: im Inneren der Elementargemeinschaft«, heißt es in *Das Heilige und die Gewalt.*[216]

Nicht umsonst hat das Projekt der Europäischen Union, das auf der Idee einer begünstigten Handelszone zwischen ehemals verfeindeten Ländern beruht, nicht nur für über ein halbes Jahrhundert ohne Krieg in Europa gesorgt, sondern 2012 sogar den Friedensnobelpreis erhalten.

Aber wie jeder Fortschritt gebiert auch dieser Ambivalenzen. Mit dem Beginn des Industriezeitalters wuchsen Reichtum und Überfluss, aber zugleich explodierte die Anzahl der Notleidenden und Ausgestoßenen. »Die Ökonomie ist sicherlich eine Institution des Krieges aller gegen alle«, schreibt Jean-Pierre Dupuy, »und vermutlich eine der gewalttätigsten in der Geschichte. Aber sie kanalisiert auch (…) die überbordende mimetische Energie und vermeidet so, dass das Fass der menschlichen Zusammenstöße explodiert.« Im Gegensatz zur sakralen Gewalt, die ein soziales Gefüge differenziert, vermag die Ausbreitung der Herrschaft der Waren Unterschiede zu nivellieren oder zu zerstören, die die Menschen trennen.

Geld stinkt nicht, sagt eine Volksweisheit. Geld ist ein Gleichmacher, auch wenn es in unterschiedlichen Maßen vorhanden ist. Es wird zum Hindernis schlechthin, »ein abstraktes, fluides Hindernis, dessen Überwindung man sich immer erhoffen kann«. Man verletzt sich daher nicht mehr am anderen, am Rivalen, sondern »an anonymen Barrieren wie etwa: Preis, Gehälter, Einkommen, Zins, Inflation … Das Hindernis hat kein Gesicht. Es ist ein *interface.*«[217]

DAS OPFER ALS GABE UND
DER URSPRUNG DES GELDES

Geld wurde nicht zum Zweck des Tauschs gegen Waren erfunden, sondern diente anfangs ausschließlich kultischen Zwecken. Jean-Pierre Baudet geht seiner Entstehung im Opferritus nach und postuliert eine »Einheit zwischen Religion und Ökonomie in frühen Gesellschaftsformen«[218], die er anhand von anthropologischen Studien belegt. Der Altertums- und Wirtschaftswissenschaftler Bernhard Laum (1884–1974) veröffentlichte 1924 seine Studie *Heiliges Geld*, in der er beschreibt, wie im »Gabenverkehr zwischen Gott und Mensch Wertung und Typisierung von Gütern ihren Anfang«[219] nahmen. Wenn man das Opfer als Gabe an die Götter versteht, mit dem Ziel, sich ihre Gunst zu erkaufen, stellt es tatsächlich eine Form der Bezahlung dar, die auf einer Art Tauschhandel und also auf Berechnung beruht.

Im Althochdeutschen bedeutet *gelt* Vergeltung, Ersatz, Opfer; die Gilde ist demnach eine Wirtschaftsform, die auf eine Opfergemeinschaft zurückgeht.[220] Auch der Begriff Kapital, lat. *capitale*, der sich auf *caput*, Kopf oder Kopfzahl der Herde, bezieht, entstammt diesem Kontext.[221] Unter diesem Blickwinkel bekommt Walter Benjamins Diktum, der Kapitalismus sei eine Religion, eine zusätzliche Bedeutung.[222] *Die Religion des Kapitals* heißt jenes Werk von Paul Lafargue (1842–1911), des kubanischen Revolutionärs und Schwiegersohns von Karl Marx, auf das sich Baudet in *Opfern ohne Ende* bezieht.

Die Tiere, die den Göttern in den verschiedenen Kulturen geopfert wurden – wie Pferde oder Rinder –, stellten also erste Wertmesser dar. So wie das stellvertretende Opfer ein Äquivalent zum ursprünglichen Opfer darstellt und dieses substituiert, konnte dieser archaische Wertträger das Opfer ersetzen. Die Idee der Äquivalenz, die dem heutigen Warenverkehr zugrunde liegt, wurzelt also im Opferkult. »Das Opfer war die große Schule der Religion, aber auch die große Schule zum Kalkül, zum Tausch, zum Handel, zur Arbeitsteilung, zur materiellen Symbolik und zur Unehrlichkeit in vielen Bereichen«, schreibt Baudet. [223]

Die ersten Münzen dienten nicht dazu, etwas zu kaufen – sie entstanden vor dem Naturaltausch und bevor es so etwas wie Privatbesitz und Handel überhaupt gab, wurden also nicht erfunden, um diesen zu erleichtern, sondern in religiösem Kontext. Und auch damals schon »staatlich« kontrolliert.[224] Ihre Zahlungsfunktion ist weit älter als ihre Tauschfunktion, und ihre runde Form verweist auf die Sonne, einen der verbreitetsten Götter. Den Übergang von heiligem zu profanem Geld stellt Baudet übrigens mit dem Ende der Polis in der griechischen Antike fest.[225]

GELD UND FREIHEIT

Geld bedeutet Freiheit, auch die Freiheit von Verpflichtungen und Bindungen, die Geschenksysteme in primitiven Gesellschaften mit sich brachten, wo jede Gabe eine Gegengabe erforderte und die Verwandtschaft auf Gedeih und Verderben in einem Boot saß. Geld ermöglicht ein Leben zwischen Menschen, die man nicht kennt, in fernen Ländern. Geld ersetzt Vertrauen und Verbindlichkeit, aber auch die Notwendigkeit zum Mittun sowie zur blutigen oder anderswie gewaltsamen Rache. Es kann wohl kaum Zufall sein, dass Rache auch Vergeltung genannt wird. Heute wird jenen, die einen Grund zur Rache hätten, den Opfern von Gewalttaten, Geld zugesprochen, eine Entschädigung, die Erlittenes, sei es von Menschenhand, der Natur oder dem Zufall, wiedergutmachen soll, ein Thema, mit dem sich das 5. Kapitel auseinandersetzt.

Finanzielle Entschädigungen sind weniger gewalttätig als die alttestamentarische Auge-um-Auge- und Zahn-um-Zahn-Logik, und Handel scheint zumindest auf den ersten Blick friedfertiger als Opfer und Krieg. Aber auch er produziert seine

Opfer und bedeutet eine eigene Art der Gewaltsamkeit, die Baudet mit dem antiquiert wirkenden Wort der Entfremdung beklagt. Beim blutigen Opfer starb »nur« ein einzelnes Lebewesen, »um das Leben aller anderen zu begünstigen. Mit der Tauschgesellschaft kommt es zum allgemeinen Kollektivopfer«, und alle opfern sich dem Kapital und seiner Akkumulation, wobei das Geld, mit Arthur Maurice Hocart gesprochen, den »Gott unter den Waren« darstellt und der Bezug zu den Waren einen Zug zum Fetischismus trägt.[226] Auch wenn Baudet an manchen Stellen zu insinuieren scheint, dass das eine Verschlechterung sei – hier soll festgehalten werden, dass das bewusst dargebrachte unschuldige Opfer für unsere Gesellschaft keine Option mehr sein kann und es vermutlich niemals einen Naturzustand des Menschen ohne Entfremdung gegeben hat. Denn ist nicht der Mensch das entfremdete Tier? Wenn er vom Tier durch das Opfer unterschieden ist, das eine Fähigkeit zur Distanznahme und Substitution des Originals mit einer Kopie bedeutet, hat Baudet jedenfalls recht, wenn er das Opfer die »zentrale Form der Entfremdung«[227] nennt.

Aber was ist mit den nicht bewusst dargebrachten Opfern? Den Kollateralschäden des Kapitalismus?

ARME, ELENDE UND DIE OPFER VON HARTZ IV

Geld löst bekanntlich nicht alle Probleme. Man kann noch so viel davon haben – wenn ein anderer *mehr* hat, ist er wieder da, der gute alte Neid. Und die Werbung wird zum sakralen Ritus, zur Feier dieser neuen Form der Unersättlichkeit, der Selbstvergewisserung, dass es stimmen muss, dass man durch den Kauf eines bestimmten Produkts oder von noch mehr Produkten irgendwann einmal endgültig glücklich geworden sein wird.

Religiöse Verbote schränken das Wollen ein. Sie gelten für alle. Sie weisen jeden an seinen Platz. In einer offenen Gesellschaft ist niemand dort, wo er hingehört, sondern alle wollen nach oben. Darin ist jeder allein. Die mannigfaltige Verpflichtung zu Beistand in traditionellen Gesellschaften bedeutete auch immer Beistand zu Gewalt, denn die Übertretung jedes Gebots wurde mit Gewalt geahndet – deswegen verringern Individualisierung und Anonymisierung, das Steigen der Distanz das Konfliktpotenzial.

Die Gewalt ist weniger sichtbar und steckt womöglich im System: nicht nur in der Ausbeutung von Arbeitskraft und der Schaffung von Arbeitslosen, sondern auch in der neuen Gleichgültigkeit als Ergebnis der Entsolidarisierung, die von Rache und Sippenhaft befreit hat und die das Gegenstück zur mimetischen Faszination darstellt. Jean-Pierre Baudet sieht in der Abhängigkeit von der Arbeit übrigens das »Opfer unserer Zeit«[228] und die Arbeit als ihren »allgegenwärtigen Ritus«[229].

Heute füttert kaum jemand mehr einen armen Verwandten durch, und die ehemals Armen werden in der Wettbewerbsgesellschaft zu Ausgestoßenen: ohne Arbeit, ohne Anerkennung und ihrem eigenen Schicksal überlassen. Da sind sie, die neuen Opfer, denen man vorwirft, sich an den Trögen des Wohlfahrtsstaats zu laben, der für die alte Solidarität einspringen musste. Sie werden nicht gebraucht, und das ist das Demütigende an ihrer Situation. Was Wunder, dass manche von ihnen versuchen, aus ihrer Lage das »Beste« zu machen, die Verantwortung abgeben und aus ihrem nicht bewusst und nicht selbst gewählten Opfertum Vorteile zu schlagen.

Paul Dumouchel nennt die neuen Armen des beginnenden Industriezeitalters, die Opfer der neuen Ökonomie Elende. Das Ende der Subsistenzwirtschaft und der Einrichtung der Allmende, des allgemeinen Grundbesitzes, auf dem die Armen lebten und wo sie ihren Platz hatten, hatte nicht nur zum ersten Mal eine Überproduktion ermöglicht, sondern auch einen bedeutenden Anteil der Menschen ausgestoßen. Liberale Grundtexte wie Bernard Mandevilles *Bienenfabel* (1705), in der erklärt wird, dass egoistisches Verhalten der Gemeinschaft den größten Nutzen bringt, wurden zum Credo einer neuen Wirtschaftsethik jenseits der traditionellen Moral.[230]

Die Individualisierung schuf die Freiheit, aber zu dem Preis, dass jeder seinem Schicksal übergeben wurde, seines eigenen Glückes Schmied sein musste. Die Ökonomen des 17. und 18. Jahrhunderts, von Mandeville (1670–1733) über Joseph Townsend (1739–1816) bis zu Jeremy Bentham (1748–1832), schimpften über die Gier und Faulheit jener, die von den für sie geschaffenen Armengesetzen abhängig waren, und verteufelten das Eingreifen des Staates. Heute entsprechen diesen Elenden diejenigen, die man gutwillig Bildungsverlierer, Bildungsferne oder weniger gutwillig Wohlstandsverwahrloste nennt. Sie bilden die Masse der Hartz-IV-Empfänger, und die Empörung über ihre Unselbstständigkeit und Untätigkeit ist dieselbe geblieben.

Krieg entsteht nicht aus Mangel, und Friede entsteht nicht aus Überfluss.[231] Aber wenn der Mangel zu groß wird, wenn die Verteilung des Reichtums zu weit auseinanderklafft, wenn es zu viele Elende gibt, ist es vorbei mit dem sozialen Frieden. Das belegten jüngst eindrucksvoll Kate Pickett und Richard Wilkinson in *Gleichheit ist Glück. Warum gerechte Gesellschaften für alle besser sind* (dt. 2010). Aber leider gibt es auch keine Garantie, keine Arithmetik, mit der man die Gewalt ein für alle Mal eindämmen könnte. Denn Gleichheit lässt, wie Götz Aly uns vor Augen geführt hat, Gewalt ja auch wiederum ansteigen … Deswegen bleibt auch in der Wirtschaft die Frage nach den Tätern und Opfern, dem System und dessen immanenter Gewalt, virulent. Auch und gerade in Zeiten der Krise, wo wieder nach Tätern gefahndet wird, die zwar im Bereich des Investmentbanking schon geortet scheinen, aber nicht belangt werden, solange die Opfer, die kleinen Steuerzahler, die Zeche bezahlen und die Verantwortung für die Gier der Täter, das unverantwortliche Spiel der Finanztransakteure, übernehmen.

4.

DER HOLOCAUST,
DAS VERKEHRSOPFER UND
DIE WUTBÜRGER

Der Begriff Holocaust leitet sich vom altgriechischen Adjektiv *holókauston*, vollständig verbrannt, ab und bedeutete in der Antike ein Brandopfer von Tieren. Über lateinische Bibelübersetzungen gelangte er in den Gebrauch anderer europäischer Sprachen. Seit dem 12. Jahrhundert bezeichnete er den Tod nach Brandkatastrophen oder Verbrennungen. 1895 titulierten englischsprachige Autoren türkische Massaker an Armeniern als »Holocaust«. Damit wurde der Begriff erstmals auch für Massenmorde an einer Ethnie verwendet. Der Völkermord an den Armeniern durch Türken, der als einer der ersten systematischen Genozide des 20. Jahrhunderts gilt, fand während des Ersten Weltkriegs, 1915–16, statt.

Die beiden am häufigsten verwendeten Begriffe für die Massenvernichtung der Juden durch die Nationalsozialisten haben sich – wenig überraschend – durch das Medium Fernsehen durchgesetzt: »Holocaust« verbreitete sich ab 1978, nachdem die gleichnamige Serie von Marvin J. Chomsky im US-amerikanischen Fernsehen ausgestrahlt worden war, »Shoah« nach 1985, dem Erscheinungsdatum der gleichnamigen Neuneinhalbstunden-Dokumentation von Claude Lanzmann. Heute dominiert der Begriff Holocaust.

In der Opferdiskussion wird er gerne als »Keule« in die Hand genommen, mit dem Ziel, weitere Argumente zu verhindern oder zumindest abzubremsen, und bezeichnet dann das Schlimmste, was lebendigen Wesen angetan wurde oder werden kann. Das reicht bisweilen bis zu so abwegigen Verwendungen wie dem »Hühner-Holocaust« für Tierquälung der Massentierhaltung (was übrigens in Österreich erlaubt und in Deutschland verboten ist) oder dem »Holocaust an ungeborenem Leben«, womit die Beendung einer Schwangerschaft durch eine Frau bzw. deren Arzt durch statistische Schätzungen zu einem Massenmord summiert wird. Schon deswegen lohnt es sich, die Geschichte dieses Begriffs näher zu betrachten.

Eine der überzeugendsten Untersuchungen dazu stammt von dem amerikanischen Historiker Peter Novick. *Nach dem Holocaust. Der Umgang mit dem Massenmord* (1999) erschien 2001 auch auf Deutsch und untersucht die Gründe, warum in den USA so lange Zeit, auch unter Juden, kaum über den Holocaust diskutiert wurde und in jüngerer Zeit so viel. Diese Studie inspirierte übrigens Norman G. Finkelstein zu dem ungleich aufsehenerregenderen Buch *Die Holocaust-Industrie. Wie das Leiden der Juden ausgebeutet wird* (2000, dt. 2001). Wie schon der Titel verrät, gibt es Finkelstein ungleich plakativer und wurde dementsprechend kontrovers aufgenommen.

Novicks Zugang bleibt aber auch nach über zehn Jahren der überzeugendere, weil er besonnen argumentiert und dabei meisterlich Argumentstrukturen widerlegt, die auch in anderen historischen und politischen Diskussionen mit moralisierendem Unterton eine Rolle spielen. Schon deswegen macht es Sinn, sich im deutschsprachigen Raum mit einem Buch auseinanderzusetzen, das vornehmlich die amerikanische Debatte rekapituliert. Aber auch aus einem zweiten Grund: Die deutsche Diskussion über den Holocaust wurde von der Fernsehserie *Holocaust* erst so richtig in Gang gesetzt, stellt also ein Echo der amerikanischen dar – und auch die Folgen sind vergleichbar. So schwappte etwa der Wettbewerb der verschiedenen gesellschaftlichen und ethnischen Gruppen, mehr gelitten zu haben und also »mehr« Opfer zu sein, wie die meisten Trends seit Ende des Zweiten Weltkriegs mit einigen Jahren zeitlicher Verzögerung über den Atlantik zu uns. Oder vielleicht schwappte er gar nicht, sondern wurde vermutlich begierig aufgesogen, weil er einfach zu gut in das schöne neue Medienzeitalter der Konkurrenz um Aufmerksamkeit passte.

EIN BEGRIFF ALS EPOCHENMARKER

Aber von vorne. In den ersten Jahrzehnten nach dem Krieg waren die amerikanischen Juden bemüht, die Gräuel der Nazis an den Juden, die damals noch niemand Holocaust nannte, herunterzuspielen. »Kaum jemand wollte von sich als Opfer denken, noch weniger wollten von anderen dafür gehalten werden.«[232] In George Stevens' Verfilmung der Tagebücher der Anne Frank von 1959 auf der Basis des Drehbuchs von Frances Goodrich und Albert Hackett dominierten noch der optimistische Geist und der Universalismus des jüdischen Mädchens, während die ebenfalls oscargekrönte Dokumentation von 1995 von Jon Blair über Anne Frank schon ganz im Bann des säkularen Opferkultes stand. Dazu hatte die auch von jüdischer Seite forcierte »Förderung des allgemeinen Holocaust-Bewusstseins« entscheidend beigetragen, die dem »Bild des Juden als Opfer Vorschub« leistete.[233]

Als weitere »Stationen« auf dem Weg des Holocaust ins Zentrum des öffentlichen Bewusstseins erwähnt Novick den Eichmann-Prozess von 1961 in Jerusalem und die Broadway-Erstaufführung von Rolf Hochhuths *Der Stellvertreter* 1964 über das Verhältnis des Vatikans zum Holocaust. Die zunehmende »Schwarz-Weiß-Unterscheidung zwischen teuflischen Tätern und heiligen Opfern«[234], das Holocaust-Deutungsmuster, vernebelte zwar mehr, als es erklärte, wie etwa im Gewirr des Nahost-Konflikts – wo Recht und Unrecht, Opfer und Täter komplex und zweideutig waren –, konnte aber gerade deswegen als strategischer Trumpf eingesetzt werden.[235]

In den 1970er-Jahren stieg der Holocaust ins Zentrum des Selbstverständnisses und der Selbstdarstellung der amerikanischen Juden auf und erhielt eine quasireligiöse Dimension. »Der Holocaust«, nun auch im Englischen mit großem Anfangsbuchstaben geschrieben – das waren nicht mehr einfach Verbrechen, sondern ein einziger, großer transzendenter »Träger ewiger Wahrheiten oder Lehren, die durch die Beschäftigung mit ihm erkannt werden konnten«.[236] Er wurde zelebriert als ein »ritualisierter Diskurs von Schuld und Reue«[237], der immer größere Teile der Bevölkerung erfasste. Dabei war nur ein Prozent der US-Bevölkerung und ein geringer Teil der Juden Überlebende des Holocaust.

Während der Holocaust nach und nach zum einzigen gemeinsamen Nenner der Identität der amerikanischen Juden avancierte und den »Bedarf nach einem gemeinsamen Symbol« stillte, hatte sich die Haltung des Rests der Bevölkerung in dieser Zeit »von Distanznahme zu begeisterter Zuwendung verschoben«[238] – und das tausende Kilometer entfernt vom eigentlichen Geschehen und der eigentlichen Verantwortung. Damit hatte sich der Holocaust gegen die »Konkurrenz« des Abwurfs der Atombombe auf Hiroshima und Nagasaki 1945 als Epochenmarker durchgesetzt.

Vielleicht kein Wunder, möchte man an dieser Stelle hinzufügen: Waren doch am Abwurf der Atombombe die Amerikaner selbst schuld und am Holocaust die Deutschen. Denn schuld, das sind bekanntlich immer die anderen.

Seit den 1970er-, 1980er-Jahren also wird der Holocaust in den USA »nicht mehr nur als jüdische Erinnerung dargestellt – und eingeschätzt –, sondern als amerikanische« und als spezifisches Ereignis wahrgenommen, unterschieden von früheren Judenverfolgungen und anderen Nazi-Gräueltaten. »Wie konnte das europäische Ereignis eine derartige Bedeutung im amerikanischen Bewusstsein erlangen?«, fragt Novick ungläubig. Und gibt die Antwort, dass das mit Hollywood zusammenhänge, allerdings nicht aufgrund einer Verschwörung, sondern privaten Entscheidungen von Menschen, »die zufällig strategische Positionen in den Massenmedien innehatten«.[239]

DIE SEIFENOPER UND DAS ENDE
DES SCHWEIGENS

Einen Durchbruch stellte dabei die Fernsehserie *Holocaust* von Marvin J. Chomsky von 1978 dar, die auch die deutsche Wahrnehmung und Diskussion veränderte. Bereits 1979 wurde sie im dritten Fernsehprogramm an fünf hintereinander folgenden Tagen gezeigt und teilweise von 10 bis 15 Millionen Menschen gesehen. Sie löste eine heftige Diskussion aus, etablierte den Begriff im allgemeinen Sprachgebrauch und leitete »die lange hinausgezögerte Auseinandersetzung Deutschlands mit dem Holocaust ein, die – mit Höhen und Tiefen – immer noch anhält«. Noch im gleichen Jahr wurde im Bundestag die Abschaffung des Gesetzes zur Verjährung von Kriegsverbrechen beschlossen. »Eine doppelte Ironie«, resümiert Novick. »Eine amerikanische ›Seifenoper‹ zerbrach das dreißigjährige Schweigen der Deutschen über ihre Verbrechen während des Krieges. Und die deutsche Rezeption der amerikanischen ›Seifenoper‹ beendete in der Praxis, wenn nicht sogar im Bereich der Theorie, die amerikanische Debatte über die Fähigkeit populärer Medien, den Holocaust wirksam darzustellen.«[240]

Einen weiteren Wendepunkt stellte die Rede des Bundespräsidenten Richard von Weizsäcker zum 40. Jahrestag des Kriegsendes 1985 dar, die zu aufrichtigem Erinnern aufforderte und als Lohn dafür Versöhnung in Aussicht stellte. Für Ulrike Jureit und Christian Schneider hatte sie verhängnisvolle Folgen, die damit zusammenhängen, dass ein religiöses Erinnerungsgebot, das aus der jüdischen Tradition stammt, in einem säkularen Zusammenhang verwendet wurde, in dem es notwendigerweise scheitern musste. »Wer nur aufrichtig und intensiv genug an die deutschen Massenverbrechen erinnert, der darf auf Versöhnung, ja auf Erlösung von der überlieferten Schuld hoffen«, lautet seitdem das Credo in Bezug auf den Holocaust – für Jureit / Schneider nicht nur ein Missverständnis, sondern auch der Grund dafür, dass die versprochene Entlastung sich nicht einstellen will und kann. Denn gerade wegen des permanenten Erinnerns wird in diesem opferidentifizierten Gedenken, das zwanghafte Züge trägt, niemand von einer Schuld freigesprochen. Im Gegenteil. Nach jahrzehntelangem intensivem Bemühen, Bereuen und Gedenken befinden wir uns deswegen »in einer Art rasendem Stillstand, der nicht vergehen kann«.[241]

Mittlerweile wird der Massenmord im Land der Täter wie ein Heiligtum behandelt.[242] Darin lässt sich ein Mechanismus des Sündenbockgeschehens erkennen, in dem das Opfer nach seiner Ermordung zum Gott erklärt wird. Die mahnende Erinnerung und ihre Schreine wie das Holocaust-Denkmal in Berlin stellen dabei den Ritus zur Bannung zukünftigen Unheils dar, die Garanten des »Nie mehr wieder!«.

In den USA, meint der Religionssoziologe Robert Wuthnow, sei die Serie *Holocaust* als »öffentliches Ritual« zelebriert und rezipiert worden, in dem Chaos und Zusammenbruch dargestellt und am Schluss die Gewissheit wiederhergestellt worden seien, »dass Gut und Böse klar voneinander zu unterscheiden sind«.[243] Spätestens seit diesem Zeitpunkt firmiert im amerikanischen Spielfilm »der Deutsche« als »das Böse«. Hierher gehört aber auch *Schindlers Liste* von Steven Spielberg von 1993, die Verfilmung der Geschichte des »guten« Deutschen Oskar Schindler, der mehr als 1100 Juden das Leben rettete. Als der mit sieben Oscars prämierte Film anlief, war die Lehre vom Holocaust als Lehrstück für die Menschheit schon ins Bewusstsein der Massen gesichert. Und Star-Talkmasterin Oprah Winfrey verkündete in ihrer Show: »Seit ich *Schindlers Liste* gesehen habe, bin ich ein besserer Mensch.«[244]

SCHRECKEN UND SENSIBILISIERUNG

Dass sich aus einem solch extremen Ereignis wie der geplanten Ermordung von Millionen Menschen Lehren für den Alltag ziehen lassen, scheint allerdings zweifelhaft. »Neben der angeblichen Einzigartigkeit des Holocaust bewirkte sein extremer Charakter, der ihn zu einer derart mächtigen rhetorischen Waffe macht, dass alles andere im Vergleich zum Holocaust nicht besonders schlimm aussieht. Der Vergleich hob die Schwelle der Empörung an und konnte daher leicht ›desensibilisieren‹.«[245] Zumindest sei nicht auszumachen, dass die Sensibilisierung überwiege und nicht ein Grauen, das die »Holocaust-Kriterien« nicht erfüllt, vor dessen Hintergrund »nicht dramatisch genug, vielleicht sogar langweilig erscheint«.[246]

Eine Lehre lässt sich aus dem Holocaust aber trotzdem ziehen: »Vor dem Holocaust bestand die Tendenz, die barbarischsten Verbrechen den barbarischsten Menschen zuzuschreiben – den unzivilisiertesten und rückständigsten. Der Holocaust hat uns gelehrt, dass diese Meinung falsch ist.«[247]

Novick nimmt so manchen Gemeinplatz unter die Lupe, wie etwa jenen der Gründung Israels mit Unterstützung der Amerikaner sozusagen als »Buße der Welt für die Komplizenschaft beim Holocaust«[248] – zu einer Zeit, als noch niemand von »dem Holocaust« sprach und die Amerikaner weit entfernt davon waren, sich schuldig zu fühlen oder von irgendjemandem beschuldigt zu werden. Hier werde Mitgefühl mit Schuldgefühlen verwechselt, die nach dem Krieg vor allem diejenigen empfunden hätten, die durch einen Zufall überlebt hatten und von denen, rechnet Novick, zwei Drittel nach Israel und ein Drittel in die USA ausgewandert seien.

Trotzdem präsentiert sich Israel, wie Henryk Broder in gewohnt polemischer Zuspitzung in seinem 2012 erschienenen Pamphlet *Vergesst Auschwitz! Der deutsche Erinnerungswahn und die Endlösung der Israel-Frage* kritisiert, »seit seiner Gründung als das Nachspiel zum Holocaust«. »Es ist keine gute Idee, jeden Staatsgast, kaum dass er in Tel Aviv gelandet ist, nach Yad Vashem zu karren, ihn dort einen Kranz zur Erinnerung ›an die sechs Millionen‹ niederlegen und das übliche ›Nie wieder!‹ ins Gästebuch schreiben zu lassen. Auch wenn es nur ein Ritual ist, das beide Seiten lustlos absolvieren: Irgendwann wird der Bußgang zur Zumutung. Allmächtiger! Nicht schon wieder! Wer sich ständig als Opfer präsentiert, muss damit rechnen, dass das Mitgefühl der Umwelt irgendwann in Aggression umschlägt. (…) Wer sich mit seiner Bestimmung als Opfer abgefunden hat, lädt den Täter dazu ein, es noch einmal zu versuchen.«[249]

In der vorschnellen Bereitschaft vieler Deutscher, den Staat Israel zu kritisieren und sich auf die Seite der »Opfer der Opfer«[250], nämlich der Palästinenser zu stellen – was schon bei den ersten Kritikern der Nazis, den 68er-Söhnen und -Töchtern der Fall war –, sieht Broder übrigens eine Aggression des ehemaligen Täters (bzw. von dessen Kindern) gegenüber dem eigenen Opfer. Gemäß der Logik: Seht her, die sind auch nicht so unschuldig, wie sie immer tun. Also war es auch nicht so schlimm, was wir getan haben.

ZEIGE DEINE WUNDE UND HOL DIR DEN OPFERPASS

Kurz nachdem die Holocaust-Diskussion auch in Deutschland angekommen war, entdeckte die Öffentlichkeit Joseph Beuys' Installation *Zeige deine Wunde* von 1974–1975, erstmals ausgestellt 1976, in der er seine Kriegserfahrungen thematisiert. Nach dem Ankauf durch das Münchner Lenbachhaus wurde sie im Januar 1980 installiert und löste Kontroversen und landesweite Proteste aus. »Zeige deine Wunde, weil man die Krankheit offenbaren muss, die man heilen will. Der Raum (…) spricht von der Krankheit der Gesellschaft (…). Dann ist natürlich der traumatische Charakter angesprochen. Eine Wunde, die man zeigt, kann geheilt werden«, erklärte der Künstler sein Werk in der *Süddeutschen Zeitung* (26./27. Januar 1980).

In diesem Jahrzehnt trat, so lernen wir von Novick, auch in der amerikanischen Gesellschaft zum ersten Mal die Strategie zutage, durch Geltendmachung einer geschichtlichen Opferrolle die Gruppenidentität zu stärken und sich mit seinen Leiden in den Fokus der öffentlichen Aufmerksamkeit zu setzen: die Entstehung jener »Opferkultur«, die heute die öffentliche Wahrnehmung dominiert. Nach dem Motto: Zeige deine Wunde. Und du wirst geheilt werden. Oder zumindest gerechtfertigt. Ein Motto, das man heute über beinahe jede Talkshow schreiben könnte.

»Im jüdischen Holocaustdiskurs wird nicht nur um Anerkennung gestritten, sondern auch um eine Vorrangstellung«, führt Novick weiter aus, und zu diesem Kampf um moralische Privilegien zählt er das »wütende Beharren auf der Einzigartigkeit des Holocaust«, das Novick nonchalant einen intellektuellen Taschenspielertrick nennt, denn dabei werde alles ausgeblendet, was den Holocaust vergleichbar mache mit anderen Völkermorden wie etwa jenem an den Armeniern in der Türkei von 1915. Gerade diese Fixierung selbst amerikanischer Juden habe zur »Erosion eines umfassenderen sozialen Bewusstseins beigetragen«.[251] Will heißen: Wer darauf fixiert ist, selbst das größte Opfer zu sein, für den existieren keine anderen Menschen, die auch gelitten haben.

Am neuen Gedenken der Juden an den Holocaust mit Konzentration auf das Opfertum verblüfft Novick besonders, »wie ›unjüdisch‹, wie christlich es ist«[252]: eine Via Dolorosa, der Kult des Überlebenden als säkularisiertem Heiligen, der vor allem vom Washingtoner Holocaustmuseum und der Person des Autors und Überlebenden Elie Wiesel geprägt und perfektioniert worden sei. Und er zählt die Abstrusitäten dieses neuen Kults, der »Sakralisierung des Holocaust«[253], auf: »Ein besonders krasses, aber eben nicht das einzige Beispiel dafür ist die Überreichung von ›Opferpässen‹ an Museumsbesucher. Und ebenfalls als Glaubenssatz wird widerspruchslos akzeptiert, dass der bloße Akt, durch ein Holocaust-Museum zu laufen oder einen Holocaust-Film anzuschauen, eine moralisch therapeutische Funktion habe und die Vermehrung derartiger Begegnungen einen zu einem besseren Menschen mache.«[254]

Für Rabbi Irving Green, laut Novick »eine der erfolgreichsten Persönlichkeiten im Bemühen, den Holocaust im Kern des amerikanisch-jüdischen Denkens festzusetzen«, stellt der Holocaust, der übrigens seit Ende der 1960er-Jahre mit großem H geschrieben wurde, gar ein »Offenbarungsgeschehen« dar.[255] Interessanterweise versuchten christliche Mitglieder des Beirats des Museums vergeblich, den christlichen Hintergrund des nationalsozialistischen Antisemitismus in die Ausstellung zu reklamieren. Das sei zu provozierend und abschreckend für die christlichen Besucher, entschied die Führung des Museums.[256]

HOLOCAUSTNEID UND OPFERINDUSTRIE

Kann man jemanden darum beneiden, was ihm angetan wurde? Es klingt pervers, aber man kann. Novick schildert detailliert, wie die »andauernde Inbesitznahme der Hauptbühne für ihre Tragödie« und der Erfolg, »sie zum Maßstab zu machen, mit dem andere Grausamkeiten gemessen wurden«, ein »beträchtliches Ausmaß von Ressentiments« gegen die Juden, den »Holocaustneid« schuf.[257] Etwa bei der afroamerikanischen Community, wo das Gefühl weit verbreitet war, »die Juden würden sie ständig übertrumpfen und hätten ihnen den rechtmäßigen Platz als Amerikas Opfergemeinde Nummer eins gestohlen«.[258] Bezeichnenderweise hatte die Fernsehserie *Roots*, ebenfalls unter der Regie von Marvin J. Chomsky, die in den USA ein Jahr vor *Holocaust* gelaufen war (und in Deutschland ein Jahr später), nicht denselben Erfolg verbuchen können.[259] Während sich Novick auf die moralische Diskussion konzentriert, fokussiert Norman G. Finkelstein auf die monetäre. *Die Holocaust-Industrie*, das 2000, also ein Jahr nach jenem von Peter Novick, in einem linksliberalen Verlag erschien, vertritt die These, dass Juden den Holocaust benutzen, vor allem seit dem Sechstagekrieg von 1967, um Geld zu lukrieren. Dieser Botschaft wurde gerne applaudiert und nicht immer von der

Finkelstein wahrscheinlich genehmen politischen Seite. Finkelstein kritisierte damit nicht nur die »erfolgreichste ethnische Gruppe der Vereinigten Staaten«, die Juden, sondern auch den Staat Israel, der sich ebenfalls einen Opferstatus zugelegt habe. »Aus dieser scheinbar bestechenden Opferrolle erwachsen beträchtliche Dividenden«, meint er, »insbesondere die Immunität gegenüber Kritik, wie berechtigt sie auch sei.«[260] Deswegen beharre man nicht nur auf dem Dogma der Einzigartigkeit des Holocaust, sondern übertreibe auch die Zahl der Überlebenden, die mit weiterer Entfernung vom Ende des Krieges paradoxerweise immer mehr würden.

Für den Sohn von Überlebenden ist das Schlimmste an der Debatte die sekundäre Ausbeutung der wirklichen, »bedürftigen Holocaust-Opfer« durch die Holocaust-Industrie. Die »Täter«, auf die sich Finkelstein konzentriert, sind also die selbsternannten Retter der Opfer – die Funktionäre, die, so sein Vorwurf, die Entschädigungs- bzw. Wiedergutmachungszahlungen nie ganz an die tatsächlichen Opfer weitergereicht hätten, allen voran Finkelsteins Mutter, die nur 3500 Dollar Entschädigung erhalten habe.

Im Gegensatz zur besonnenen Argumentation von Novick gibt sich Finkelstein plakativ bis provokant mit Sätzen wie: »Dass die amerikanischen Juden die Massenvernichtung der Juden durch die Nazis ›entdeckt‹ haben, scheint mir manchmal schlimmer als die Tatsache, dass sie in Vergessenheit geraten war.«[261] Zur Okkupation des Holocaust durch Trittbrettfahrer gehören für ihn dabei auch die gefälschten Holocaust-Autobiografien – von Jerzy Kosinski im Jahr 1965 bis zu Binjamin Wilkomirski im Jahr 1995.[262] In den 1980er-Jahren war die Identifikation mit den Opfern zu einer »Grundfigur des Erinnerns« avanciert. Auch Ulrike Jureit und Christian Schneider interpretieren Wilkomirskis »geliehene Identität als *child survivor*« nicht nur als Sehnsucht, Opfer zu sein, sondern auch als »den Wunsch, zu den Unschuldigsten unter den Unschuldigen zu gehören«.[263]

Zu der großen »Holocaust-Show«[264] jener, die versuchen, aus dem Elend anderer Profit zu schlagen, rechnet Finkelstein übrigens auch Daniel Goldhagen mit *Hitlers willige Vollstrecker* von 1996. Bei allen Einwänden, die es gegen *Die Holocaust-Industrie* gegeben hat und noch geben wird: dass mit einem so gigantischen wie präsenten Unrecht, für dessen »Wiedergutmachung« riesige Summen an Entschädigungszahlungen die Konten wechselten, überhaupt kein Missbrauch getrieben worden wäre, scheint doch eher unwahrscheinlich.

Im Gegensatz zu Schwarzen, Latinos, den nordamerikanischen Ureinwohnern, Frauen, Schwulen und Lesben, setzt Finkelstein der Kritik noch eins drauf, seien die Juden jedenfalls aktuell in den USA nicht benachteiligt. »In Wahrheit haben die Politik der Identitätsbesinnung und DER HOLOCAUST« – Finkelstein schreibt die »von Ideologie geprägte Darstellung der Massenvernichtung der Juden durch die Nazis«[265] in Großbuchstaben – »sich unter amerikanischen Juden nicht wegen deren Opferstatus verbreiten können, sondern weil diese *keine* Opfer sind.«[266] – Manchmal scheint Finkelstein absichtlich zu vergessen, dass sie einmal Opfer *waren* – und steht damit für eine gegenteilige, ebenso extreme Position in dem unseligen Streit darüber, wer nun die Vorrangstellung als das größte Opfer für sich beanspruchen darf.

Wenn Finkelsteins Buch ein Verdienst zukommt, dann besteht dieser darin, klarzumachen, dass es manchmal eben nicht so leicht ist, Opfer und Täter fein säuberlich auseinanderzuhalten. Und dessen Rezeption zeigte wieder einmal, wie dominant der Wunsch der Öffentlichkeit oder bestimmter Gruppen ist, Opfer und Täter in getrennten Schubladen aufzubewahren, um sie bei Bedarf herauszuziehen, um daraus zumindest moralisches Kapital zu schlagen, um Gut und Böse ein für alle Mal dingfest zu machen.

Und ein letztes Bedenken von Finkelstein sei hier noch erwähnt: dass nämlich das Festhalten an der Einzigartigkeit des Holocaust in eine Art Chauvinismus umzuschlagen tendiert –

und zwar auf Seiten der Opfer wie auf Seiten der Täter, der Juden ebenso sowie der Deutschen. Dabei räumt Finkelstein ein, dass der Verteidigung der Singularität des Holocaust durch deutsche Historiker durchaus ehrenwerte Motive zugrunde liegen können: »Sie möchten die Verbrechen des Nazi-Regimes in keiner Weise kleiner machen. Dennoch möchte ich zwei Einfügungen machen: Punkt eins: Sie haben kein Recht, die Behinderten und Zigeuner zu vergessen. Punkt zwei: Ich glaube, dass ab einem bestimmten Punkt die deutsche Betonung der Einzigartigkeit des Holocaust eine umgekehrte Form von Chauvinismus wird, ungefähr von der Art: *Wir* haben die schlimmsten Verbrechen begangen.«[267]

»WIR SIND DIE NEUEN JUDEN«

Auf der anderen Seite des Atlantiks, in den USA, versuchten seit den 1980er-, 1990er-Jahren Vertreter von immer mehr Gruppen, ihre »Berechtigung und öffentliche Präsenz durch eine Verknüpfung mit dem Holocaust zu steigern«: Al Gore, der spätere Vizepräsident der USA, schrieb 2007 über eine »ökologische Kristallnacht«, der ein »Umwelt-Holocaust« folgen würde, in Miami wurde ein »Denkmal für den kubanischen Holocaust« eröffnet. »Inner- und außerhalb der politischen Arena wurde es üblich, sich auf den Holocaust zu beziehen, um den eigenen Opferstatus – und das Überleben – zu dramatisieren.«[268] Dieser Paradigmenwechsel führte dazu, dass sich immer mehr Amerikaner als Opfer sahen, »die durch die verschiedensten Aspekte des modernen Lebens unterdrückt werden«.[269]

Im deutschsprachigen Raum sieht das mittlerweile nicht viel anders aus. Das zu illustrieren genügen ein paar willkürliche Beispiele aus der ferneren und jüngsten Vergangenheit. Begonnen hatte es mit der Revolte der 68er, die sich gegen ihre Nazi-Väter und -Mütter auflehnten, in dem Bewusstsein, etwas Besseres zu sein. In seiner Abrechnung mit dem »Roten Jahrzehnt«

hebt Gerd Koenen Alain Finkielkrauts »wunderbar selbstreflexives« Büchlein *Der eingebildete Jude* (dt. 1982) hervor, das die hysterische Sucht der 68er aufs Korn nimmt, sich als Opfer wie die Juden und gleichzeitig als deren Rächer und Retter aufzuspielen.

»Auschwitz gehört uns« lautete die dazugehörige Parole, 1965 von Martin Walser formuliert. Als dem Protagonisten der Studentenbewegung Daniel Cohn-Bendit 1968 die Rückkehr nach Frankreich verweigert wurde, wurde der darauffolgende französische Protest mit einem skandierten »Wir sind alle deutsche Juden« untermauert. Aber auch die Aktivisten der deutschen Außerparlamentarischen Opposition (APO) bezeichneten sich immer wieder als die »neuen Juden«. Und das war mehr als eine verquere historische Analogie, denn dahinter verbarg sich der Wunsch, sich »ein für alle Mal zu entsühnen« und das Geschehene ungeschehen zu machen, wie Koenen vermutet.[270]

NIE WIEDER OPFER SEIN!

Natürlich waren nicht alle Aktivisten Täterkinder, sondern auch Kinder von Opfern wie die Geschwister Weisbecker engagierten sich. Gemeinsam war ihnen aber die Identifizierung mit den Opfern, getragen von dem Wunsch, als deren Stellvertreter Vergangenheitsbewältigung zu betreiben. Der Übergang dazu, sich nicht mehr stellvertretend, sondern tatsächlich als »Entronnene« zu fühlen, war fließend. Und sich als Opfer der Eltern, von deren Verbrechen und deren Schweigen darüber, zu wähnen, tat nicht nur weh, sondern ermöglichte es auch, sich jene selbstgerechte, unantastbare Aura zu verpassen, die sich moralisch über alle anderen erhob.

Diese »Gegen-Identifizierung« gegen die Eltern führte zu einer geliehenen Identität und »phantasmatischen Teilhabe« und machte Auschwitz zu einem »Ort persönlichen moralischen

Leidens«[271] – samt dem nun auch autobiografisch verstandenen Imperativ »Nie wieder Opfer sein!«. Diese Art der Opferidentifizierung, meint der Psychoanalytiker Christian Schneider, schaffe eine starke Legitimation, sich zu wehren – insofern hängen auch hier Opfer und Täter eng zusammen. Das gefühlte Opfertum wird zur legitimierten Täterschaft bis hin zum Terrorismus der RAF, die auch vor der Ermordung Unschuldiger nicht zurückschreckte.

»Der ermordete Jude war das erste *role-model*«, meint Schneider. »Es folgten andere: all die ›Erniedrigten und Beleidigten‹, die man zwischen Vietnam und Chile, den Verhungernden in Biafra, den rebellierenden *kids* in Watts und den Penner-Asylen in der eigenen Heimatstadt ausfindig machen konnte. Dieser Andere, der man selbst war, inszenierte manisch das Stück von der großen Weltungerechtigkeit – nicht zuletzt, um darin einen respektablen Platz zu ergattern.«[272]

Insofern lässt sich auch der selbstgerechte Impetus des »Engagements«, des demonstrativen Leidens an der Welt und der Geschichte, der noch bis in die 1980er-Jahre als moralischer Vorwurf vor sich hergetragen wurde, als Reaktion auf den Holocaust verstehen. Damals wurde dann auch die Natur (und mit ihr die Tiere) zum Opfer, an dem wir uns alle fortwährend versündigten, und diejenigen, die auf Autos, Fleisch, Deodorant und Haarshampoo verzichteten, zu ihren Rettern mit dem Nimbus von heiligen Asketen.

Waldsterben und Artensterben stellten die neuen Opferszenarien dar, inszeniert von der Vernichtungsmaschine »Kapitalismus«. Dass die neugegründete Partei der Grünen ein Auffangbecken und Karrierepool der Aktivisten von 68 war, passt in dieses Schema von Opfern, Tätern und selbsternannten Rettern, womit ihre Verdienste um die Natur und die Modernisierung der Gesellschaft natürlich nicht geschmälert werden sollen.

OPFERIDENTIFIZIERTE ERINNERUNGSKULTUR

Ulrike Jureit und Christian Schneider machen in *Gefühlte Opfer. Illusionen der Vergangenheitsbewältigung* die Debatten und Bestseller der 1960er-Jahre dafür verantwortlich, dass wir uns heute immer noch in einer »opferidentifizierten Erinnerungskultur«[273] befinden, allen voran die Kritische Theorie von Theodor W. Adorno (und Max Horkheimer). Denn Adorno sah in seinen Studenten so etwas wie die wieder auferstandenen Geister der ermordeten jüdischen Intellektuellen.[274]

Seine Feststellung, die Studenten hätten »ein wenig die Rolle der Juden übernommen«, sollte ihm allerdings später leidtun.[275] Trotzdem lässt sich seine Philosophie, die an Auschwitz orientiert ist wie kaum eine andere, als eine Ethik der Opfer (bzw. deren Antizipation) interpretieren, wie das jüngst Alain Badiou getan hat, der meint, Adornos Hauptwerk, die *Negative Dialektik* (1966), erkenne Differenz durch die Tatsache an, »dass sich jemand in der Stellung des Opfers«[276] befinde, und den Endzweck seiner Ethik als »Negation des physischen Leidens noch des letzten seiner Mitglieder«[277] festmacht.

Alexander und Margarete Mitscherlichs Epochenbuch *Die Unfähigkeit zu trauern* von 1967, meinen Jureit und Schneider, habe eine Fehldiagnose gestellt, weil die Tätergeneration aus mangelnder Einsicht gar nicht um ihre Opfer getrauert hätte, sondern höchstens um sich selbst – und die nächste Generation sei zu einem solcherart kreatürlichen Affekt naturgemäß gar nicht in der Lage gewesen.

Schuld kann man nicht durch Erinnern bewältigen, wenden Jureit/Schneider gegen die erwähnte Rede von Richard von Weizsäcker und ihre Folgen ein – und führen gegen das »Bewältigungsparlando« Hannah Arendts Diktum ins Feld: »Das Höchste, was man erreichen kann, ist zu wissen und auszuhalten, dass es so und nicht anders gewesen ist.«[278]

Solch ein »Wissen und Aushalten« könnte womöglich tatsächlich in der Lage sein, die Erhitzung des Diskurses ein wenig einzubremsen, die »Ersetzung der Reflexion durch Reflexe«[279], die mittlerweile den deutschsprachigen Diskus über den Holocaust dominiert. Wenn die Opfer nicht mehr zu Heiligen erklärt werden, um ihre Rache zu bannen, könnte er tatsächlich in fruchtbarere Bahnen gelenkt werden. Denn sowohl die Täter als auch die Opfer waren »nur« Menschen.

Aber solange die Opfer der Eltern bzw. Groß- und Urgroßeltern als Hausgötter der Nachfahren fortleben – durchaus vergleichbar mit archaischen Religionen, wo die Opfer nach ihrer Ermordung als Götter »auferstehen« –, kann es in der Tat keinen vernünftigen Diskurs geben, sondern bleibt der Ritus des Gedenkens einzementiert – oder schlittert womöglich in eine »Opferkrise«, wie René Girard das Unwirksamwerden von Ritualen nennt, das meist in erneuter Gewalt endet.

DAS MISSBRAUCHTE GESCHLECHT

Auch die 68er-Frauen, die einen gehörigen Emanzipationsschub erkämpften, inszenierten sich gerne als Opfer: der Männer und des Kapitalismus, der Kirche und des Gesundheitssystems. Ausbeutung der Arbeitskraft, Zerstörung der Gesundheit, sexuelle Unterdrückung oder hoffnungslose Vereinzelung – alles, was kritisiert wurde, hieß es, träfe Frauen doppelt und dreifach – was auch den Tatsachen entsprach, denn Frauen hatten, eingezwängt zwischen Kindern, Küche und Kirche, in der Nachkriegszeit nicht viel zu lachen. Aber es wurde auch hier gerne schwarzweiß gemalt: »Die Geschichte des patriarchalischen Kapitalismus war die Geschichte eines langen Genozids an den Frauen, durch Kriege, Vergewaltigung oder Hexenverbrennung, mittels derer das Wissen der ›weisen Frauen‹ über Verhütung, Abtreibung und Geburt vernichtet werden sollte«, referiert Koenen. Wie überall bleibt auch in diesem Zusammenhang wahr, dass jede Verallgemeinerung die Grundlagen einer sinnvollen Diskussion zerstört, die auf Unterscheidungen beruht.

Natürlich durfte in dieser Debatte auch der Vergleich mit dem Holocaust nicht fehlen. »So wie im Dritten Reich der physischen Vernichtung von Millionen Juden eine Propaganda vorausging, die jüdische Menschen als Untermenschen zeigte, so geht der Ausbeutung und Schändung von Frauen in einer patriarchalischen Gesellschaft ihre Darstellung als Objekt voraus: das allzeit benutzbare, verfügbare, missbrauchte Geschlecht«, zitiert Koenen die Ikone der deutschen Frauenbewegung Alice Schwarzer.[280] Vor dem Hintergrund dieser Argumentation fiel es nicht leicht, die Beteiligung von Frauen am Holocaust zu thematisieren – das heißt, die Ambivalenzen mitzudenken, dass jemand gleichzeitig Opfer und Täter sein kann. »Ähnlich wie innerhalb der linken ›Faschismus‹-Forschung der Siebzigerjahre die deutschen Arbeiter als Opfer des Nationalsozialismus figurierten und der Holocaust kaum erwähnt wurde (…), sahen frühe feministische Studien (und auch manche spätere) das weibliche Geschlecht als Opfer eines nationalsozialistischen ›Mutterkults‹ und ›Gebärzwangs‹, als Objekte, nicht als Akteurinnen des Regimes.« Erst mit den 1980er-Jahren wurde das Bild revidiert: »Man fragte nun nach den wirklichen weiblichen Opfern: denen der Rassenpolitik.«[281]

UND AUCH WIR SIND DIE NEUEN JUDEN

Die Gier, seine Leiden mit dem Holocaust zu vergleichen, hat im Laufe der letzten Jahrzehnte nicht nachgelassen. Im Gegenteil, immer neue Gruppen haben sich eingeklinkt. Hier sollen nur ein paar willkürliche Beispiele aus der jüngsten Vergangenheit erwähnt werden.

»Die Moslems sind die neuen Juden Europas«, zitiert Klemens Ludwig den Leiter des Instituts für Türkeistudien in Essen Faruk Sen.[282] In seinem Buch *Die Opferrolle. Der Islam und seine Inszenierung* von 2011 thematisiert Ludwig den Unterschied zwischen gefühlter und realer Diskriminierung und kritisiert, dass in Deutschland »ein großer Teil der öffentlichen Meinung ebenso wie der Wissenschaft bewusst oder unbewusst die Opferrolle des Islam fördert – mit der Konsequenz, dass viele Muslime daraus moralisch-ethische Überlegenheit ableiten und politisches Kapital schlagen«.[283]

Im September 2012 wurde die Weltöffentlichkeit auf ein bereits seit Monaten auf YouTube stehendes kritisches Video über den Propheten Mohammed informiert. Vor allem in den islamischen Ländern folgten Massenproteste, auch mit Toten. Der pakistanische Premierminister Raja Pervez Ashraf gab nicht nur seinem Volk einen ganzen Freitag frei, um gegen das Video zu demonstrieren, er rief die Staatenwelt auch dazu auf, Gesetze zu erlassen, die die Beleidigung des Propheten unter Strafe stellen – und schwang bei einer Rede vor religiösen Gelehrten und ausländischen Diplomaten in Islamabad die beliebte Holocaust-Retourkutsche in einer seltsam verdrehten Argumentation: »Wenn es ein Verbrechen ist, den Holocaust zu leugnen, ist es dann nicht gerecht und legitim für einen Muslim, zu verlangen, dass es auch ein Verbrechen sein soll, wenn die heiligste Person des Islam verunglimpft und erniedrigt wird?«[284]

Der Führer der österreichischen Rechten, Jörg Haider, der einst die »ordentliche Beschäftigungspolitik« der Nazis gelobt hatte und 2008 bei einer alkoholisierten Autofahrt ums Leben kam, pflegte bei jeder Gelegenheit schlecht über »die Ausländer« zu sprechen – und im gleichen Atemzug darüber zu jammern, dass seine Partei, die FPÖ, von den anderen Parteien »ausgegrenzt« werde. Sein Schüler und Nachfolger Heinz-Christian Strache ging sogar noch einen Schritt weiter: »Wir sind die neuen Juden«, sagte er wortwörtlich zu Gästen auf dem Ball im Januar 2012, ohne zu wissen, dass Journalisten in der Nähe waren. Und verglich die Angriffe auf Burschenschaftler-Buden durch Demonstranten vor dem Wiener-Korporations-Ball mit der Reichskristallnacht. Klaus Nittmann, Chef des FPÖ-Bildungsinstituts, der dabeistand, fügte hinzu: »Unternehmen, die für den Ball arbeiten, bekommen den Judenstern aufgeklebt.«[285]

Ein paar Monate nach dem Opferumkehr-Sager »Wir sind die neuen Juden« firmierte dieser übrigens schon als Titel eines Kabarettprogramms von Hubsi Kramar und Frederic Lion, die das selbsterwählte Opfertum der politischen Rechten im Wiener Hamakom-Theater auf die Schaufel nahmen.

Aber auch der Ehrenpräsident der Israelitischen Kultusgemeinde in Österreich Ariel Muzicant, von Jörg Haider einst am Villacher Fasching verunglimpft, reihte sich ein in den Reigen der vorschnellen Holocaust-Vergleiche (wann solch ein Vergleich unüberlegt und wann politisch wohl kalkuliert ist, darüber lässt sich manchmal nur spekulieren), als er in der Beschneidungsdebatte des Jahres 2012 meinte, ein mögliches Verbot der Beschneidung von Knaben »wäre dem Versuch einer neuerlichen Shoah, einer Vernichtung des jüdischen Volkes, gleichzusetzen – nur mit geistigen Mitteln«.[286]

WIR SIND KEINE OPFER

Wahrscheinlich besteht die beste Möglichkeit, den bisweilen ins Groteske verdrehten Nachwirkungen der rabenschwarzen Geschichte zu begegnen, darin, es mit ebenso rabenschwarzem, groteskem Humor zu tun, wie das etwa Oliver Polak praktiziert. *Ich darf das, ich bin Jude* (2008) heißt das Buch, in dem der 1976 im deutschen Papenburg geborene Kabarettist, dessen Vater mehrere Konzentrationslager überlebte, bekannt wurde.[287] Auf YouTube ist ein Song in Schnulzenmanier zu sehen und zu hören, den Polak zusammen mit Carsten »Erobique« Meyer zum Vortrag bringt. Sein Titel: »Lasst uns alle Juden sein« – mit den »Vorschlägen«, dass alle sich beschneiden lassen, statt *Bild*-Zeitung die Thora lesen und so weiter. Denn: Juden können besser einparken, Juden müssen sich die Zähne nicht putzen …

Einen Vorschlag, die Opferrolle abzulegen, brachte im Herbst 2012 in Österreich der Publizist Peter Menasse mit seiner mit

Verve und einer Portion Polemik vorgetragenen, aber auch sehr persönlichen *Rede an uns.* Nach der Phase des Schweigens und des ausführlichen Redens über den Holocaust – Menasse benutzt ausschließlich den Begriff Shoah – sei es nun an der Zeit, in eine »dritte Phase« einzutreten, »in der wir uns mehr oder sogar ausschließlich der Gegenwart und Zukunft zuwenden«.[288] Er ruft dazu auf, die »Bürde der Opferrolle« abzulegen, keine Sonderstellung mehr zu fordern, sich den eigenen Stärken zuzuwenden und den »inflationär gebrauchten Vorwurf des Antisemitismus«[289] einzustellen – denn »Opfer werden nicht ernst genommen, können nicht für sich sprechen, sind entmündigt«.[290]

Außerdem vergraule die extensive Auslegung der Opferrolle auch diejenigen, die den Juden positiv oder neutral gegenüberstünden. Denn: »Antisemiten sind viele, aber sie sind dennoch eine Minderheit.«[291] Und man muss sie nicht immer ernst nehmen. Außerdem helfe die Shoah nicht mehr dabei, die heutigen Verhältnisse zu verstehen – vor allem, wenn sie immer nur auf die Toten, aber kaum auf die Entstehung des Unrechts verweise. »Die Shoah ist Geschichte. Sie hat keinen Bezug zur Gegenwart der jungen Generationen.«[292] Besuche heutiger junger Menschen in Konzentrationslagern wirkten nicht aufklärend, sondern würden höchstens Verstörung oder Ablehnung hervorrufen. Kurz: Mit den bisherigen Methoden des Gedenkens sei nichts erreicht worden.

Auch wenn Menasse hier bewusst übertreibt, sein Vorschlag ist ernst gemeint: in eine dritte Phase einzutreten, die seitens der jüdischen Gemeinde im Aufgeben der Opferhaltung und der Konzentration auf Gegenwart und Zukunft besteht – und für die Nichtjuden, könnte man hinzufügen, bedeuten würde, sie nicht mehr als Schützlinge und Fürsorgeobjekte zu sehen, sondern als Bürger mit derselben Eigenverantwortung und denselben Pflichten. »Die Menschen in Opfer und Täter zu teilen führt jedenfalls nicht zum Ziel. Das verstärkt nur die Gefahr, dass junge Menschen einen trotzigen Stolz auf das Unrechtssystem entwickeln oder sich abwenden, weil sie den Sinn solchen ritualisierten Gedenkens nicht zu erkennen vermögen.«[293]

Nur in einem Punkt hat Menasse nicht recht:»Niemand will in unserer Leistungsgesellschaft ein Opfer sein.« Und dass die Juden die einzigen seien, die eine Sonderrolle für sich reklamieren.[294] Vermutlich ist diese Aussage seinem strategischen Ziel geschuldet – die jüdische Gemeinde vom Opferdenken abzubringen. Der Realität entspricht dieser Wunsch nicht – im Gegenteil, wahrscheinlich bewirkt gerade der für viele überfordernde Leistungsgedanke, dass immer mehr Menschen nicht mehr leisten, sondern erhalten möchten, nicht mehr etwas einbezahlen, sondern etwas herausbekommen.

VOM VERZICHT ZUM ERLEIDEN

Alle wollen Opfer sein, aber niemand will sich mehr opfern. Eigentlich darf diese Entwicklung nicht verwundern. Denn die Opferbereitschaft der letzten Kriege, des Ersten und Zweiten Weltkriegs, hatte niemandem etwas gebracht. Im Gegenteil. Alle freiwilligen Opfer hatten sich im Nachhinein als umsonst erwiesen. Hatte Opfer früher stets Verzicht bedeutet – eine Gabe an die Götter oder die Selbsthingabe an die Nation –, so hatte die Geschichte erwiesen, dass dieser Verzicht keinen Lohn einfuhr. Doch wie kam es dazu, dass die Konnotation ins glatte Gegenteil kippte: Dass Opfer zu sein heute bedeutet, dass man etwas bekommt? Dafür, dass einem ein Täter,»die Gesellschaft« oder gar »das Leben« etwas genommen hat?

Kurz gesagt: Nach dem Zweiten Weltkrieg wurde schnell klar, dass nur die unfreiwilligen Opfer, zumindest im Nachhinein, wenn sie überlebt hatten, auch »etwas davon« hatten. Opfer zu sein war zumindest besser, als sich geopfert zu haben. Und natürlich noch viel besser, als Täter zu sein.

»Der Opferbegriff war bis 1945 selbstverständlich der Begriff des aktiven Opfers für etwas«, konstatiert auch der Historiker

Reinhard Kosellek (1923–2006), »aber schleichend vollzieht sich seit den 50er-Jahren im deutschen Sprachraum (...) eine Umdeutung. Der Opferbegriff wird passiv, und plötzlich sind dieselben Leute nur noch durch den Faschismus zum Opfer geworden, während sie sich vorher aktiv für Deutschland geopfert hatten. Und diese leichte Transformation ist ohne wissentliche Steuerung der Politiker und ohne Registratur der Wissenschaftler oder sonst von irgendjemandem vollzogen worden. Heute sind alle Opfer des Nationalsozialismus – was natürlich mit der Wirklichkeit des Dritten Reichs nichts zu tun hat. Es fing an mit der liturgischen Formel ›Opfer von Krieg und Gewalt‹, die in den 60er-Jahren von Bundespräsident Lübke beschworen wurde.«[295]

»›Nothing to kill or die for‹ ... Überlegungen zu einer politischen Theorie des Opfers«, heißt der erhellende Aufsatz von Herfried Münkler und Karsten Fischer aus dem Jahr 2000, der die Abwesenheit einer politischen Opfertheorie im 20. Jahrhundert konstatiert – und das, obwohl sich gleichzeitig eine »gewaltige Opferrhetorik entfaltet hat«. Bis zum Ende des Zweiten Weltkriegs hatte sich die Rede von Opfern vor allem auf den Krieg bezogen. Aber dann, »mit dem Einsetzen des Wirtschaftswunders«, meinen Münkler/Fischer, wurde sie auf immer mehr Bereiche angewandt: auf den Verkehr und den technologischen Fortschritt und schließlich, mit Ende der 1980er-Jahre, auf verschiedenste Phänomene der Diskriminierung, der politischen Unterdrückung und Verfolgung.[296]

Dass Opfer zu sein im heutigen Sprachgebrauch vornehmlich bedeutet, etwas zu erleiden, davon zeugen die Begriffe »Krankheitsopfer«, »Unfallopfer«, »Verkehrsopfer«, »Katastrophenopfer«, »Kriegsopfer«. Anders als beim Verzicht liegt hier, meinen Münkler/Fischer, »ein passives Denken vor: Das Opfer wird nicht dargebracht als *sacrum factum,* sondern erlitten; vom *sacrificium* wird es zur Zumutung und Schädigung, und diese Wendung impliziert zumeist, dass der Betroffene ohne Schuld und damit illegitimerweise *zum Opfer (victim) gewor-*

den ist – beispielsweise zum Opfer von Unfällen oder Verbrechen, sodass Entschädigungsansprüche gegenüber der Gesellschaft angemeldet werden können.«[297]

Und es kam noch ein politisches Moment dazu: Wenn ein Kriegsopfer in einem Atemzug genannt werden konnte mit einem Verkehrsopfer, wirkte das vor allem erleichternd. Wenn auch Soldaten, die eigentlichen Täter des Krieges, vorrangig Opfer waren, wer konnte da noch die Verantwortung tragen? Da blieben dann nur noch ein paar Nazibonzen übrig, die sowieso schon tot oder verurteilt waren.»Der unter der Hand erfolgte Bedeutungswechsel bot Trost und Entlastung«, bemerkte Herfried Münkler in einem Artikel im *Spiegel* (44/2008). »Vermutlich hat er zur Stabilität der frühen Bundesrepublik mehr beigetragen, als viele wahrhaben wollen, die ihn als Lug und Trug kritisieren.«

Wenn überall nur Opfer zu erkennen waren, wieso sollte man da nicht selbst eins sein können? Zumindest in einer Zeit, in der das Opfersein nicht mehr unbedingt Bedrohung von Leib und Leben, sondern Geld und Aufmerksamkeit bedeutete? Schlägt man heute eine Zeitung auf, ist auf jeder zweiten Seite von Opfern die Rede – und das kommt einem ganz »natürlich« vor. Schließlich *gibt* es ja Opfer. Nur wurden sie nicht immer so genannt.

Früher wurde jemand, der einen Autounfall hatte, eben nicht als Opfer des Verkehrs angesehen – wer ist das überhaupt, *der* Verkehr, dass er Opfer produzieren könnte? –, sondern als jemand, dem ein Unglück widerfahren war, wenn er unschuldig war, oder der Mist gebaut hatte, wenn er zum Beispiel zu schnell oder mit Alkohol im Blut ins Fahrzeug gestiegen war. Heute bekommt dafür die Familie eine Entschädigung, wie ein bemerkenswertes Urteil des Obersten Gerichtshofs in Österreich 2012 zeigte: In Oberösterreich stiegen zwei erwachsene Männer, Vater und Sohn, betrunken in ein Auto, das der Sohn im Ortsgebiet mit 95 Stundenkilometern gegen einen Baum fuhr. Beide starben. »A blede Gschicht« würde man diesen Sachverhalt im lokalen Dialekt nennen. Die aber 2012 so endet, dass die erwachsene Schwester und Tochter, die nicht in einem Haushalt mir ihrem Vater gelebt hatte, aber ein Naheverhältnis nachweisen konnte, 15 000 Euro »Trauerschmerzensgeld« zugesprochen bekam – von der Haftpflichtversicherung des Bruders, allerdings nur für den Vater und nicht für den Bruder, der nicht »bloß Opfer«, sondern »auch gleichzeitig Täter« war (*Die Presse*, 22. Oktober 2012).

Dieses Trauerschmerzensgeld, das in keinem Gesetz steht, wurde vom OGH ohne Anstoß durch den Gesetzgeber eigenständig entwickelt – zweifellos ein Niederschlag der um sich greifenden Überzeugung, dass auch die bewusst eingegangenen Risiken menschlichen Handelns und die schmerzhaften Zufälle des Lebens in Geld abgegolten gehören. Selbst wenn der Täter (in diesem Fall der Autolenker, der Mist gebaut hat) und das Opfer (der ebenfalls zu Tode gekommene Beifahrer, der ebenfalls Mist gebaut hat) tot sind – es gibt immer irgendwo noch ein Opfer. Und auch wenn es nicht dabei war bei der Tat, so kann es doch zumindest dafür entschädigt werden, dass zwei mit ihm verwandte Männer Mist gebaut haben, als Opfer von Lebensumständen, in die es ohne Verschulden geraten ist. Denn irgendwer muss doch für den Schmerz aufkommen, den die unverantwortlichen oder manchmal auch bösartigen Handlungen von Menschen auslösen, oder?

VOM VERKEHRSOPFER ZUM WUTBÜRGER

Der ausgeweitete, passive Opferbegriff enthält für Münkler/Fischer ein fatalistisches Moment, das sie »Beherrschungsdefizit« nennen und am Beispiel des »Verkehrsopfers« spezifizieren: »Gemeint ist hiermit ein individuell unfreiwilliger, jedoch als zivilisatorisch offenbar unvermeidlich angesehener Verlust des Lebens oder zumindest der physischen Integrität eines Menschen, der sowohl als Tribut an den weiteren Forschritt, der solche Verluste unnötig machen wird, als auch, konträr hierzu, zivilisationskritisch als Menetekel der Unbeherrschbarkeit des technischen Fortschritts interpretiert werden kann.«[298] »Opfer« wurde, wie diese brillante Analyse verdeutlicht, zum Zauberwort: sowohl für Fortschrittsbegeisterte, die Verluste in Kauf nahmen, als auch für Skeptiker verwendbar, die diese kritisierten.

Zeugnis davon, dass von dem Opfer als passionierter Handlung nur noch das passive Erleiden schicksalhafter Umstände übrig bleibt, gibt auch das Wort »Verbrechensopfer«: Sogar »Phänomene wie Kriminaldelikte, die, in anderer Perspektive betrachtet, zweifellos aus intentionalen Handlungen resultieren, erhalten im Viktimisierungsdiskurs passive Vorzeichen«, meinen Münkler/Fischer.»Der Geschädigte ist das Opfer eines Kriminellen, der seinerseits wiederum das Opfer bestimmter Lebensumstände ist, zum Beispiel der schon sprichwörtlichen ›schlechten Kindheit‹.« Auch die »Armutsopfer« gehören ihrer Meinung nach hierher, die Zeugnis davon abgeben, dass die Gesellschaft sich nicht (mehr) in der Lage sieht, sozioökonomische Vorgänge zu steuern.[299] Oder die »Krankheitsopfer«, die wahlweise dem ungerechten Leben – der Existenz von Bakterien und Viren auf dieser Welt – oder dem nicht mehr beherrschbaren Gesundheitssystem zugeschrieben werden können.

Gemeinsam ist all diesen rhetorischen Figuren, die sich mit dem Wort Opfer schmücken, dass die Täter hinter Institutionen und Prozessen verschwinden, die man taxfrei beschuldigen kann. Auf diese Weise entsteht ein Diskurs, der mehr einem Klagelied gleicht als einer Analyse von Umständen. Wenn überall nur noch Opfer zu sehen sind und keine Täter mehr oder die Täter nicht greifbar sind, weil sie aus Institutionen, Konzernen oder bloßen Wörtern wie »die Gesellschaft« oder »die Globalisierung« bestehen, dann verkommt die Opferklage zum Selbstzweck, zum Suhlen in Selbstmitleid – oder sie gebiert den »Wutbürger«.

Der Begriff wurde 2010 von der Gesellschaft für deutsche Sprache zum »Wort des Jahres« gewählt, und seine Protagonisten haben der Politik die Folgschaft aufgekündigt, um sich wie Kleinkinder dem Protest zu ergeben, sich als Opfer zu sehen und auch so zu benehmen. – Natürlich fordern die Wutbürger mehr Partizipation und direkte Demokratie, aber das heißt nicht, dass sie auch Lösungsvorschläge haben. Und welche Gefahren die direkte Demokratie in Form von Volksentscheiden birgt, hat nicht nur seinerzeit die vom Volk sanktionierte Machtergreifung der Nazis gezeigt, das zeigen auch die »Shitstorms« im Internet, ganz zu schweigen vom Scheitern des hehren Versuchs der Piraten, eine Partei per direkter Abstimmung zu führen.

Statt in die Politik, die sie »enttäuscht« hat, gehen die Wutbürger auf die Straße und stellen Forderungen. Und damit ein verbreitetes Unbehagen zur Schau: das Gefühl, überrollt zu werden von »denen da oben«, was in vielen Fällen einfach bedeutet, überfordert zu sein von der Komplexität der Demokratie, wo gewählte Repräsentanten immer »über die Köpfe« der Bürger hinweg entscheiden, und der modernen Welt, wo der Einzelne nicht sehr viel bewirken und schon gar nicht die Welt umkrempeln oder retten kann. Was übrigens in der Menschheitsgeschichte noch nie möglich war. Und wohl auch nicht beansprucht wurde.

OHNMACHTS- UND ALLMACHTSPHANTASIEN

Der österreichische Dokumentarfilmer Hubert Sauper hält seine Kamera gerne auf Opfer. Seine erste Dokumentation *Kisangani Diary* von 1998 filmte Hutu-Flüchtlinge aus Ruanda, nahm sterbende Kinder ins Visier, ohne auch nur einen Versuch zu machen, die politischen Hintergründe zu erklären. Wer nicht dabei gewesen sei, könne das sowieso nicht verstehen, rechtfertige Sauper damals diese Strategie. In seinem preisgekrönten und für den Auslandsoscar nominierten Film *Darwin's Nightmare* von 2004 widmete er sich den Mechanismen der Globalisierung anhand des Viktoriabarschs als Metapher für den »politischen Darwinismus«. »Meine Filme erzählen von der Machtlosigkeit Einzelner gegenüber einem mächtigen, unmenschlichen System«, erklärte er anlässlich der Vollendung seines neuen Filmes über die Kolonisierung der Dritten Welt (*Die Presse am Sonntag*, 25. März 2012). Damit trifft er, worauf nicht zuletzt die zahlreichen Auszeichnungen seiner Filme schließen lassen, offenbar einen Nerv.

Die moralische Überhebung, die daraus gezogen werden kann, sich auf die Seite der Opfer zu stellen, ist billig zu haben. Und wenn man dann mit dem »Täter« ein sowieso nicht beeinflussbares »unmenschliches« System identifiziert, ist man obendrein fein raus. Das System kann sich nicht wehren, die Opfer-Täter-Dichotomie, Schuldzuweisung und Unschuldsvermutung bleiben auf bequeme Weise auseinanderdividiert. Anders gesagt: Man kann sich in einem undifferenzierten Stolz und einer diffusen Angst suhlen, ohne ein bisschen nachdenken zu müssen.

Leider stellen solche Filme, die zumeist auch noch stolz darauf sind, nicht zu erklären, sondern »nur zu zeigen«, als ob es möglich wäre, etwas nicht zu interpretieren, keinen Beitrag zu einem öffentlichen Diskurs dar, sondern würgen jede unterscheidende Rede schon zu Beginn ab im Namen einer fragwürdigen Erbauung, eines quasireligiösen Erschauerns vor den Opfern einer Geschichte, eines Lebens, das man vorgibt, nicht zu verstehen, wozu man aber auch keinen Versuch mehr unternimmt. Die Opfer werden wie eine Ikone aufgebaut und angebetet, geliebt und gefürchtet zugleich wie die friedensbringenden Götter der Urzeit. Etwas verstehen zu wollen und sich dazu in die Niederungen der Differenzierung zu begeben würde diese schwarze Romantik nur stören.

Münkler / Fischer fragen zu Recht nach der Gefahr, die hinter dieser Entwicklung des Opferbegriffs steckt, die eine Regression andeutet trotz unzweifelhaften aufklärerischen Hintergrunds – und fürchten mit der Denkfigur der »Dialektik der Aufklärung« gemäß Theodor W. Adorno und Max Horkheimer, dass gerade der Übergang von der Magie zu einem rationalen Weltbild im 20. Jahrhundert eine »Steigerung der Opferfaszination« ermöglicht hat.

Markiert dieser Übergang von der Opferpassion zur Opferrhetorik einen Fortschritt oder sein Gegenteil? Das scheint im Moment noch nicht auszumachen zu sein. Denn Opferkritik und Opferfaszination schaukeln sich gegenseitig weiter auf. Auch wenn man den Opferbegriff kritisiert, redet man über Opfer und beteiligt sich an der Steigerung ihrer Faszination, von der ständig alle reden und von der niemand so genau weiß, worin sie besteht. Denn wo das Opfer auftaucht, ist die Ambivalenz, um nicht zu sagen das Paradox nicht weit.

Die Rede von Opfern kann aber auch eine Kapitulation bedeuten, »ein Dementi menschlicher Allmachtsphantasie, indem sie den Zweifel an der Beherrschbarkeit aller Herrschaftsmittel artikuliert. Zudem äußert sich in ihr ein Unbehagen an der Kultur«, meinen Münkler/Fischer. »Wer alles im Griff hat, ist auch für alles verantwortlich. Von dieser erschreckenden Überforderung dispensiert die Opferrhetorik. Gegen Allmachtsphantasie stellt sie Ohnmachtsphantasie, gegen die kulturell vorherrschende Hybris setzt sie Demut.«[300]

Was Münkler/Fischer nicht thematisieren: Der Opferbegriff kann auch dazu benutzt werden, jemanden zu beherrschen. Er stutzt den anderen zurück, erklärt ihn als machtlos, um ihn damit womöglich beherrschbar zu machen. Er betrachtet nur die Opfer – und kann keine Täter mehr erkennen. Und schon gar nicht die selbsterklärten Retter, die im Medienspiel den anderen deklassieren, um sich selbst zu erhöhen, den anderen eine Ohnmachtsposition zusprechen, um sich selbst als überlegen zu gerieren, und sei es auch nur moralisch.

DER LOHN DER OPFER

Statt Hingabe und aktivem Verzicht, die den Opferbegriff seit der Aufklärung dominierten, »bezeichnet der Opferbegriff nunmehr Einbuße und Benachteiligung; er dient statt der Begründung eigenen Handelns der Begründung von Ansprüchen gegen andere, gleichsam der Besetzung einer *pole position* im wohlfahrtstaatlichen Verdrängungswettbewerb.«[301]

Heute ist es keine Schande mehr, ein Opfer zu sein, es ist vielmehr »lohnend geworden, als Opfer interpretiert zu werden. Seit es nicht mehr um Tötung geht, seit das Opfer keine existenzielle Eigenschaft mehr ist, sondern eine Interpretationsfrage – oder, um einen modischen Begriff zu wählen, seit es *virtuell* geworden ist –, ist es ein Vorteil im Wettlauf um die sozialpolitischen Leistungen des Wohlfahrtsstaates geworden, Opfer-Status beanspruchen zu können. Als Opfer wahrgenommen zu werden, bedeutet ein strategisches Privileg im sozialpolitischen Verteilungskampf. Wer beispielsweise zum Opfer von Hochwasser wird, kann ganz selbstverständlich sowohl staatliche Hilfsleistungen erwarten als auch von Opfer-Unternehmern organisierte private Spenden, und wer sich als Opfer einer vermeintlich falschen Sozial- beziehungsweise Arbeitsmarktpolitik oder einer starren Bürokratie darzustellen versteht, erreicht mindestens auf dem Umweg über Talkshows den Zugang zu einer für jedwede Gerechtigkeitssemantik sensiblen Öffentlichkeit, deren Urteil die vermeintlich Schuldigen nicht nur bei bevorstehenden Wahlen fürchten.«[302]

Wieder so eine Ambivalenz: Opfer stehen für Passivität, aber die Opferdarsteller im Fernsehen zeigen eine gute Performance. Und lehren dabei die Politiker das Fürchten.

5.
SCHADENSERSATZ:
VOM TÄTERRECHT ZUM
OPFERSCHUTZ

»›Mein ist die Rache‹, spricht der Herr«, heißt es im 5. Buch
Mose im Alten Testament[303] – einer der Kerngedanken des jüdischen und christlichen Glaubens, der bedeutet, dass nicht der
Mensch, sondern allein Gott das Recht zur Rache vorbehalten
bleibt. Denn Rache ist ein Teufelskreis. Sie kann primitive Gesellschaften in den Untergang treiben und Mitglieder archaischer Gemeinschaften wie der Mafia, ob in Italien, Japan oder
Russland, auch in der heutigen Zeit noch in Angst und Knecht-
schaft halten.

Vor der Ausdifferenzierung eines zivilen Rechtssystems hin-
gen Recht und Religion eng zusammen. Religionen stellen Nor-
men auf, Verhaltensregeln gegenüber sich selbst, den anderen
und dem Heiligen. Der Bruch religiöser Gesetze wird in allen
archaischen Gesellschaften streng geahndet, das heißt: Recht
und Religion durchdringen sich von Anbeginn an wechselsei-
tig.[304] Die ursprüngliche Kontrollinstanz des Heiligen über-
nahm später der Staat, aber Gerichtsurteile verhängen heute
noch »Sanktionen«, das heißt Heiligung, Billigung oder ganz
profan Strafandrohung – ihre Verkündigung ist ein feierlicher
Akt geblieben, bei dem sich die Beteiligten »im Namen des Volkes« erheben.[305]

Politik und Recht sind, wie der Soziologe Niklas Luhmann
feststellt, nur möglich, »wenn sie zu ihrer Durchsetzung auf
physische Gewalt zurückgreifen und Gegengewalt wirksam
ausschließen können«[306]. Das staatliche Gerichtswesen beendet

den Teufelskreis der Rache. »Es hebt die Rache nicht auf; vielmehr begrenzt es sie auf eine einzige Vergeltungsmaßnahme, die von einer auf ihrem Gebiet souveränen und kompetenten Instanz ausgeübt wird. Die Entscheide der gerichtlichen Autorität behaupten sich immer als das letzte Wort der Rache«, formuliert René Girard in *Das Heilige und die Gewalt*.[307]

Auch der Staatsphilosoph Thomas Hobbes (1588–1679), Begründer des aufgeklärten Absolutismus, meint in seinem *Leviathan* (1651), dass der Staat die Funktion von Gott und Religion übernimmt. Das staatliche Gewaltmonopol ersetzt also das archaische Opfer.[308] Ein bisschen poetischer und weltlicher drückt es der erste französische Staatstheoretiker Jean Bodin (1529–1596) aus, wenn er meint, die Rechtsordnung sorge dafür, »dass der Mensch seine Augen nicht unablässig als Wachtposten aussenden« müsse, »sondern sie manchmal unbesorgt zu den Sternen und den blühenden Bäumen, zu der Notwendigkeit und Schönheit des Daseins erheben« könne.[309]

Zu den wesentlichen Aufgaben des Staates gehören der Schutz und die Schonung der Opfer. Wo sich Gerichtswesen entwickelten, verschwanden auch die Menschenopfer im ursprünglichen Sinne, in der europäischen Geschichte nachzuvollziehen etwa im antiken Griechenland und Rom.[310] Opfer und Gerichtswesen haben also dieselbe Funktion, aber das Gerichtswesen ist effizienter. Und wie viele Errungenschaften ist es eine »zweischneidige Waffe«, es »kann der Unterdrückung wie der Befreiung dienen«.

Rache erscheint irrational. Sie hat die Tendenz zur Eskalation, deswegen wird sie in archaischen Gesellschaften oft nicht direkt ausgeübt – sondern an einem unschuldigen Opfer als Exempel statuiert. Insofern, meint Girard, entspreche das moderne Gerichtswesen dem Racheprinzip konsequenter als die religiösen Opfer. Der Nachdruck, mit dem der Staat auf der Bestrafung des Schuldigen besteht, »hat keinen anderen Sinn«: »Statt auf Verhütung, Besänftigung oder Umgehung der Rache hinzuarbeiten oder sie auf ein zweitrangiges Ziel zu verschieben, wie dies alle wirklich religiösen Verfahren tun, *rationalisiert* das Gerichtswesen die Rache. So gelingt es ihm, diese nach seinem Belieben abzuspalten und zu begrenzen, gefahrlos zu manipulieren und aus ihr eine äußerst wirksame Wiederherstellungs*technik* und, erst in zweiter Linie, eine Technik zur Vorbeugung von Gewalt zu machen.«[311]

VERLETZTER, ANKLÄGER, ZEUGE ODER OPFER?

Wenn es zu einem Gerichtsprozess kommt, hat Gewalt stets bereits stattgefunden. Ein Gewaltakt hat mindestens zwei Beteiligte: Täter und Opfer. Das Strafrecht spricht eigentlich lieber von Täter und Verletztem, denn bis zum Urteil steht nicht fest, ob das Opfer tatsächlich ein Opfer ist. Und aufgrund der Möglichkeit des Justizirrtums nicht einmal einwandfrei danach.

Der Täter steht auch heute noch im Mittelpunkt des Gerichtsprozesses – schließlich dient dieser dazu, die Schuld des Täters festzustellen und seine Tat zu sanktionieren bzw. seine Unschuld festzustellen und ihn freizusprechen. Das Opfer fungierte dabei bis vor wenigen Jahren ausschließlich als Zeuge.

In der germanischen und karolingischen Zeit spielte das Opfer als Ankläger bei Einleitung und Durchführung des Verfahrens noch eine aktive Rolle. Diese verlor es, als mit dem Erstarken des Staates und dem Einfluss der Aufklärung Straf- und Zivilrecht getrennt wurden. Die Verfolgung von Straftaten wurde Aufgabe der Gemeinschaft und der Inquisitionsprozess eingeführt. Das Strafrecht orientierte sich nur noch an den Merkmalen der Tat und des Täters, während das Opfer mit seinen Schadenersatzansprüchen auf den Zivilprozess verwiesen wurde.[312] »Theoretisch behielt das Opfer zwar seine Anzeigebefugnis, in der Praxis lagen Einleitung und Durchführung des Verfahrens aber in der Hand des Inquisitionsrichters; das Opfer trat nur noch als Zeuge auf.«[313]

Das deutsche Reichsstrafgesetzbuch von 1871, das Strafantragsrecht des Opfers und die Reichsstrafprozessordnung von 1877, die das Klageerzwingungsverfahren, die Privatklage und die Nebenklage einführten, leiteten zwar eine Wende ein, trotzdem blieb das Opfer eine »vergessene Figur« am Rande des Prozesses, meint der deutsche Rechtswissenschaftler Joachim Herrmann – bis in die 1980er-Jahre, als ein Paradigmenwechsel einsetzte, der bis heute nicht abgeschlossen ist: »Der Reformprozess der letzten 25 Jahre hat gezeigt, dass die Aufwertung des Opfers zu einem ›kriminalpolitischen Dauerzustand‹ geworden ist. Die Entwicklung ist bis in die jüngste Zeit so dynamisch verlaufen, dass ein Ende nicht abzusehen ist.«[314]

Wolfgang Gappmayer kommt in seiner Dissertation aus dem Jahr 2012 zum Opferbegriff im österreichischen Strafrecht zu dem Schluss, dass sich Angeklagter und Opfer im Strafverfahren als Verfahrenssubjekte mit konkreten Rechten mittlerweile weitgehend gleichrangig bzw. gleichgestellt gegenüberstehen.[315]

Damit scheint ein Prozess abgeschlossen, der schon vor zehn Jahren absehbar war, als der Professor für Strafrecht und Vizepräsident des deutschen Bundesverfassungsgerichts Winfried Hassemer feststellte: Das Opfer »ist aus dem Schatten herausgetreten, in dem ein auf den Täter konzentriertes Strafrecht es über Jahrzehnte, ja über Jahrhunderte«, genaugenommen seit der Aufklärung, festgehalten hatte.

Hassemer hat mit dem Entführungsopfer Jan Philipp Reemtsma schon 2002 eine Studie verfasst, in der die beiden Autoren aus der Perspektive des Juristen und des Kulturwissenschaftlers gleichermaßen von einer Wende sprechen: »Der Täter, um den die Wissenschaft, Praxis und Politik des Kriminalrechts sich traditionell gekümmert und gesorgt hatten, verliert seine Attraktivität und seine zentrale Position in unserer Wahrnehmung des Verbrechens und unserer Empfindung einer angemessenen Antwort auf das Verbrechen. Unsere Aufmerksamkeit, unser Interesse und auch unser Mitgefühl wandern vom Täter zum Opfer.«[316]

Während Herrmann als Auslöser für diesen Prozess »neuere wissenschaftliche Diskussionen und viktimologische Forschungen im In- und Ausland« geltend macht, die darauf abzielen, die Rolle des Opfers in Strafverfahren und materiellem Strafrecht neu zu bestimmen, betont Hassemer, dass die Rechtsprechung der öffentlichen Meinung hinterher geeilt sei, die Praxis der Rücksicht auf das Opfer den wissenschaftlichen Theorien zum Verbrechensopfer weit voraus gewesen sei.[317]

VON DER ZEUGENPFLICHT ZUM OPFERSCHUTZ

Tatsache ist, dass der Opferbegriff der Viktimologie immer noch über jenen der Strafprozessordnung hinausgeht. Es trifft aber ebenso zu, dass die Rechtsprechung in den vergangenen Jahrzehnten den Opferschutz kontinuierlich ausgebaut hat. Im Herbst des Jahres 1984 beschäftigte sich der 55. Deutsche Juristentag mit der Rechtsstellung des Verbrechensopfers, und seine Beschlüsse, die in verschiedener Hinsicht eine Neubestimmung der Opferrolle empfahlen, wurden zur Grundlage des deutschen Opferschutzgesetzes vom Herbst 1986.[318]

Es folgten, um nur die wichtigsten Neuerungen zu nennen, das Verbrechensbekämpfungsgesetz von 1994, das Zeugenschutzgesetz von 1998, das Gesetz zur Strafverfahrensrechtlichen Verankerung des Täter-Opfer-Ausgleichs von 1999, das Opferrechtsreformgesetz von 2004 und das Zweite Opferrechtsreformgesetz von 2009. Auf der österreichischen Seite wäre etwa das Strafrechtsänderungsgesetz von 1987, das Strafprozessänderungsgesetz von 1993 und die Strafprozessnovelle von 1999 zu nennen, die u. a. versuchen, die sekundäre Viktimisierung einzudämmen. Das Strafprozessreformgesetz von 2004 regelt die Stellung des Verbrechensopfers im Strafprozess grundsätzlich neu mit den Zielen Anerkennung als Opfer, schonende Behandlung, Vertretung, Mitwirkung und Kontrolle sowie psychosoziale und juristische Prozessbegleitung.[319]

Erst Anfang 2013 wurde das Verbrechensopfergesetz novelliert mit Vorteilen für Verbrechensopfer bei der Einforderung von Entschädigung, der Verankerung von Schockschäden im Verbrechensopfergesetz, bei der Zeugen einer Tat oder Angehörige, die Nachrichten über eine solche schlecht verkraften, Schadensersatz fordern können, sowie in Bezug auf Opfer von Missbrauch in staatlichen Kinderheimen, wo festgehalten wurde, dass auch lange zurückliegende Fälle nach den Erziehungsmethoden von heute beurteilt werden müssen.[320]

Das Opfer besitzt heute Rechte. Und das ist gut so. Denn in seiner Zeit als »bloßer« Zeuge wurde es nicht immer gut behandelt. »Es hatte unter Wahrheitspflicht auf Fragen zu antworten. Welche Unterhose trug der Vergewaltiger? Welchen Minirock die Frau Zeugin? Sehr oft brachen Opfer zusammen, ihre Aussagen waren wertlos, ihre Würde erneut ruiniert, der Täter ein freier Mann.« Die neuen Ansprüche des Opfers, meint der Justizexperte Florian Klenk (*Falter* 14/2012), seien auch im Interesse des staatlichen Gewaltmonopols. »Denn nur ein Opfer, das psychologisch gestärkt und professionell betreut den Gerichtssaal betritt, ist als Zeuge zu gebrauchen.«

Als sich Opferschutzeinrichtungen und Prozessbegleiter professionalisierten, wurde neben der »Täterarbeit«, der Resozialisierung des Rechtsbrechers, auch die »Opfergerechtigkeit« zum Inhalt der forensischen Sozialarbeit. »Opfer werden heute schonend einvernommen, sie werden zum Gerichtsverfahren begleitet, sie haben einen Anspruch darauf, am Gang nicht mit dem Peiniger zusammenzutreffen, sie erhalten staatliche Entschädigung, wenn ein Täter kein Geld hat. In kleineren Fällen kann die Justiz auch den ›Täter-Opfer-Ausgleich‹, einen außergerichtlichen Tatausgleich, verhängen. Das Opfer soll nicht nur finanziell entschädigt werden, sondern auch Frieden mit dem Täter finden. Die Kriminalsoziologie spricht davon, dass der strafende Staat von einem System der ›restaurative justice‹ abgelöst werden soll.«[321] Dieser Prozess unterscheidet sich in Deutschland und Österreich nicht wesentlich.

2004 wurde der Begriff Opfer in die österreichische Strafprozessordnung eingeführt. Das geht auf einen EU-Rahmenbeschluss aus dem Jahr 2001 über die Stellung von Opfern im Strafverfahren zurück, der wesentlich vom European Forum for Victim Services (gegründet im Jahr 1989) beeinflusst wurde, einem Zusammenschluss von elf europäischen Opferorganisationen.[322] Das Strafprozessreformgesetz von 2004 vermeidet bewusst den Begriff Geschädigter oder Verletzter und verwendet ausschließlich den Begriff Opfer, um zu zeigen, so Udo Jesionek, Strafrechtler und Präsident des österreichischen Weißen Ringes, dass es den Geschädigten als Opfer ernst nimmt.[323] Die Kritik, dass die Bezeichnung Opfer zu einer Stigmatisierung führe, wird von den Verfechtern des Opferbegriffs demgegenüber zumeist als zweitrangig zurückgewiesen. Ebenso die implizite Vorverurteilung des Täters.

Der etwas unglücklich aus dem Englischen übersetzte Begriff Restoration für »restaurative justice«, der sich auch in Deutschland und Österreich als Strafrechtszweck etabliert hat, steht für die materielle und ideelle Wiedergutmachung der Tatfolgen, Hilfe bei der Bewältigung der durch die Tat ausgelösten negativen Empfindungen, das heißt die Wiederherstellung der ökonomischen und psychosozialen Situation des Opfers vor der Tat.[324]

GRUNDSATZFRAGEN UND VERHANDLUNGEN

Alles neu, alles gut? Wer ist ein Opfer, und was soll mit dem Täter geschehen – Grundsatzfragen dieser Art werden in einer offenen Gesellschaft nie endgültig geklärt sein, sondern zu den Themen gehören, die immer wieder neu verhandelt werden müssen. Ebenso wie jene Bereiche, aus denen sich der Gesetzgeber heraushalten soll. Mit dem Opferschutzgesetz von 1986 wurde ein Prozess in Gang gesetzt, dem es gelang, das Opfer »aus seiner Objektstellung zu lösen« und mehr und mehr »als Subjekt des Verfahrens auszustatten«[325].

»Die Trendwende im Strafprozess ist zweifellos ein Fortschritt«, meint Florian Klenk (*Falter* 14/2012). Trotzdem warnen Strafverteidiger vor den Gefahren. »Denn der Strafprozess, so monieren sie, sollte doch erst klären, ob ein Zeuge überhaupt Opfer ist. Ihn schon vorher als Opfer zu benennen, sei ein Vorgriff auf ein noch nicht verkündetes Urteil, eine subtile Vorverurteilung. Dem Beschuldigten stünden zudem schon vor dem Schuldspruch die Staatsanwaltschaft sowie staatlich finanzierte Opferanwälte gegenüber. Gegen falsche Bezichtigungen könne sich ein Unschuldiger de facto immer schwerer wehren. Dazu kommt ein gesteigertes Interesse der Medien, die sich von Opferanwälten gerne instrumentalisieren lassen, gemeinsam kämpft man ja gegen das Unrecht. Nicht nur der Fall Kachelmann zeigt, wie diese Kooperation auch Freigesprochene an den Medienpranger kettet und zu Opfern macht.«

Wolfgang Gappmayer hingegen stellt fest, dass der Opferbegriff im Strafrecht noch nicht weit genug geht, und schlägt vor, dass auch unbeteiligte Dritte, die Zeugen einer Straftat mit traumatisierendem Potenzial waren oder etwa eine Leiche aufgefunden haben, als indirekte Opfer gelten sollten.[326] Trotzdem betont er, dass Opferschutz »nicht zu einer Überdramatisierung von Opfererfahrungen« führen darf und Opferhilfe die »rasche Überwindung des Opferstatus« zum Ziel haben muss.[327]

Joachim Herrmann bemängelt an der raschen Entwicklung der Gesetzgebung in Deutschland, dass sie keine Reform aus einem Guss darstelle, sondern eine »Korrektur von ad hoc erkannten Einzelproblemchen«. Mehr Rechte auf Information und anwaltlichen Beistand, Verbesserung des Persönlichkeitsschutzes, Umgestaltung der Nebenklage (in der das Opfer als Mitankläger auftritt) und Verbesserung der Schadenswiedergutmachung kämen den Opfern zugute. Aber dieser verbesserte Opferschutz ginge teilweise zulasten des Beschuldigten, der

»bei der beabsichtigten Fortsetzung der Reform weiterhin auf dem besten Wege sein wird, die ehemalige Rolle des Opfers zu übernehmen und zur ›vergessenen Figur‹ im Strafverfahren zu werden«.[328]

»Die Zeit, in der es hieß, keiner kümmere sich um die Opfer, ist vorbei«, konstatierte Sabine Rückert bereits 2006 in der *Zeit*[329]. Das liegt nicht nur an Gesetzesänderungen in den letzten Jahren, die die Stellung von Verbrechensopfern verbessert haben, sondern auch an Hilfsorganisationen wie dem 1976 gegründeten Weißen Ring, der einflussreichsten Opferlobby des deutschsprachigen Raums mit über 400 Außenstellen, rund 50 000 Mitgliedern und 3000 ehrenamtlichen Helfern. Der Weiße Ring, der sich ohne öffentliche Gelder finanziert, übernimmt auch heute noch Anwaltskosten für Verbrechensopfer, tritt als Nebenkläger in Prozessen auf und unterstützt die Opfer psychologisch und finanziell. Seit seiner Gründung hat er auf diese Weise über 200 000 Menschen, Opfern und ihren Angehörigen, Beistand geleistet.

TÄTERRECHT UND OPFERFRUST

Alle reden nur noch vom Opfer. Für die Nöte des Täters interessiert sich kaum jemand mehr. Das war nicht immer so. In den 1970er- und 1980er-Jahren wurde der Täter von der Öffentlichkeit vor allem als Opfer gesehen – der Umstände, einer traumatischen Kindheit und eines repressiven Staats bzw. dessen Vergeltungsmaßnahmen und dessen Kriminalpolitik – und lauthals die Abschaffung des Strafrechts gefordert, mit Berufung auf die verletzten Rechte des Täters.[330] Aber nicht nur die öffentliche Aufmerksamkeit jener Zeit, sondern unser gesamtes Justizsystem kreist eigentlich um den Täter: »Unser Rechtssystem ist aus historischen und systematischen Gründen auf den Tatbestand der Rechtsverletzung und nicht auf die Tatsache des dem Opfer zugefügten Leids orientiert.«[331] Wir haben ein Täter-, kein Opferstrafrecht, sagt Winfried Hassemer, das den Konflikt zwischen Täter und Opfer schlichtet, indem es das Opfer seiner Handlungsmöglichkeiten und Rechte beraubt: des Rechts auf Rache, das vom strafenden Staat frustriert und ruhiggestellt wird.

Die soziale Botschaft der Strafe richtet sich primär an den Täter (dessen Besserung angestrebt wird) und die Gesellschaft (zur Abschreckung möglicher Täter und Sicherung vor dem tatsächlichen Täter) – dient also nicht der Genugtuung des Opfers und darf das auch gar nicht: »Das Opfer kann nicht als Rächer durch die Hintertür von Straf- und Strafzwecktheorien wieder Einzug halten, und es wäre gut, wenn allseits daran kein Zweifel gelassen würde«, meint das ehemalige Entführungsopfer Reemtsma und betont, dass der Zivilisationsprozess eben Frustrationen mit sich bringe.

Das Angebot, den strafenden Staat als Rächer zu sehen, verleite nur dazu, dass Menschen ihrer Aggressionen und ihrer Bosheit freien Lauf ließen, wenn sich eine scheinbar moralisch einwandfreie Gelegenheit biete, und führe damit zu einer Brutalisierung des Gemeinwesens. Drastischer formuliert: Verfolgen im Namen der Opfer macht vielen immer noch am meisten Spaß, denn es scheint doch immerhin moralisch gerechtfertigt. Genau diese kaschierte Gewalt soll hier infrage gestellt werden. Sie stellt eines der Kernprobleme des neuen Opferbegriffs dar, die in diesem Buch zur Diskussion gestellt werden sollen.

Die Instrumentalisierung des allzumenschlichen Rachewunsches durch die Medien und die selbsternannten Anwälte der Opfer, fürchtete Reemtsma im Interview mit Sabine Rückert in der *Zeit* von 2006, führe zu einer Verrohung der Gesellschaft. Opfern mit Rachebedürfnissen bringt Reemtsma, obwohl er sich selbst nicht zu dieser Kategorie zählt, hingegen Verständnis entgegen. »Aber die Rachebedürfnisse der Opfer müssen vom Staat frustriert werden.«[332] Im Gegensatz zu den Rachephantasien unbeteiligter Dritter sei der Wunsch des Opfers nach Rache zwar legitim, aber privat und müsse das auch bleiben, meint Reemtsma in Hinblick auf die Gewalterfahrungen seiner 33-tägigen Entführung im Jahr 1996, bei der sich die Medien noch an ein Nachrichtenmoratorium hielten, sodass die Öffentlichkeit erst nach seiner Befreiung davon erfuhr – heute wohl undenkbar.[333]

WER ZAHLT DEN PREIS?

Womöglich gibt es für viele Straftaten gar keinen gerechten Ausgleich, auch wenn die Strafe noch so hart ausfällt. Diese Vorstellung ist so wenig angenehm, dass nicht nur Religionen und Moralsysteme wie die indische Karmalehre ein Konstrukt erfinden, das es möglich macht, dem Opfer die Schuld an der Tat zuzuschreiben – indem man sie, wenn nötig, in ein früheres Leben verlegt – bzw. dem Täter zu verheißen, dass er seine gerechte Strafe erhalten wird – wenn nicht jetzt, so dann in einem späteren Leben … Diese Vorstellung ist auch so inhuman, dass Rechtsordnungen, die sich daran versuchen, wie etwa die islamische Scharia, uns als rückständig erscheinen, wie Sabine Rückert zu bedenken gibt, die sich seit Jahren mit der Opferproblematik beschäftigt.[334]

Die Kosten des Rechtssystems wurden in den letzten Jahrzehnten »vor allem dem Opfer aufgelegt«, das der Adressat von »gewaltgesicherten Gewaltverboten«[335] war, denn das Gewaltmonopol behält sich der Staat vor. Der Täter kam dabei »relativ gut« weg – er hatte seine Gewalttat ja schon begangen. Er hatte das Recht zu schweigen, während das Opfer aussagen musste. Als Opferzeuge hatte es einen »unbequemen Platz am Rande des Geschehens« inne. In der Juristenausbildung kam es nicht vor, für die Urteilsbegründungen war es weder Adressat noch Gesprächspartner.

Bis in die 1990er-Jahre waren alle Bemühungen von Politik und Wissenschaft auf den Täter konzentriert: Gerechtigkeit und Durchsichtigkeit der Strafzumessung, die Stellung im Strafprozess, das Recht auf Verteidigung, die therapeutische Begleitung etc. Kein Wunder, meint Hassemer, »dass sich Verbrechensopfer gegen eine solche Behandlung immer energischer wehren«.[336]

Zusammen mit seinem Coautor Reemtsma, der sein Millionenerbe der Sozialforschung widmet, stellt er sich die Frage, ob das Strafrecht mit dem veränderten Diskurs noch zusammenpasst. Und inwiefern es dem Verbrechensopfer gerecht werden kann, ohne hinter rechtsstaatliche Errungenschaften, den erreichten Standard an Liberalität und Humanität, wieder zurückzufallen und damit nicht nur den Interessen des Täters, sondern auch des Opfers zu schaden. Wenn der Staat seine Rolle als unbeteiligter Dritter aufgibt, wird Gerechtigkeit für das Opfer zur Ungerechtigkeit für den Täter und zur Unfreiheit für den Bürger.[337] Deswegen, meinen Hassemer/Reemtsma, sei wirkliche Opferhilfe staatsfern, und der Staat könne allenfalls die Rahmenbedingungen dafür vorgeben.[338]

Trat der Täter noch vor zwanzig Jahren als »Träger verletzbarer Grundrechte« ins öffentliche Bewusstsein, »so trägt er heute das Kleid des Bedrohers und Verletzers«.[339] Schutz assoziieren wir nur noch mit dem Opfer, und das meint immer Schutz vor dem Täter und nicht vor dem Staat, der nun seinerseits dabei helfen soll, die Rechte des Opfers zu wahren. Das heißt, unser Gerechtigkeitssinn ist »schon mitten in einem opferorientierten Strafrecht angekommen«[340]. Und dieses zielt nicht mehr auf Freiheit, sondern auf Sicherheit, ein weiterer Paradigmenwechsel, der neue Opfer in den Fokus der Aufmerksamkeit rückt: die virtuellen Opfer, die es erst zu verhindern gilt mittels Sicherheitsmaßnahmen.[341]

VIRTUELLE OPFER – ODER:
TAUSCHE FREIHEIT GEGEN SICHERHEIT

Strafe ist die Antwort des Staates auf eine Tat, Prävention dient dem Schutz zukünftiger Opfer. Während man in den 1970er-Jahren noch versuchte, den Täter »aus der Rolle des Fremden, des Marginalisierten herauszulösen, ihm Wege in die Gesellschaft zurück zu bahnen und bei diesen Versuchen empfindsam und geduldig zu sein«, ist heute eine »abgrenzende, eine verurteilende Mentalität« zur Norm geworden, die nach Strafe ruft und Opferorientierung mit der Orientierung *gegen* den Täter und Empathie mit den Tätern mit Mitleidslosigkeit gegen die Opfer gleichsetzt.[342]

»Tausche Freiheit gegen Sicherheit« lautet die Devise zahlreicher neuerer Verschärfungen im materiellen und formellen Strafrecht bzw. Zivilrecht, »die von der Erwartung getragen werden, Einschränkungen von Freiheitsrechten ließen Zuwächse an Schutz vor kriminellen Übergriffen erhoffen«.[343] Wobei die Angst vor dem Täter und vor der Kriminalität bekanntlich nicht mit der wirklichen Bedrohung korreliert, durch vermehrte Sicherheitsmaßnahmen zuungunsten der Freiheit also nur bedingt bekämpft werden kann. Diese Einstellung birgt aber noch weitere Gefahren: »Die Verwandlung von Grundrechten als Abwehrrechten in Grundrechte auf Sicherheit verwandelt auch den Staat. Aus dem Leviathan wird ein Schutzpatron, und anstelle des Misstrauens gegenüber seiner Macht über die Freiheit der Bürger tritt ein Vertrauen gegenüber seiner Potenz zur Risikobeherrschung hervor. (…) So wird aus dem Bürger das (virtuelle) Opfer, besorgt weniger um seine Freiheit als um seine Sicherheit. Denn diejenigen, die ein Grundrecht auf Sicherheit einklagen, das sind ja wir alle: die potenziellen Opfer von Verletzung und Verbrechen.«[344]

Dazu passt auch die Tendenz, könnte hier ergänzt werden, immer mehr Momente autonomer Beurteilung und Verantwortung dem Staat zu überlassen: Das Recht, seine Gesundheit zu schädigen im Namen des Genusses von Tabak wird heute im Namen der Kosten für die Allgemeinheit ebenso geahndet wie das Recht, zu viel zu essen und deswegen womöglich kürzer zu leben. Zumindest gilt es als unmoralisch, der Allgemeinheit damit höhere Behandlungskosten aufzuhalsen, weswegen immer mehr Bestrebungen dahin gehen, solches »Fehlverhalten« auch mit höheren Beiträgen zu Krankenversicherungen etc. zu sanktionieren. Zugespitzt gesagt: Das Opfer hat heute Rechte. Aber sein Körper gehört inzwischen nicht mehr ihm selbst. Das ist der Preis, den wir für den Primat von Sicherheit und Vernunft zahlen.

Das ist womöglich der Preis, den man dafür zahlt, wenn man immer nur von Rechten redet und immer weniger von der Verantwortung, die jeder erwachsene Mensch für sein Leben hat. Denn wenn man sich in den Finger schneidet, kann man nicht den Messerhersteller dafür verantwortlich machen – auch wenn es den Anschein hat, dass das Rechtsempfinden sich in genau diese Richtung bewegt. Früher wusste der Volksmund: Jeder ist seines Glückes Schmied. Heute erwarten wir von Vater Staat und Mutter Gesellschaft die Bereitstellung der Glückseligkeit des Kindes, das keine Verantwortung zu tragen hat.

Aber Glück ist »keine strafrechtliche Kategorie«, betont Hassemer[345], und die Unterscheidung zwischen Unrecht und Unglück bleibe von großer Bedeutung.[346] Vielleicht sind wir auf dem Holzweg damit, den »anderen« oder »dem« Staat die Verantwortung für das Gelingen unseres Lebens aufzubürden, nur weil wir das Unglück, und das heißt auch immer den Zufall, so schwer aushalten. Womöglich adeln wir das Leid, das den Opfern widerfährt, auch deswegen so gerne, weil es einen verführerischen Weg darstellt, »den Zumutungen der Sinnlosigkeit zu entkommen«, wie Reemtsma vermutet.[347]

VOM MITLEID MIT DEN OPFERN ZUM
HASS AUF DIE TÄTER

In einer Gesellschaft, die gerade dabei ist, ihre Freiheitsrechte gegen Sicherheitsbestimmungen zu tauschen, droht die Orientierung an den Opfern in eine gegen die Täter zu kippen. Empathie mit den Tätern, Verständnis für ihren Lebensweg und die Einbeziehung der Tatsache, dass die meisten Täter selbst einmal Opfer waren, Errungenschaften der 1970er-Jahre, werden dabei bedenkenlos über Bord geworfen zugunsten einer neuen Einfachheit, die Täter und Opfer wieder fein säuberlich auseinanderdividiert. Und die Täter dabei ohne Mitleid an den Pranger stellt – unter tatkräftiger Hilfe der Medien. Bei diesem neuen Spiel treten die selbsternannten Retter dann oft noch rachsüchtiger auf als die eigentlichen Opfer.

Jan Philipp Reemtsma konstatiert einen generellen Umorientierungsprozess sowohl in der Rechtsprechung also auch in der Rechtstheorie. Aber auch in der Literatur. Dabei hat er es selbst getan. Mit *Im Keller* legte er 1997 seine Autobiografie als Opfer vor, die Beschreibung seiner Entführung. Früher, meint er, sei es nicht möglich gewesen, »dass das Opfer extremer Gewalt, das von sich aus nichts weiter hatte sagen können, als dass es Opfer extremer Gewalt hatte sein müssen, ein Buch schrieb, in dem es im Wesentlichen nichts weiter beschrieb als dieses Leid und auch noch, durchaus selbstbewusst, ›ich‹ sagte«.[348]

Früher hätten Opfer eher Misstrauen und Abneigung hervorgerufen, denn niemand stellt sich gerne vor, wie verletzlich auch er selbst eigentlich ist. Deswegen vermuten die meisten lieber, das Opfer sei irgendwie mit schuld an seinem Schicksal. Die Umwertung der sozialen Rolle des Opfers trotz dieses »sozialen Grundaffekts«[349] gegen das Opfer interpretiert Reemtsma als Reaktion auf die »Zivilisationskatastrophe des Holocaust«: »Ohne die Akzeptanz, mehr noch: die moralische Achtung, die den Berichten der Überlebenden der Shoah entgegengebracht worden ist, wäre die Bereitschaft, den Berichten vergewaltigter Frauen zuzuhören, nicht so groß gewesen (...), und auch die Bereitschaft, Zeugnis von anderen Situationen der Unterwerfung, Entwürdigung und erzwungener Passivität abzulegen, wäre kaum so groß gewesen.«[350]

Bei Lesungen aus seinem Buch *Im Keller* sei er wie ein Guru behandelt worden, beklagt er. Am meisten hat ihn allerdings schockiert, wenn ihm nach der Entführung viele Leute geschildert haben, was sie den Erpressern alles gerne antun würden. »Es zeigte mir, dass fremde Leute mein Schicksal zum Anlass nahmen, um ihre eigenen bösartigen Phantasien auszuleben.«[351]

Es stimmt: Die Medien und ihre Konsumenten stürzen sich auf Opfergeschichten wie Verhungernde auf ein Stück Brot. Auf welchen Mangel deutet dieses Verhalten in einer Überflussgesellschaft hin? Oder handelt es sich hier bloß um ein niederträchtiges Urbedürfnis nach der Ergötzung an fremdem Leid und an der Bestrafung anderer?

JUSTIZOPFER UND DIE MEDIEN

Die problematische Wechselwirkung zwischen der Medienberichterstattung und der Rechtsentwicklung ist das Thema der Journalistin Sabine Rückert. Auch wenn die Medien sich gerne als Anwälte der Opfer gerieren, erweisen sie ihnen damit eigentlich keinen guten Dienst, meint Rückert. »Kein Verbrechensopfer hat es verdient, dass sein Leiden zur Unterhaltung der Massen ausgebreitet und eine Stimmung geschaffen wird, in der am Ende nach höheren Strafen gerufen wird.«[352] Nicht nur der Gesetzgebung, sondern auch Gerichtsreportern täten Emotionen zumeist nicht gut. Wer diese erzeugen wolle, solle von der Gerichts- und Kriminalberichterstattung die Finger lassen.

Dieser Vorschlag ist ebenso richtig wie vermutlich vergeblich. Denn gerade in einer komplexer werdenden Gesellschaft, wo gemeinsame Werte Mangelware sind, wächst das Bedürfnis nach klaren Unterscheidungen. Sprich: Die Opfer müssen gut, unschuldig und bemitleidenswert sein, die Täter böse, schuldig und ohne Recht auf Anteilnahme. Aber: »Auch ›schlechte‹ Menschen können Opfer werden und ›gute‹ Menschen können Täter sein, eine Tatsache, die aus Angst, moralisch unkorrekt zu erscheinen, oft selbst von Gerichten, Psychologen und Staatsanwälten, besonders aber von den Medien gern vergessen wird.«[353]

Muss sich die Öffentlichkeit wirklich von der jungen Psychologiestudentin Miriam Kachelmann, die durch den spektakulären Prozess gegen Jörg Kachelmann und das ihn begleitende Medienspektakel beinahe das Vertrauen in den Rechtsstaat verloren hätte, erklären lassen, dass Opfer einer Straftat zu sein einen Menschen nicht zu einem besseren Menschen macht? Sie muss offenbar, und die Öffentlichkeit wird das vielleicht sogar glauben, aber nicht danach handeln.

Der Wettermoderator Jörg Kachelmann, den seit seiner Anklage als Vergewaltiger vom März 2010 jeder kennt, sieht sich selbst jedenfalls als Opfer der vereinten Verurteilungskräfte von Justiz und Medien. Der Imageschaden, den der mit medialem Getöse begleitete Prozess auslöste, lässt sich wohl auch nach seinem Freispruch nicht mehr wiedergutmachen. Trotz oder sogar wegen seiner Prominenz, die das mediale Interesse und damit das Interesse der Richter, Ergebnisse zu liefern, erst anfachte. Wobei ihm freilich ebendiese Prominenz und der sie begleitende finanzielle Background auch halfen, den geeigneten Verteidiger zu finden.

Irgendwas wird schon dran sein, diese verbreitete Denkweise macht es für Menschen mit Rachegelüsten leicht, anderen mit erfundenen Vorwürfen zu schaden. Der Fall Kachelmann zeigt nicht nur deutlich, dass sich die Themen Recht und Medien bei dem zeitgenössischen Opferhype nur schwer auseinanderdividieren lassen, sondern auch, dass nicht nur die Öffentlichkeit, sondern auch die Justiz gerade bei Prominenten parteiisch werden kann, obwohl doch gerade die Unparteilichkeit ihr öffentlicher Auftrag ist.

Kachelmanns zweiter Strafverteidiger Johann Schwenn, der sich auf Falschbeschuldigte spezialisiert hat, sieht jedenfalls als Hauptursache für Fehlurteile, das heißt Justizirrtümer, die »überstürzte und unkritische Solidarität mit Personen, die sich selbst als Opfer inszenieren«.[354] »Vom mutmaßlichen Opfer zum mutmaßlichen Täter ist der Weg manchmal nicht weit«, bemerkte er im *Cicero* (25. November 2010) – vor allem bei Verdacht auf ein Sexualdelikt, bei dem es in der Natur der Sache liegt, dass es keine Zeugen gibt und zumeist Aussage gegen Aussage steht. Dazu tragen nicht nur Opferverbände und ihre Mitarbeiter bei, die mit den Opfern ihren Lebensunterhalt verdienen, sondern auch die breite Öffentlichkeit, die zu ihrer Unterhaltung und Erbauung, zu ihrer kathartischen Abreaktion Opfer braucht und missbraucht.

Sabine Rückert begleitete den Kachelmann-Prozess, der im September 2010 begann, in der *Zeit* und diagnostizierte einen Paradigmenwechsel der Justiz im Umgang mit Opfern und Tätern: »Der Fall Kachelmann zeigt beispielhaft, dass kein mögliches Opfer eines Sexualdelikts in diesen Tagen mehr Angst vor Behörden haben muss. Das von Polizei und Justiz zusätzlich gedemütigte und drangsalierte Vergewaltigungsopfer ist ein Phänomen aus der Nachkriegszeit, längst überwunden, gleichwohl von Frauenrechtlerinnen immer noch gerne beschworen. Heute kann eine Frau, die eine Vergewaltigung anzeigt, in Deutschland damit rechnen, dass ihr ein Höchstmaß an Takt, Verständnis, Solidarität und Zuwendung entgegengebracht wird.«[355]

MISSBRAUCH MIT DEM MISSBRAUCH

Vermutlich ist das bewusst überspitzt formuliert, denn die Praxis des »Victim Blaming« ist weder so einfach auszurotten wie die Versuchung – sei es aus Gründen der Wahrheitsfindung oder aus niedrigeren Motiven –, bei der Befragung Vergewaltigter die Schamgrenzen zu überschreiten. Und nicht in jedem engen Gerichtssaal ist das Gefühl für Gerechtigkeit so stark ausgeprägt wie in manchen Medien, wie etwa ein Fall beweist, im März 2013 vom österreichischen Wochenmagazin *Falter* aufgerollt wurde und in dem einer vergewaltigten Frau weniger Glauben geschenkt wurde als ihrem (vorbestraften) Peiniger, der mit der Aussage durchkam, sie hätten des Öfteren Sadomasospiele gespielt.[356]

Trotzdem steht zu fürchten, dass die anscheinend steigende Zahl der Fälle, wo mit dieser Errungenschaft der Parteinahme für die Opfer Missbrauch getrieben wird, der Sache der Frauen, denen tatsächlich Gewalt angetan wurde, nicht unbedingt dienlich ist. Zahlen gibt es dazu leider fast keine. In der Hamburger Opferambulanz des Rechtsmediziners Klaus Püschel ließen sich 2009 132 Vergewaltigte untersuchen. Bei gut einem Viertel wurden die Angaben von Ärzten als fingiert eingestuft, bei einem Drittel für echt, bei den restlichen 40 Prozent war unklar, ob die Blessuren vom Täter oder dem Opfer selbst stammten.[357]

Der dänische Filmregisseur Thomas Vinterberg ist 1999 mit *Das Fest* bekannt geworden, in dem der erwachsene Sohn bei einem Familienfest den sexuellen Missbrauch durch den Vater in seiner Kindheit an sich selbst und seiner Schwester aufdeckt. Sein Film *Die Jagd*, der vierzehn Jahre später in die Kinos kam, dreht die Verhältnisse um. Einem Kindergärtner wird zu Unrecht Kindesmissbrauch vorgeworfen, er wird vom ganzen Ort ausgestoßen und geächtet. Zum Start des Films in Österreich nannte der renommierte psychiatrische Gerichtsgutachter Reinhard Haller die Zahl von sage und schreibe dreißig Prozent

Falschanzeigen bei Kindesmissbrauch.[358] Und die Zahl der Anzeigen ist bekanntermaßen und zum Glück seit den Neunzigerjahren kontinuierlich gestiegen. Trotzdem wird über solche Schicksale immer noch zu wenig gesprochen – passen sie doch so gar nicht in die vorgefertigte Meinung über Täter und Opfer.

So wie der Fall, von dem das *Süddeutsche Zeitung Magazin* im Oktober 2012 berichtete und in dem eine »übermächtige Allianz aus Justiz und Behörden« nicht eben dazu beigetragen hatte, ein Familiendrama, bei dem die Beschuldigung des Missbrauchs am gemeinsamen Kind vom Vater ausging, zu deeskalieren, sondern im Gegenteil durch Parteilichkeit erst so richtig voranzutreiben, indem sie dem vermutlichen Falschbeschuldiger offenbar mehr Glauben schenkte als der beschuldigten Mutter eines achtjährigen Buben, der ihr Exmann vorwirft, den Sohn jahrelang sexuell missbraucht zu haben.

Auch dieser so unheimliche wie traurige Fall zeigt: Wo Missbrauch mit dem Missbrauch getrieben wird, ist nicht nur die Gesellschaft überfordert, Täter und Opfer auseinanderzuhalten, sondern auch die Justiz und Behörden, bei denen die Angst, »einen möglichen Missbrauch zu übersehen, einen potenziellen Täter ungeschoren davonkommen zu lassen«, nach Dafürhalten von Rainer Stadler, der den Fall neun Monate lang recherchierte, bei weitem nicht so ausgeprägt ist wie die »Furcht, einen Unschuldigen zu bestrafen«.[359] Besonders stört Stadler an dem Fall, dass der Justizapparat durch den verlangten Verzicht auf Haftentschädigung auch noch sein Opfer zwingt, ihn von der Verantwortung für sein haarsträubendes Vorgehen freizusprechen.

Justizopfer bedrücken nicht nur das Herz, sondern auch den Verstand, weil ihre Existenz unseren Gerechtigkeitssinn auf perfide Weise angreift. Denn wenn die Institution zur Wiederherstellung von Gerechtigkeit neue Ungerechtigkeiten produziert, steigt die Angst – und das mitten in einer funktionierenden Demokratie.

RECHT IST GELD – ODER: DIE SCHMERZGRENZE SINKT

Die Tendenz, sich als Opfer zu präsentieren, treibt aber auch noch andere Blüten – und das im wahrsten Zweitsinn des Wortes: als Geschäftemacherei, die mit der sich selbst zugeschriebenen Opferrolle operiert und so ein Rechtsverständnis aufweicht, nach dem erwachsene Menschen für ihr Leben verantwortlich sind. Dabei ist zu beobachten, dass die Schmerzgrenze, also die Grenze des als zumutbar Empfundenen sinkt, während das Unzumutbare, statt es mit Gott, dem Schicksal oder dem Zufall auszumachen, in bare Münze umzuwandeln getrachtet wird. Irgendeinen Schuldigen wird man schon finden, und hat er eine Versicherung, umso besser.

Begonnen hat alles mit Stella Liebeck (1912–2004), jener Frau, die durch ihren Gerichtsprozess gegen McDonald's berühmt wurde, der ihr 160 000 Dollar Schmerzensgeld und 480 000 Dollar Strafschadensersatz einbrachte, dafür, dass es ihr gelungen war, ihren Kaffee auf ihrem Schoß auszuschütten und dadurch Verbrühungen dritten Grades zu erleiden. Ihre Anwälte konnten beweisen, dass McDonald's den Kaffee wissentlich bei so hohen Temperaturen brühte, obwohl bereits andere Gäste offenbar nicht damit hatten umgehen können. Wer ist nun schuld? Der Siedepunkt von Wasser, mit dem Kaffee bekanntlich aufgebrüht wird – oder diejenigen, die Erwachsenen keinen kalten Kaffee verkaufen?

Wie in der Einleitung erwähnt, gelang es Kärntner Eltern, deren Kind vom Baum gefallen war und sich den Arm gebrochen hatte, im Jahr 2012 vom Kindergarten eine Entschädigung zu erhalten. »Unfallopfer«, die bei dem Unglück gar nicht zugegen waren und die schockierende Nachricht über den Unfall Nahestehender »nur« über das Telefon erhalten haben, erhalten Schmerzensgeld wegen Schockschaden oder Trauerschaden, wie *Die Presse* in ihrem Rechtspanorama berichtete, das zusehends zu einem Schaufenster für diese neue Verletzlichkeit wird. In Österreich wurde erst 2012 die Haftung für schockierende Nachrichten verschärft: Angehörige eines Unfallopfers haben demnach auch dann ein Recht auf Schadensersatz, wenn nur die erste Diagnose schockierend war, der Angehörige dann aber überlebte und sich »nur« als schwer verletzt erwies.

Ein Ersatz für »Schockschäden« steht zwar nicht direkt im Gesetz, und doch gibt es ihn seit 1994, seit man Schmerzensgeld erhalten kann, wenn man den schweren Unfall eines Angehörigen miterleben musste. 2001 wurde erstmals einem Mann Geld zugesprochen, der den Unfall seines Kindes zwar nicht miterlebt, aber nach der Todesnachricht einen Kollaps erlitten hatte. Elf Jahre später strengte ein Mann einen Prozess an, der den vermeintlich tödlichen Unfall seiner Frau »schlecht verkraftete«, sprich eine Belastungsreaktion mit Anpassungsstörungen samt psychischer Schmerzen zeigte, was 300 Euro Therapiekosten zur Folge hatte. Die Frau war allerdings bei dem Unfall 2007 nicht gestorben, sondern »nur« schwer verletzt worden, und ihr Zustand hatte sich im Laufe der Zeit deutlich verbessert. Nachdem das Landesgericht Salzburg und das Oberlandesgericht Linz die Klage des Mannes abgewiesen hatten, widersprach der Oberste Gerichtshof. »Das Urteil war ein Novum: der erste Fall, bei dem es um eine Nachricht ohne Todesfall ging«, bestätigte OGH-Sprecher Ronald Rohrer. Der Mann soll Schmerzensgeld erhalten, wenn weitere Untersuchungen ergeben, dass die Frau tatsächlich in Lebensgefahr geschwebt hat und die psychische Erkrankung direkt durch die Nachricht ausgelöst wurde und nicht durch die Belastung durch den Unfall danach (*Die Presse*, 10. September 2012).

Erfolgreich klagte, wie bereits erwähnt, auch eine erwachsene Tochter, die ihren Vater verloren hatte, der alkoholisiert in das Auto seines ebenfalls betrunkenen Sohnes gestiegen war (*Die Presse*, 22. Oktober 2012). Früher hätte man so etwas Pech genannt und womöglich ein »Selbst schuld« hinter vorgehaltener Hand hinzugefügt. Schließlich weiß jeder, dass Alkohol am Steuer der Fahrsicherheit nicht eben zuträglich ist. Heute klirren in so einem Fall die Kassen.

Hand aufs Herz: Trauer ist kein Spaß. Aber menschlich. Wenn bei jedem Verlust oder Unglücksfall der Hausarzt mit Psychopharmaka für die Angehörigen anfährt und danach die Versicherung für den Schmerz und das Risiko aufkommt, die das Leben immer schon bereithielt und die im Vergleich zu vergangenen Zeiten schon stark reduziert scheinen – kann das das Leben sein, das wir uns immer gewünscht haben? Oder das uns glücklich und zufrieden macht?

Geht es uns selbsternannten Opfern eines Täters namens Leben, Zufall und Unglück wirklich so schlecht? Oder nicht vielmehr zu gut? Kann Geld Sinn stiften? Oder Beruhigungsmittel? Und was ist mit den »bewährten« Aufarbeitungsmethoden von Unglück namens Anteilnahme und Unterstützung von Freunden und Verwandten, Reden, Tapferkeit und Verantwortungsgefühl – wenn notwendig auch mit fachkundigem psychotherapeutischem oder seelsorgerischem Beistand?

Wann wird es so weit sein, dass der Liebesgeschädigte, der, wie in der Einleitung erwähnt, den Geliebten seiner Ehefrau auf Schmerzensgeld zu klagen versuchte, da dieser an den Depressionen und seinem Krankenstand schuld sei, Recht bekommt – und das heißt in solchen Fällen immer auch: Geld? Und was wäre damit erreicht?

EUCH GEHT'S ZU GUT – ODER: WEM GEHÖRT DAS OHRLÄPPCHEN

Letztendlich geht es um die Frage, für welche Bereiche des Lebens Staat und Institutionen zuständig sein sollen und für welche jeder Einzelne. Sollen sozial Benachteiligte – die heute nicht mehr bildungsfeindliche, sondern bildungsferne Schichten genannt werden, wobei die Tatsache verleugnet wird, dass gar nicht so wenige Eltern nicht wollen, dass ihre Kinder mehr lernen als sie selbst – dazu gezwungen werden, Kinder ab einem Jahr in die Krippe zu geben? Oder doch gleich nach der Geburt, um Unterschiede in den Bindungsstilen zu unterbinden? Wie weit wäre das noch von Gesellschaftsmodellen wie dem real existierenden Kommunismus entfernt, wo man trachtete, den Eltern ihre Kinder so früh wie möglich wegzunehmen, um sie besser beeinflussen zu können?

Dürfen Eltern ihren weiblichen Babys, auch wenn das Tradition ist so wie in einigen Ländern Südeuropas, Ohrringe stechen lassen? Oder ist das bereits Körperverletzung? Angestoßen wurde die deutsche »Ohrlochdebatte« durch jenen Streit, der das Sommerloch 2012 füllte und auf ein Urteil des Landgerichts Köln im Mai 2012 zurückgeht: die Beschneidungsdebatte. Zwei Monate danach, am 21. Juli 2012, war ein von rund 700 Medizinern und Juristen unterzeichneter offener Brief an Bundesregierung und Bundestag, der die Beschneidung von männlichen Minderjährigen als sexuelle Gewalt und blutigen Ritus brandmarkte, in der *Frankfurter Allgemeinen Zeitung* erschienen.

»Deutschlands Juden sind fassungslos – im Streit um die Beschneidung halten Mediziner, Psychologen, Juristen und Talkshows über ihren Glauben Gericht«, fasste Mariam Lau die Reaktionen zusammen (*Die Zeit*, 13. September 2012). Was die Mitglieder der jüdischen Gemeinde dabei am meisten beunruhigte, war nicht nur der Tonfall, der ihnen aus Talkshows, Leserbriefspalten, Online-Foren und Artikeln entgegenschlug. Das war nicht der »übliche antisemitische Bodensatz« mit seinen bekannten Argumenten, sondern etwas Neues. »Juden werden in Deutschland verurteilt, belehrt, aufgeklärt im Namen der Menschenrechte, mit dem modernen Vokabular der sexuellen Befreiung, der Psychologie, Medizin oder der Männerselbstbestimmung. Ein Jurist im Ethikrat hat die Beschneidung ›Folter‹ genannt. Wer gegen Genitalverstümmelung von Mädchen sei, könne vor der Beschneidung von Jungen nicht die Augen verschließen.«

Der Berliner Rabbiner Jizchak Ehrenberg bezeichnete in einer Talkshow die Beschneidung als Geschenk, einen Akt der Liebe und heilige Pflicht – und wurde von der Psychologin Angelika Kallwass belehrt, dass die Jungen ein genitales Trauma davontrügen. »Ein Drittel der männlichen Weltbevölkerung irreversibel geschädigt, kann das sein? Nun, wer sich nicht traumatisiert wähnt, der sei nur besonders schwer betroffen und darum unfähig, die eigenen Gefühle noch wahrzunehmen.« Gegen solche Argumente lässt sich natürlich nichts Vernünftiges erwidern.

In der gleichen Ausgabe der *Zeit* ärgert sich Gil Bachrach unter dem Titel »Juden: Unbekannt« über »Säkularfundamentalisten«, »rechthaberische Gutmenschenethik« und »unwissende Besserwisser«, die einen der bedeutsamsten Riten der jüdischen Religion verunglimpfen, der auf die Prüfung Abrahams zurückgeht, bei der sein Sohn Isaak, statt geopfert zu werden, nur ein kleines Stück seiner Vorhaut verlor (vgl. Genesis 17,10–11). »Euch geht's einfach zu gut – ihr habt sonst keine Probleme«, möchte Bachrach den Eiferern im Namen seiner Großmutter zurufen.

Wo endet die berechtigte Sorge um die Opfer und der Ausbau des Schutzes der Opfer, und wo beginnt die Obsession mit den Opfern? Zumindest wenn man diese Frage örtlich versteht, ist die Antwort leicht: in den Massenmedien. In den Massenmedien werden die Opfer zwar nicht immer hergestellt, aber immer öfter ein weiteres Mal instrumentalisiert: zur Steigerung der Auflage. Zum wohligen Schauer der Davongekommenen, heimlichen Mittäter und selbsternannten Retter, die genau zu wissen glauben, was für die Opfer gut ist, wie sie zukünftige Opfer verhindern und die Welt zu einem idealen Ort machen können. Nur nachfragen darf man nicht allzu genau.

6.
MEDIENSKANDALE – ODER:
WIR VERFOLGEN
UNSERE GÖTTER

Die wichtigsten Akteure im heutigen Opfergeschäft sind die Medien. Wenn von Opfern die Rede ist, werden alle ernst. Das Opfer hat keinen Unterhaltungswert, es hat Erbauungswert. Trotzdem oder gerade deswegen ist es in den Medien omnipräsent. Es spielt den Counterpart zu Comedy und TV-Shows, man möchte fast vermuten, es sei zum Sinnstifter geworden in einer Zeit, wo die Sinnsuche zwar ubiquitär geworden ist, aber immer seltener zu einem befriedigenden Ergebnis führt. Das Opfer gewährleistet ein gemeinsames Erleben, die schon bei den Griechen beschworene Katharsis des Jammerns und Schauderns. Es bietet Entlastung – und sei es nur die schnöde Erleichterung, selbst nicht betroffen zu sein. Von einem Unfall. Von einem Erdbeben. Oder dem Zufall, an der falschen Stelle am falschen Ort gewesen zu sein, in die falsche Familie oder mit den falschen Genen geboren worden zu sein.

Aus soziologischer Sicht stellen Opfer eine Art Sicherheitsventil dar.[360] Sie leiten Angst und Aggressionen ab, schweißen die Gemeinschaft zusammen und stellen somit eine Schwundstufe von Einigungspotenzial dar in einer Gesellschaft, die nur noch durch Konsum und Lust zusammengehalten zu werden scheint, einen Orientierungspunkt in einer Situation, wo niemand mehr so ganz genau weiß, was Gut und was Böse ist, weil es keine gemeinsamen Werte und vor allem keine unantastbaren Begründungen dafür gibt. Auch deswegen müssen Opfer Opfer und Täter Täter bleiben. Selbstverständlich büßt dieser doch eher erbärmliche Sicherheitsanker entsprechend schnell seine Wirkung ein, weswegen sich die Medienmeute und ihre gierigen Konsumenten behände auf das nächste Opfer stürzen.

Opfer richten die anderen, die Nichtopfer, die Ankläger und Retter, auf. Denn sie geben diesen das Gefühl, besser zu wissen, was zu tun ist. Wie das Opfer zu reagieren hat und zu behandeln ist, wie man »so etwas« in Zukunft vermeiden kann. Opfer geben die Illusion, die Sache im Griff zu haben, die man Leben nennt, und die sich heute immer als noch komplizierter erweist, als einem recht sein kann.

WO OPFER SIND, SIND AUCH TÄTER?

In den Medien werden immer öfter zuerst die Opfer präsentiert. Und dann begibt man sich auf die Suche nach den Tätern. Was aber, wenn es gar keine Täter gibt? Diese schwierige Lage mag sich die Denunzierungsgesellschaft nicht so gerne vorstellen, denn sie bedeutet Komplexität, und die Massenmedien streben danach, die immer größer und immer fordernder, um nicht zu sagen überfordernd werdende Komplexität des modernen Lebens zu reduzieren. Wo es niemanden zu beschuldigen gibt, kann das selbstgerechte, überlegene Gefühl der eigenen Gerechtigkeit keine fröhlichen Urständ mehr feiern, da droht die Verunsicherung.

Gibt es also irgendwo ein Opfer, wird dringend nach einem Täter gefahndet. Um ein willkürliches Beispiel zu wählen: die viel bescholtene Verdrängung ärmerer Gesellschaftsschichten aus Wohnbezirken, die sich steigender Beliebtheit erfreuen und wo also auch der Mietpreis steigt, auch Gentrifizierung genannt und in den politisch korrekten Medien gerne angeprangert, obwohl sie gerade von deren Lesern »vorangetrieben« wird. Natürlich: Weniger Vermögende, darunter viele Migranten, ziehen aus, wenn in bestimmten Wohnvierteln investiert wird, weiter an den Stadtrand. Aber wer sind die Täter? Die in der

Regel jungen Künstler ohne Geld, die sich in der Nähe eines türkischen Markts ansiedeln, dort ein Modegeschäft oder ein Café eröffnen, das hip wird, andere, ebenfalls mittellose Freunde animieren, auch in diese billige Gegend zu ziehen, also diejenigen, die sich die teuren Mieten in den arrivierten, bürgerlichen Vierteln nicht leisten konnten?

Oder die Makler, die auf den Trend reagieren und beginnen, Häuser zu kaufen und zu sanieren? Wer reagiert, kann nicht der primäre Täter sein, aber natürlich ist es leicht, die Makler zu beschuldigen. Obwohl sie genau dasselbe tun wie alle anderen Händler: Sie kaufen Dinge, um sie mit Gewinn weiterzuverkaufen zu einem Preis, für den sie einen Käufer finden, das tut auch das Modegeschäft und das Café. Dann lieber doch »die Gentrifizierung« selbst? Das ist leicht – und vor allem wohlfeil, denn »die Gentrifizierung« ist nur ein Wort, und indem man sich selbst halb offen mit beschuldigt, kann man damit auch noch einen Pluspunkt an moralischem Ansehen mit lukrieren.

Eines scheint klar: Offenbar können wir nur schwer umgehen mit Situationen, in denen die Handlungen Einzelner – das Einmieten junger Künstler in billige Wohnungen – zu einem Ergebnis führt, das diese nicht intendiert haben und das niemand intendiert hat: die Verdrängung noch ärmerer Schichten oder von Schichten mit weniger kreativen Ideen.

Das Opfer kann die ihm zugeschriebene Funktion nur erfüllen, sagt René Girard, wenn diese für alle Beteiligten im Dunklen bleibt – sollte das auch für die Opferdiskussion in den Medien gelten? Dafür spricht, dass in den Medien über Opfer gerne geklagt, aber über die Gründe und Ursachen von Opferprozessen, von der sekundären Viktimisierung der Opfer bis zur Sündenbockjagd auf die Täter, nicht gerne gesprochen wird.

RESPEKT UND HÄME, INKLUSION
UND EXKLUSION

Den entlarvten und verurteilten Tätern schlägt seitens der Aufdecker und selbsternannten Retter immer weniger verhohlene Häme entgegen, freilich oft kaschiert von der Genugtuung, die das Gefühl der Gerechtigkeit zu spenden vermag, hinter der sich oft nichts anderes als Selbstgerechtigkeit verbirgt.

Opfern wird auf der anderen Seite immer weniger Mitleid entgegengebracht, denn Mitleid entspricht nicht mehr der Political Correctness. Deswegen wird in einer merkwürdigen rhetorischen Figur den Opfern immer öfter »Respekt« gezollt, so als sei es eine Leistung, Opfer zu sein. Opfer haben eine Aura. Und auf jeden Fall eine gesellschaftliche Funktion, wenn sie diese auch zumeist ohne aktives Zutun ausüben.

Der Gier der Zeitungen nach dem Opfer entspricht die Obsession der Spielfilme in Fernsehen und Kino mit dem Mord. Aber nicht nur Opfer auf Leben und Tod, sondern auch das Thema Inklusion und Exklusion gehört hierher. Denn schon in den archaischen Riten wurde das Opfer ausgestoßen. Und noch heute fühlen sich Ausgeschlossene als Opfer: Man nennt es Diskriminierung, und das Gefühl, diskriminiert zu werden, trifft immer breitere Bevölkerungskreise.

Migranten, Homosexuellen und Frauen wird die Opferrolle längst zuerkannt, aber werden nicht mittlerweile im Gegenzug die Männer benachteiligt? Zumindest wehren sie sich dagegen, dass Frauen bei manchen Stellenvergaben bevorzugt werden, Mütter in Scheidungsfällen öfters das Sorgerecht bekommen oder Lehrerinnen Mädchen gegenüber Jungen bevorzugen. Die *Zeit* ging nach Obamas Wiederwahl zum US-Präsidenten im Herbst 2012 sogar so weit, das Ende des weißen Mannes einzuläuten, der von Frauen, Migranten und dem »Rest der Welt« bedroht sei – allerdings mit einem deutlichen Augenzwinkern.[361] Ausstoßung ist aber auch *das* Grundthema der derzeit beliebtesten Fernsehunterhaltung, der Castingshows: Es begann mit der Reality-Show »Big Brother«, die in 70 Ländern lief und 1999 in Deutschland startete, und ist heute ubiquitäres System von Fernsehshows. Von der Suche nach Supersängern und Supermodels bis zu Supertalenten von was auch immer funktionieren sie nach einem einzigen System: Es geht darum, wer als Nächstes »draußen« ist. Und das ist in jeder Sendung immer nur einer. Die anderen dürfen noch eine unbestimmte Frist bleiben. Zumeist sind es jugendliche Laien, die sich in der Hoffnung auf schnelle Karriere dieser Tortur aussetzen und dafür öffentlich demütigen lassen. »Es gibt Produzenten, die sagen, wir gehen hier nicht raus, bis einer weint«, sagt ein anonymer Redakteur diverser österreichischer Shows. Und der Unterhaltungschef des ORF Edgar Böhm verteidigt diese Sündenbockstrategie ausdrücklich: »Lachen über jemanden ist auch eine Unterhaltung«, meint er nonchalant gegenüber der *Zeit*, um gnädig zu relativieren, »aber nur wenn sie nicht vernichtend ist«.

In Österreich hat der Autor Fabian Burstein im Oktober 2012 die erste Gewerkschaft für Castingshow-Opfer gegründet, mit dieser will er – im Verein mit seinem Roman *Träum weiter* (2012) – genügend minderjährige Opfer für eine Sammelklage auf Ersatz ihrer Therapiekosten mobilisieren. Burstein, Jahrgang 1982, vermittelt ihnen einstweilen Psychiater und Suchttherapeuten und hält bei Jugendorganisationen Vorträge über die Auswirkungen von Castingshows.[362]

DIE FEIER DER OPFER – ODER: DEUTSCHLAND SUCHT DAS SUPERTRAUMA

Aber Deutschland sucht nicht nur den Superstar, sondern auch das Supertrauma, und dessen Opfer werden ebenso groß abgefeiert wie Stars und Sternchen.

Die Feier der Opfer bedeutet einen Rückblick: auf eine schreckliche Tat eines anderen oder auf die Umstände, in die einen die nicht gerade beste aller Welten gebracht hat. Und ein Versprechen: dafür entschädigt zu werden, nicht in einem nächsten Leben, nicht im Himmel, sondern im Hier und Jetzt – wenn nicht durch Geld, so doch zumindest durch Aufmerksamkeit.

Ein Bekenntnisdrang greift um sich, der für die Opfer alles andere als gesund ist, denn ist ihre Geschichte erst einmal »abgefrühstückt«, werden sie von den Medien und der öffentlichen Aufmerksamkeit allein gelassen. Auch der therapeutische Wert darf bezweifelt werden. Denn die mediale Hinwendung zum Opfer ist nicht ehrlich, meint der Traumatologe Harald Freyberger. Will heißen: Aus der Ferne delektiert man sich gerne am Leiden der Opfer, aber wenn jemand in derselben U-Bahn angegriffen wird, eilt kaum jemand zu Hilfe.[363]

Auch der 13-jährigen Stephanie, die im Jahr 2006 36 Tage lang von einem Vergewaltiger missbraucht wurde, dürfte die Vorführung in der Talkshow »Johannes B. Kerner« nicht gutgetan haben. »Die mediale Aufmerksamkeit für die Traumatisierten nimmt inzwischen bedrohliche Formen an«, bemerkte der Chef der Kinderpsychiatrie des Hamburger Universitätsklinikums Peter Riedesser dazu und fügte sarkastisch hinzu: »Das neue Unterhaltungsspiel heißt: Deutschland sucht das Supertrauma.« Die Opfer geben sich der Hoffnung hin, mit ihrem Leid wahrgenommen zu werden, und geraten in die Mühlen der Medien, die nur eine Währung kennen: Auflagen und Quoten. Tatsächlich konnte die Kerner-Show mit der minderjährigen Stephanie ein Plus von einer halben Million Seher aufwarten.[364]

Während die Opfer in archaischen Riten getötet wurden, wird in den Medien über Opfer *geredet*. Gemordet wird heute nur noch symbolisch, das heißt dann Rufmord und betrifft »nur« noch die Täter – oder jene, die man für Täter hielt oder erklärte. Denn sie haben es ja schließlich nicht besser verdient, oder? »Während in archaischen Gesellschaften das Opfer durch Priester im Vorhinein ausgesucht und auf seine Bestimmung vorbereitet wurde, werden Opfer in der modernen Gesellschaft im Nachhinein als solche beschrieben, und diese Kennzeichnungsfunktion obliegt Journalisten und Intellektuellen als gesellschaftlichen Sinnvermittlern«, schrieben Herfried Münkler und Karsten Fischer im Jahr 2000.[365]

Seitdem hat sich nichts geändert, außer dass das Medienkarussell sich schneller und schneller dreht. Das liegt nur zum Teil an den Ereignissen, die sich seit der Jahrtausendwende überschlagen zu haben scheinen. Denn Morde, Anschläge und Unglücke gab es schon immer. Entscheidend ist aber, wie sie interpretiert werden. Deswegen locken die ca. 30 000 Toten, die der private und öffentliche Verkehr in der EU jedes Jahr fordert, (zumindest in den Medien) keinen Hund hinter dem Ofen hervor. Wenn aber bei einem Anschlag drei, dreihundert oder dreitausend Menschen sterben, sind alle erschüttert, auch wenn ein riesiger Ozean zwischen ihnen und dem »Event« liegt.

Am 11. September 2001 flogen Terroristen aus dem Umkreis der al-Qaida zwei Flugzeuge in das World Trade Center und produzierten damit nicht nur 3000 Tote, sondern auch eine neue Art der Ikonographie des Terrors. Seitdem hat der durchschnittliche Medienkonsument das schreckliche und gleichzeitig bildschöne Zusammensacken der beiden über 400 Meter hohen Türme unzählige Male gesehen. Die Folgeanschläge von Madrid und London von 2004 und 2005 verstärkten das allgemeine Gefühl der Bedrohung. Schließlich betraf es hier »ganz normale« Europäer und Amerikaner, hätte es jeden »von uns« treffen können. Das Kalkül der Attentate war aufgegangen.

2006 gelang es dem Entführungsopfer Natascha Kampusch nach acht Jahren in Gefangenschaft, nunmehr 18 Jahre alt, sich selbst zu befreien, und nicht nur Österreich hatte seine Opferdiskussion, die sich bis heute nicht beruhigt hat. Im Oktober 2012 wurde das FBI zugezogen, um in dem immer wieder aufgerollten Fall die Tätigkeit der österreichischen Behörden ein weiteres Mal zu überprüfen. Im Februar 2013 lief die Verfilmung ihrer Geschichte unter dem Titel *3096 Tage* (Sherry Hormann), begleitet von medialem Getöse und Talkshowrunden, in den Kinos an.

Im April 2008 wurde bekannt, dass Josef Fritzl, ebenfalls im österreichischen Bundesland Niederösterreich, seine Tochter 24 Jahre im Keller gefangen und mit ihr sieben Kinder gezeugt hatte, von denen eins gestorben war, drei bei seiner »richtigen« Familie über dem Keller aufgewachsen waren und drei noch nie das Tageslicht erblickt hatten. Österreich und seine Verliese standen zum zweiten Mal im Fokus der Weltmedien. Und der Fall Kampusch schien zunächst einmal dagegen zu »verblassen«. Allerdings schwor man sich, daraus zumindest zu lernen und die Fehler im Umgang mit den Medien dieses Mal zu vermeiden. Ob das gelungen ist, darüber gehen die Meinungen auseinander.

REDEN ODER SCHWEIGEN?

Medien machen immer dasselbe. Sie zerren alles ans Licht, sie fällen über alles ein Urteil. Das Paradox: Weil man die Fritzl-Opfer vor den Medien zu schützen suchte, musste man sie zum Schweigen bringen, wie es zuvor der Täter getan hatte. Gerne wird seitdem betont, wie richtig die Entscheidung der Anwälte und psychologischen Betreuer gewesen sei, die Opfer des Inzestfalls von Amstetten vor der Öffentlichkeit abzuschirmen. Sogar Natascha Kampusch, die die Hoffnung ausdrückte, die Medien hätten im Zuge ihres Falles etwas dazugelernt, riet den Opfern, eine neue Identität anzunehmen.[366] Dabei kämpft sie bis heute um ihren Namen, den ihr der Täter verwehrt hat, und über die Oberhoheit über ihre Geschichte.

Mit den Fritzl-Kindern und -Kindeskindern, meint der ORF-Journalist Christoph Feurstein, der Natascha Kampusch mehrere Male interviewt hat, habe die Welt endlich die Opfer gefunden, die sie haben wollte: »Das Thema Sex, zu dem Natascha Kampusch sich nie äußern wollte, liegt hier offen am Tisch, schließlich gibt es sieben Kinder vom eigenen Vater.« Auch dass Elisabeth F. grauhaarig sein und frühzeitig gealtert wirken soll, dass die im Keller aufgewachsenen Kinder sich nur mit Schnurren und Gurren verständigt haben sollen, passt in dieses Bild.[367] Hier handelt es sich um Opfer, wie man sie sich eben vorstellt. Opfer, die auch elend aussehen. Opfer, die nicht sprechen.

Denn reden über Opfer, das will im Medienspektakel die Öffentlichkeit selbst. Die selbsternannten Retter treten dabei als Rivalen des Täters in den Ring und kämpfen um die Macht über das Opfer nach dem Motto: Halt, dieses Opfer gehört mir! Ich weiß, was für es gut ist! Die Opfer selbst haben dabei, wenn sie sich erst einmal in den Talkshows ausgeweint haben, gefälligst den Mund zu halten. Wer ein Opfer war, wird auch eins bleiben. Nur so ist gewährleistet, dass niemand durcheinanderkommt. Denn wo man schwarzweiß malen kann, scheint zumindest die Welt in Ordnung. Dass die selbsternannten Retter damit selbst zu Tätern werden und das Opfer ein zweites Mal viktimisieren – dafür scheint das Bewusstsein oder die Aufrichtigkeit zu fehlen.

Als die umstrittene ukrainische Politikerin Julija Timoschenko im August 2011 verhaftet wurde, sank ihre Popularität, wie der Autor Andrej Kurkow analysiert (*Die Welt*, 4. Mai 2012), weil sie nun als Opfer galt. »Sie war ja schon Opfer des Präsidenten Kutschma, danach Opfer Juschtschenkos, jetzt ist sie das Opfer des Präsidenten Janukowitsch. Ich glaube, die Menschen sehen sie nicht mehr als eine Person, die freikommen und wieder zur Führungsfigur werden kann. Indem sie entschieden hat, ihre blauen Flecken zu fotografieren und der Öffentlichkeit zu zeigen, hat sie ihre Chance verspielt, wieder zur Jeanne d'Arc der Ukraine zu werden.« Und warum ist das so? »Weil ihre Lage jetzt nur Mitleid auslöst. Wenn sie damit gerechnet hatte, dass sich das Land erhebt und den Präsidenten zwingt, sie freizulassen, hat sie sich verrechnet. Sie hat das Opfer-Image behalten, aber den Ruf eines starken Kämpfers, der bis zum Ende durchhält, verloren.«

WO BLEIBT DIE UNSCHULDSVERMUTUNG?

Die Jahre 2010 und 2011 waren geprägt nicht nur von den Missbrauchs- bzw. Vergewaltigungsvorwürfen gegen die katholische Kirche und gegen staatliche Kinderheime, sondern auch gegen den französischen Präsidentschaftskandidaten in spe Dominique Strauss-Kahn, gegen den deutschen Wettermoderator Jörg Kachelmann und gegen einen 80-Jährigen aus dem Bezirk Braunau in Oberösterreich, dem seine beiden Töchter, 45 und 53 Jahre alt, vorwarfen, sie 41 Jahre lang missbraucht zu haben – und bei dem man schon einen zweiten Fall Fritzl wähnte.[368] Wenige Wochen später wurden die Vorwürfe von den beiden offenbar geistig zurückgebliebenen Töchtern selbst wieder bestritten. In allen drei Fällen wurden die Klagen zurückgezogen bzw. konnten die Täter nicht verurteilt werden.

Trotzdem setzte keine nennenswerte Diskussion über die in den Medien zum Teil sträflich vernachlässigte Unschuldsvermutung ein, denn Täter haben im Moment keine Lobby. Sie bleiben Täter, auch wenn ihnen nichts nachgewiesen werden konnte. Irgendeinen Dreck werden sie schon am Stecken haben. Bei Strauss-Kahn wurde man auch rasch fündig. Knapp ein Jahr später, im März 2012, leitete die französische Staatsanwaltschaft ein Ermittlungsverfahren gegen ihn ein wegen des Verdachts, bei gesponserten Sex-Partys an bandenmäßiger Zuhälterei beteiligt gewesen zu sein. Im Januar 2013 zahlte er nach einem Bericht von *Le Journal de Dimanche* dem Hotelzimmermädchen Nafissatou Diallo, das seine Vergewaltigungsvorwürfe hatte zurückziehen müssen, 1,5 Mio. Dollar, damit der Zivilprozess gegen ihn eingestellt wurde. Und im Februar 2013 lancierte Marcela Iacub eine Fortsetzung der »Affäre Strauss-Kahn« mit dem Buch *Belle et Bête*, in dem sie ihre siebenmonatige sexuelle Beziehung zu Strauss-Kahn beschrieb, die sie zu »Recherchezwecken«[369] eingefädelt hatte.

Was lässt sich daraus schließen? Unklarheiten machen keinen Spaß. Beschuldigen macht Spaß, deswegen muss es auch einen Schuldigen geben. Da kann man, wie im Falle von Iacub, auch mal einen Täter zum Opfer machen.

Im Falle der Skandale um Institutionen wie der Kirche und oder staatlichen Kinderheime war die Sache noch vergleichsweise klar: Die Fälle waren verjährt, die Nachfolger im Amt gerne bereit, sich zu entschuldigen. Aber auch bei verjährten Fällen ist der Staat verpflichtet, Hilfe zu leisten, und bei der Novelle des Verbrechensopfergesetzes in Österreich wurde erst Anfang 2013 festgehalten, dass auch sie nach den Erziehungsmethoden von heute beurteilt werden müssen, selbst wenn Gewalt damals üblich gewesen sein sollte.[370] Bei Vorwürfen gegen Personen bleibt oft nur eines übrig: das beschädigte oder ruinierte Image eines zu Unrecht Beschuldigten oder zumindest nicht Überführbaren – und dass die Medien zu *business as usual* zurückgehen, zur Suche nach dem nächsten Opfer. Und das findet sich in immer kürzeren Abständen.

Das Wort dazu lautet Skandal, und dieser kann schwere Verbrechen genauso betreffen wie kleinere und mittlere Verfehlungen. Wenn das Opfer berühmt oder mächtig ist, reichen oft Letztere, um aus der Medienhetze denselben Genuss zu ziehen wie bei einem Kapitalverbrechen. Die Befriedigung wird dabei aus der Fallhöhe des Opfers gezogen. Anders gesagt: Die Häme wächst nicht nur mit der »Schwere« der Tat, sondern auch mit dem Ansehen eines Amts, aus der es gelungen ist, einen Star oder Politiker zu stürzen und damit auf die gleiche Ebene herunterzuziehen wie sich selbst.

So etwa beim Skandal um den deutschen Verteidigungsminister und Anwärter auf das Bundeskanzleramt Karl-Theodor zu Guttenberg, der im März 2011 wegen nicht ausgewiesener Zitate in seiner Dissertation zurücktrat. Der viel gelobte Schwarm erwies sich auch hier bevorzugt als Verfolger. Über tausend Eiferer hatten seine Dissertation durchforstet und fanden auf 94 Prozent der Seiten Plagiatsstellen.

Dem Guttenberg-Skandal folgte auf dem Fuße derjenige des Bundespräsidenten Christian Wulff, dem im Dezember 2011 vorgeworfen wurde, bei der *Bild*-Zeitung versucht zu haben, zu seinen Gunsten zu intervenieren. Er trat im Februar 2012 zurück. Ein Jahr später waren den massiven Bereicherungsvorwürfen, die dem *Bild*-Zeitungs-Skandal gefolgt waren, aus strafrechlicher Sicht nur ein paar hundert Euro übrig geblieben. »Aber die Optik!« und »Moralisch ist das trotzdem nicht!« – so klingen normalerweise – und so auch in diesem Fall – die achselzuckenden Reaktionen in den Redaktionen und am Stammtisch bzw. in den Internetforen und Leserkommentaren.

EIGENTUM UND NACHAHMUNG

Im Herbst 2012 wurde die Dissertation der deutschen Bundesministerin für Bildung und Forschung Annette Schavan unter die Lupe genommen. »Doch anders als der Fall Guttenberg, der alle Züge eines klassischen Schurkenstücks aufwies, kennt dieses Schauspiel weder Bösewichte noch Helden, sondern nur eines: Verlierer«, kommentierte Ulrich Schnabel im Januar 2013 in der *Zeit* (24. Januar 2013). Kurze Zeit später wurde ihr der Doktortitel aberkannt. Und Schnabel verbuchte Annette Schavan in seinem *Zeit*-Kommentar als »direktes Opfer von Karl-Theodor zu Guttenberg«, dessen schamloses Plagiat dazu geführt habe, dass die Universität Düsseldorf es vorgezogen hatte, »lieber zu streng als zu lax« zu urteilen (*Die Zeit*, 7. Februar 2013). Annette Schavan sei die Tatsache auf den Kopf gefallen, dass sie keine Sonderrolle hatte bekommen wollen. Doch das ist im Licht der Öffentlichkeit wohl nicht möglich.

Täterin oder Opfer? Auch im Fall Schavan sind diese Rollen nicht eindeutig verteilt. Und das liegt nicht nur an den Scheinwerfern der Medien, sondern auch am Thema. Mit dem Thema Plagiat, also Eigentum und Nachahmung, befinden wir uns im Kern der modernen Gesellschaft: Du bist nur du, und was du schaffst, gehört dir, lautet die Botschaft, die man mit der Muttermilch einsaugt. Dabei mutet die Vorstellung, Eigentum beanspruchen zu können für einen Gedanken, eine Idee oder gar ein Produkt, weil man glaubt, etwas ex nihilo geschaffen zu haben ohne das Zutun von anderen und der bisherigen Kulturgeschichte, manchmal wie eine kollektive Fixierung an. Eine Fixierung, die von dem grundlegenden Paradox ablenken soll: sich vom anderen unterscheiden zu wollen, mit dem man sich dabei notwendigerweise vergleicht – obwohl man doch für sich beansprucht, ganz und gar unabhängig zu sein.

Dass nicht einmal wissenschaftliche Arbeiten aus dem Nichts gestampft werden, sondern sich zumeist auf die Aufarbeitung der Vorgänger plus idealerweise eine neue oder neu klingende Schlussfolgerung beschränken – diese Wahrheit wollen weder diejenigen wahrhaben, die fahrlässig mit der geistigen Vorarbeit anderer umgehen, noch jene, die akribisch und mit Schadenfreude nach »fremdem« Eigentum in den Arbeiten anderer forsten und dann mit Prozentzahlen winken, also ob diese etwas über den Wert einer Arbeit auszusagen vermöchten. Die selbst, wo die Quellen angegeben sind, in jenen Stellen, in denen von dort übernommene Gedanken sinngemäß formuliert, also geistig anverwandelt wurden – im akademischen Jargon heißt das Paraphrase, und damit bewies man einst, dass man einen Text verstanden hatte –, noch einen Diebstahl erkennen wollen.[371]

Alfred Döblin zitierte in seinen berühmten Romanen wie *Berlin Alexanderplatz* (1929) noch seitenweise aus Zeitungen und Lexika und Thomas Mann etwa in den *Buddenbrooks* (1901) ausführlich aus Schopenhauer, und das wurde als künstlerische Freiheit geachtet – hielt doch die Collage mit Max Ernst oder Georges Braque zeitgleich Einzug in die bildende Kunst. Trotzdem bestand Arnold Schönberg darauf, dass das, was Theodor W. Adorno Thomas Mann in Gesprächen für dessen Roman *Doktor Faustus* (1947) über die 12-Ton-Philosophie beigebracht hatte, sein geistiges Eigentum war – und dieser Umstand von Thomas Mann im Anhang des Buches auch erwähnt wurde. Eine stille Einigung im Vergleich zu dem Getöse, das 2011 um die 17-jährige Autorin Helene Hegemann und ihren Roman *Axolotl Roadkill* (2011) veranstaltet wurde. Zuerst wurde Hegemann vom Feuilleton in den Himmel gelobt und dann umso rascher von ihrem Sockel gestoßen, als Vorwürfe auftauchten, sie habe von einem Blog abgeschrieben.

DER NARZISSMUS DER OPFER

Die Sprache, derer sich die neue Opferrhetorik befleißigt, haben Matthias Dusini und Thomas Edlinger in ihrer Studie *In Anführungszeichen. Glanz und Elend der Political Correctness* unter die Lupe genommen, wobei sie sich bewusst der Mittel von Ironie und Humor bedienen – eine verständliche Art und Weise, mit der beispiellosen Ernsthaftigkeit, um nicht zu sagen Humorlosigkeit der PC, wie die gängige Abkürzung lautet, umzugehen.

Dusini/Edlinger rekapitulieren, wie die PC aus dem *heartland* der USA Mitte der 1990er-Jahre über Austauschstudenten zu uns gekommen ist, die jenseits des Atlantiks die Geste zur Setzung von Anführungszeichen in der mündlichen Rede gelernt hatten. Dabei hebt man die Hände in die Höhe und biegt »Zeige- und Mittelfingerspitzen synchron zweimal nach unten«[372]. Und ist immunisiert gegen mögliche Kritik.

Anführungszeichen sind für Dusini/Edlinger »ein funktionales Element einer Opferrhetorik, in der die berechtigten Forderungen auf Anerkennung zu Floskeln moralischer Selbstüberhöhung erstarren können«.[373] Über die Zeitungen gelangten sie in eine breitere Öffentlichkeit und wurden bald inflationär. Die Wirkung, die sie zeitigen sollten, begann sich allerdings rasch zu verselbstständigen. Denn die angestrebte Sensibilisierung für Fragen der Gleichheit zeigte eine Tendenz zur Totalisierung: »Mein Maß ist das Maß aller Dinge. Ich fühle, also bin ich – benachteiligt, beleidigt, empört, entwürdigt, entehrt, verlacht, betroffen oder auch genervt, provoziert und im Kern getroffen.«[374]

Im Rahmen von PC melden sich aber nicht nur »reale Opfer konkreter Handlungen, sondern zunehmend auch gefühlte Opfer ohne Täter, Opfersolidarsprecher und eingebildete Opfer zu Wort. Weil die Täterschaft von der tatsächlichen Opfererfahrung abgekoppelt wird, tendiert die Beschwörung des Opfers dazu, zum anklagenden Ritual zu werden«.[375] Und dieser Chor versucht stets, das Echo auf sich zurückzulenken. »Der knarzende Ausdruck der politischen Korrektheit ist eine Begriffskrücke für eine Tugend ohne Gott.«[376] Dabei schaukeln sich die Gerechten und die Beleidigten gegenseitig auf: »Je aufmerksamer die Antidiskriminierungswächter agieren, desto lauter wird der Chor der Viktimisierten. Die Welt erscheint voll von potenziellen, sich überidentifizierenden Adressaten von Diskriminierungen.«[377]

Von der »erhöhten Bereitschaft zur Opferidentifikation«[378] führt ein direkter Weg zu einem pathologischen Kampf um Anerkennung, der durch einen ins Ungesunde gesteigerten Narzissmus unweigerlich in der Depression enden muss. Denn die selbsternannten Opfer wollen nicht nur als gleichberechtigt und gleichwertig, sondern paradoxerweise auch als *anders* anerkannt werden – das Dilemma der Moderne schlechthin. Im Narzissmus der Opfer, so Dusini/Edlinger, treten Anerkennungs- und Autonomiebestreben in eine unheilbare Konkurrenz.[379]

PC hat etwas mit Demokratie zu tun, mit deren Verständnis von Gleichheit und der Forderung nach Chancengleichheit, die in der Realität zumeist als Ungleichheitserfahrung begegnet. Auch wenn diese nur gefühlt ist – die ständige Kränkung des demokratischen Subjekts, dass es jemand besser hat oder jemand besser behandelt wird, mündet in den »Narzissmus der kleinen und kleinsten Differenz«[380], der auch noch die geringsten Verfehlungen anzuklagen nötigt. Der Zwang zur ständigen Überwachung anderer und permanenten Selbstkontrolle äußert sich im Auftreten als Sprachpolizei, bei dem wiederum die Anführungszeichen als Waffen dienen: als Ausweis der eigenen Bewusstheit und moralischen Überlegenheit.

In der Moderne, sagt René Girard, spielt der mimetische Prozess, der gefährliche Teufelskreis von Nachahmung und Rivalität, sich nicht mehr in aller Öffentlichkeit in Form von Krisen ab, er beherrscht nun unterschwellig die Beziehungen – und die Medien, ließe sich ergänzen, mit ihrer Gier, überall Opfer zu finden, und der in ihnen gespiegelten kollektiven Sucht, selbst Opfer zu sein. »Es gibt Opfer, ganz allgemein, am interessantesten aber sind immer jene, die es uns erlauben, unsere Nachbarn zu verurteilen. Und diese zahlen es uns mit gleicher Münze heim.«

Für Girard zeigt diese nie dagewesene, obsessive Beschäftigung mit den Opfern und deren Begleiterscheinungen von Vorwürfen und Selbstvorwürfen bereits die Tendenz zur Komödie. »Die Sorge um die Opfer ist zu einem paradoxen Zankapfel im Spiel der mimetischen Rivalitäten, der konkurrierenden Überbietungen geworden. (…) Unsere Gesellschaft hat Sklaverei und Leibeigenschaft aufgehoben. Dann wandte sie sich dem Schutz der Kinder, der Frauen und der Alten, dem Schutz der Fremden und der Minoritäten, dem Kampf gegen Elend und Unterentwicklung zu. In jüngster Zeit wurden die medizinische Versorgung, der Schutz der Behinderten usw. ausgebaut.« Trotzdem sind wir nicht zufrieden. Das liegt in der Natur der Sache, denn die gesteigerte Sorge um die Opfer zwingt quasi automatisch auch zu permanenter Selbstkritik: »Um uns selbst zu beweisen, dass wir weder ethnozentrisch noch triumphalistisch sind, wettern wir gegen die bourgeoise Selbstzufriedenheit des 19. Jahrhunderts, wir ziehen die Einfalt des ›Fortschritts‹ ins Lächerliche und verfallen der gegenteiligen Einfalt: Wir klagen uns an, die unmenschlichste aller Gesellschaften zu sein.«

Und ziehen Genuss daraus. Diese simulierte oder echte Demut geht unzweifelhaft auf das Christentum zurück – nur gibt das inzwischen niemand gerne zu.[381]

SPIELZEUG, SHOPPING UND SCHAUSPIELER

Die selbsternannten Retter forcieren das Geschäft des Gebens, auch Spende genannt: Aufmerksamkeit und Geld spielen hier in der gleichen Liga. Die Opfer und ihre Anwälte haben sich derweil auf das Fordern eingeschossen. Die anderen sollen gefälligst ihrem Ego entsprechen. Sie so anerkennen, wie sie sind, zugestehen, dass sie sind wie alle anderen – und gleichzeitig, dass sie anders sind als alle anderen. Aber leben wir nicht in einer Wettbewerbsgesellschaft? Wo jeder danach strebt, selbst voranzukommen? Wird er nicht den Teufel tun, den anderen anzuerkennen? Er tut es auch nicht. Deswegen die ubiquitäre Klage. Auch diejenigen, die vorgeben, die Opfer so zu schätzen, wie sie geschätzt werden wollen, schwingen sich dadurch, dass sie die Opfer in ihrer Unmündigkeit halten, über diese auf. Und setzen sich damit selbst in Szene.

Und die Opfer selbst? Sie haben es geschafft, ihre Ohnmacht als moralischen Vorteil zu verkaufen, sich darauf zu konzentrieren, was ihnen fehlt und was sie haben wollen. Sie leiden an einem nicht genügend bestärkten Ego, am Wollen, ohne zu können. Man könnte, wie Dusini/Edlinger oder jüngst auch Hans Joachim Maaz in seinem Buch *Die narzisstische Gesellschaft. Ein Psychogramm*[382], einen allgemein um sich greifenden Narzissmuss dafür verantwortlich machen. Oder man könnte sich fragen, ob der Mensch nicht immer schon so war – und jetzt nur eine größere Bühne dafür bekommen hat. Ob er nicht zumindest seit dem Beginn der Moderne schon damit anfing, um Aufmerksamkeit für sein angeschwollenes Ich zu buhlen, ob er sich nicht immer schon an den Schranken gestoßen hat, denen sein Wollen ausgesetzt war – durch die technischen Möglichkeiten, seine eigene verletzliche, sterbliche »Ausstattung« und durch den Nächsten, der auch nur auf eines konzentriert ist: *sein* Wollen, das dem eigenen oft entgegensteht. Man nennt es heute Wettbewerb, früher nannte man es Rivalität – das hört niemand mehr gerne, denn es klingt nicht schick.

Rivalität fußt auf dem Begehren, das stets nur das begehrt, was der andere begehrt. René Girard bringt dafür ein leicht verständliches Beispiel: »Lassen Sie eine bestimmte Anzahl Kinder in einen leeren Raum und legen Sie die gleiche Anzahl Spielzeuge hinein: Es bestehen gute Aussichten, dass die Verteilung nicht reibungslos abläuft.«[383]

Die Massenmedien sind wenig überraschend binnen Kürze zum Lieferanten von Begehren aufgestiegen. Und mit der Globalisierung hat sich dieses Begehren weltweit immer mehr angeglichen. Ikea, H & M und Nike oder, für die größere Geldbörse, Audi, Armani und Luis Vuitton – der Mimesis, der Nachahmung, sind in der modernen Welt mit ihrem Gleichheitsprinzip auch beim Shopping immer weniger Schranken gesetzt. Jeder will alles haben und sein, was andere haben und sind. Deswegen gleichen sich die Shoppingmalls weltweit, und man bekommt in London das Gleiche zu kaufen wie in Bombay oder Kapstadt. Und das, obwohl alle glauben, die Nachahmung abzulehnen und individuell, ja originell zu sein. Gleichzeitig wird jede Ungleichheit, jede Ungerechtigkeit verdammt. Da kann sich irgendetwas nicht ausgehen.

Das Konfliktpotenzial wächst, auch mit der Globalisierung und der daraus resultierenden globalen Konkurrenz. Die moderne Welt – nach Girard eine einzige mimetische Krise. Und trotzdem leben wir in einer Welt, wo die Gewalt so wenig sichtbar ist wie kaum je zuvor. In der der Wettbewerb aller gegen alle durch Geld und Tausch – bis jetzt jedenfalls – davon abgehalten wird zu eskalieren.

Nach dem Tod Gottes neigt der Mensch immer mehr zur Vergötzung seiner Mitmenschen, allen voran derer, die alles zu haben scheinen: der sogenannten Stars, vornehmlich Schauspieler der Hollywood-A-Liga, an deren Lippen wir hängen und von denen wir uns die Welt, das Leben und die Liebe erklären lassen wollen, obwohl gerade sie an zumindest letzteren beiden vermutlich öfters als der Durchschnittsmensch scheitern. Was ebenjenem dann wieder die schnöde Befriedigung verschafft, dass nicht einmal die Götter es besser haben als man selbst. Denn noch mehr als einen Star liebt die Medienöffentlichkeit nur den gefallenen Star.

Seit Andy Warhol die Idee des Medientheoretikers Marshall McLuhan verbreitet hat, jedem Menschen jene sprichwörtlich gewordenen 15 Minuten Ruhm zuzugestehen, haben es Unzählige versucht, diesen auch zu bekommen, manche davon mit allen Mitteln, mit aller Verzweiflung und ohne Rücksicht, ja ohne Mitleid für die Leiden, die sie damit bei anderen ausgelöst haben.

VOM MÖRDER ZUM STAR

Am Anfang war der Mord. In der Bibel so wie auch in der mit der Evolutionstheorie kompatiblen Version der Menschwerdung von Sigmund Freud oder René Girard. Ein Bruder erschlug den anderen. Oder die Rivalität zwischen Brüdern eskalierte in jenen Zeiten, als Solidarität nicht nur eine Sicherheit, sondern manchmal auch ein Todesurteil bedeutete, und endete mit einem Mord, die alle wieder befriedete. Bei Freud ist das der Vater, bei Girard ein Unschuldiger.

Am Anfang der meisten Gründungsmythen steht ein Mord. Und auch heute noch scheint die Menschheit besessen davon. Fast kein Fernseh- und Kinofilm und wenige erfolgreiche Computerspiele kommen ohne ihn aus. Krimis zählen zu den meistgelesenen Büchern, und die Politikteile der Zeitungen sind voll von Attentaten und Kriegen, die Chroniken voll von Eifersuchts- und Raubmorden. Mit Morden schaffen es junge Männer, denen es an Beachtung und Selbstachtung fehlt, immer noch, sich ins Zentrum der Aufmerksamkeit zu katapultieren.

»Mordlegenden sind ein Kassenschlager, und Mörder legen es nicht selten auf eine folkloristische Robin-Hood-Karriere an. Der Oklahoma-City-Bomber Timothy Veigh schaffte es mit einem Verständnis heischenden Interview 1995 auf die Titelseite von *Newsweek*. Der Unabomber Theodore Kaczynski setzte die *New York Times* im selben Jahr mit Morddrohungen unter Druck und erreichte, dass ein von ihm verfasstes Manifest auf acht Sonderseiten gedruckt wurde«, fasst Ingeborg Harms in ihrem Artikel »Prominent durch Mord« (*Die Zeit*, 2. August 2012) das Verhältnis von Mord und Medien zusammen und fährt fort: »Kein Wunder, dass Anders Breivik sich an diesem Blutapostel orientierte. Auch Dave Cullens Bestseller zum Columbine-Highschool-Massaker zweier bis dato unauffälliger Schüler ist hier zu nennen. In der *New York Times* bat Cullen erst kürzlich darum, die Täter nicht vorschnell zu verurteilen. Habe Dylan Klebold, einer der Protagonisten, doch letztlich nur sich selbst für seine eigene Unbedeutsamkeit gehasst und sein Tagebuch bis zur Tat mit flehenden großen Herzen angefüllt.«

Harms zitiert den Kultursoziologen Chris Rojek[384], für den beachtungshungrige Killer ein Symptom der Demokratie darstellen: »Das überwältigende Bedürfnis ganz gewöhnlicher Leute, als Star gewertet zu werden, ist wohl Teil der modernen Psychopathologie des Alltagslebens.« Dieser Bemerkung hinzuzufügen wäre die neue Sichtbarkeit, die der bis vor kurzem verborgene Geltungs- und Öffentlichkeitsdrang weiter Bevölkerungskreise durch soziale Medien wie Facebook und Twitter bekommen hat. Bis vor kurzem *wussten* wir noch gar nicht, welche Gier, sich selbst darzustellen, tatsächlich in einem durchschnittlichen modernen Menschen steckt.

Und wie viele Menschen – vornehmlich junge Männer – zu deren Durchsetzung auch bereit sind, andere zu töten. Je mehr, desto besser für die Reputation. Denn mit der Schwere der Tat steigt die Würde des Täters. Und manchmal sogar der Respekt. So sprachen nicht nur die österreichischen Stammtische hinter vorgehaltener Hand, sondern auch Behörden und Polizei im Fall Josef Fritzl, der sieben Kinder mit seiner im eigenen Keller gefangen gehaltenen Tochter gezeugt hatte, von einem »äußerst dynamischen und potenten Täter«.[385]

Aber nicht nur die Medien, auch die Kunst ist »geil« nach den Tätern. So bekam Anders Breivik im April 2012, sieben Monate nach seinem Massenmord an Jugendlichen auf der norwegischen Insel Utoya, nicht nur die Gelegenheit, vor Gericht eine Stunde lang seine krause »Theorie« hinter dem Abschlachten weltöffentlich zu machen. Das bleibt eine Tatsache, auch wenn von vielen Kommentatoren[386] zu Recht eingewandt wurde, dass an diesem Tag die demokratische Rechtsordnung mit ihrem Ersatz der Rache durch das Recht einen eindrucksvollen Auftritt feierte. Manchmal sind sich widersprechende Wahrheiten gleichzeitig wahr – man nennt es Paradox, womit bekanntlich schwer zu leben und noch schwerer zu denken ist.

Am 24. August 2012, dem Tag der Urteilsverkündung von 21 Jahren Gefängnis für Breivik, veröffentlichte der renommierte französische Schriftsteller Richard Millet, Autor von rund 50 Büchern, ein »Literarisches Loblied auf Anders Breivik«, in dem er die Schuld quasi umkehrt und der norwegischen Dekadenz zuschreibt, die einen Breivik zweifellos verdient habe. (Womit wir wieder ein Wort als Täter dingfest gemacht hätten und fein raus wären!) Wenige Monate später feierten zwei Theaterstücke über Breivik mit Versatzstücken aus seinem 1200 Seiten umfassenden ideologischen Pamphlet in Kopenhagen und Berlin Premiere.

Kathrin Röggla schrieb ein Theaterstück über Natascha Kampusch (*Die Beteiligten*, 2010), Elfriede Jelinek schrieb über Fritzl (*Faust In and out*, 2012). Der »Fall Fritzl« wurde bei den Wiener Festwochen im Juni 2012 auch mit dem Theaterstück *Conte d'Amour* von Markus Öhrn »gewürdigt«, in dem es laut Regisseur um die totale, romantische Liebe ging. Im September 2012 landete der Franzose Règis Jauffret mit *Claustria*[387], der 500-Seiten-Roman-Verarbeitung der monströsen Straftat Josef Fritzls, für deren Verurteilung Österreich sein untotes Gesetz zur Sklaverei wieder auferweckte, zumindest einen Aufreger. Und wenige Monate nach dem Start des Kampusch-Films *3096 Tage* wurde im Mai 2013 in Rom die Oper *Donna Serva della mia Casa* aufgeführt, ein Auftragswerk, komponiert von Daniele Carnini (Libretto: Renata M. Molinari), in deren erstem Teil ein Ehrenmord und in deren zweitem, *La stanza di Lena*, die Geschichte von Natascha Kampusch erzählt wird.

GLAMOUR UND GEWALT

In den archaischen Riten wurden die zuvor ausgewählten Opfer oft gezwungen, schwere Verbrechen zu begehen, um ihre Opferung zu rechtfertigen oder zumindest zu begründen. So leicht haben wir es nicht mehr. Aber auch heute noch schaffen wir es, denjenigen etwas anzuhängen, die wir gerne zur Strecke bringen wollen. Gottheiten werden im Nu zu Sündenböcken, wenn die Meinung umschwingt. Politiker, Schauspieler, Künstler, vom willkürlichen, oft brutalen Urteil der Masse abhängig, können ein Lied davon singen.

Im Ritus wurde aus dem getöteten Opfer ein auferstandener Gott. Heute lieben wir unsere Stars besonders, wenn sie jung gestorben sind. James Dean, Marilyn Monroe, Prinzessin Diana, diese früh aus dem Leben geschiedenen Idole wurden erst zu Ikonen, als sie tot waren. Wie sie ums Leben gekommen waren, spielte dabei keine so große Rolle, ob durch Autounfall, Drogen oder die eigene Hand.

Die Medienmeute liebt auch heute noch die Verfolgung. Bei einer solchen kam Lady Diana ums Leben: Sie wurde von Paparazzi zu Tode gehetzt. Die besten Stars sind jene, die nicht mehr altern können und einer Kultur, die die Jugend anbetet, damit zeigen, dass es möglich ist: für immer schön zu bleiben. Verfolgt wird freilich nicht mehr mit offenem Visier, sondern mit verdecktem: im Namen der Opfer oder des Opfers, eine Sündenbockjagd zweiter Ordnung.

Und dann gibt es noch den Einzelnen, der einen Star verfolgt. Man nennt es krankhaft und die Tätigkeit Stalking. Der Übergang vom Fan zum Stalker ist fließend. Es gibt Hinweise, dass diese Form der Verfolgung Prominenter zugenommen hat.[388] »Als die Bibel das vorherrschende Medium für eine Verbindung mit etwas Großem war und zumeist das einzige Medium überhaupt in den Wohnstätten, hatten psychisch Kranke in der Regel religiöse Wahnvorstellungen. In einem säkularen Zeitalter, in dem in den meisten Fällen Fernsehen, Radio und Filme die Rolle der Bibel ersetzt haben, sollte es uns nicht überraschen, dass geistig Kranke Wahnideen entwickeln über die neuen säkularen ›Götter‹«, stellten die Psychiater Park Dietz und Daniel Martell bereits 1989 für die Stalker amerikanischer Prominenter fest.[389] In diesem Jahr änderte sich das Bild des Stalking, bis dahin als harmlose, bestenfalls verrückte Spinnerei von Verlierern angesehen, schlagartig, als die junge Schauspielerin Rebecca Schaeffer von ihrem Stalker ermordet wurde. Zwei Jahre später gab es in Kalifornien das erste Anti-Stalking-Gesetz. Und im Jahr 2000 kam die Diskussion auch in den deutschen Medien an.

Heute versetzt der Gedanke an Verehrer internationale Stars in Angst und Schrecken. Glamour und Gewalt sind näher zusammengerückt. Schon zwischen 1969 und 1989 wurden in den USA mehr Anschläge auf Prominente verübt als in der gesamten Geschichte zuvor.[390] Seitdem sind es nicht weniger geworden.

Stalkinghandlungen sind so alt wie die Geschichte des menschlichen Zusammenlebens. Schon der alttestamentarische Josef, ein hübscher und wortgewandter junger Mann, wurde von der Frau seines Dienstherrn in Ägypten, des Potiphar, gestalkt. Als er sie abwies, warf sie ihm sexuelle Belästigung vor, für die er ins Gefängnis wanderte.

Das Wort stammt aus der Jagdsprache – to stalk (engl.) bedeutet, sich einem Wild auf die Spur zu setzen. Stalker benutzen oft das »perfide Manöver«, den Spieß umzudrehen, »indem sie das Opfer zum Täter machen und sich selbst als Verfolgte inszenieren«, sodass die Gestalkte – die zu 80 Prozent eine Frau ist – sich oft vor den Behörden rechtfertigen muss.[391] Das hat auch mit unserer Kultur zu tun: Vom Minnesang bis zu dem oscarprämierten Film *Die Reifeprüfung* aus dem Jahr 1967 von Mike Nichols mit Dustin Hoffman wurde die hartnäckige Verfolgung einer Frau mit Liebe idealisiert. Heute ist man dabei umzudenken – das geht bereits so weit, dass ein Grabscher auf den Po auch dann von der Öffentlichkeit als sexuelle Belästigung angesehen wird, wenn das Gericht ihn nicht belangen will, wie eine »Affäre« in Graz im Herbst 2012 zeigte.[392]

Der Stalker versucht, seinem Star nahezukommen. Schafft er dies nicht, verwandelt sich seine Bewunderung durch die verweigerte Befriedigung der Vereinigung in Demütigung und Hass. Denn es gibt zwei Möglichkeiten, jemanden auf die gleiche Ebene zu holen: Entweder man erniedrigt ihn, wie im Skandal, oder man erhöht sich selbst. In diese Richtung tendiert der Neid – er macht die beneidete Person zum Maß seiner eigenen, stellt sie auf einen Sockel, den er selbst erklimmen möchte.

Auch Stalking hat in Zeiten von Massenmedien mit Nachahmung zu tun, wie prominente Fälle wie der des Reagan-Attentäters John Hinckley beweisen. Hinckley ahmte einen Stalker nach, der als Vorbild des Films *Taxi Driver* von Martin Scorsese (1976) mit Robert de Niro und der jungen Jodie Foster als Kinderprostituierten gedient hatte. Hinckley seinerseits begann Jodie Foster zu stalken.[393] In seinem Abschiedsbrief nach seinem Selbstmord nach dem gescheiterten Attentat auf den Präsidenten, der einst ein Schauspieler war, schrieb Hinckley, er habe auf Ronald Reagan geschossen, um Jodie Foster zu beeindrucken …

Auch in Deutschland gibt es solch einen prominenten Nachahmungsfall: Der Attentäter des Studentenführers Rudi Dutschke Josef Bachmann gab schon 1968 zu Protokoll, einen berühmten Gewalttäter imitiert zu haben, um auf sich aufmerksam zu machen: den Mörder des Bürgerrechtlers Martin Luther King. Und seinen Kollegen hatte er, bevor er losfuhr, prophezeit, dass sie noch von ihm hören würden: in Fernsehen, Rundfunk und Presse! Nur eine Minderheit der Stalkingfälle von Prominenten endet in Gewalt. Aber mit der Sehnsucht nach dem Rampenlicht haben sie alle zu tun. Das politische Motiv – der angebliche oder wirkliche Rechtsextremismus eines Josef Bachmann – gibt in solchen Fällen oft nur die Fassade ab.[394]

MR. NOBODY UND MR. SOMEBODY

»Ich musste mir die Bedeutung, den Erfolg von jemandem aneignen. Ich war Mr. Nobody, bis ich den größten Somebody der Welt tötete«, sagte der Mörder von John Lennon.[395] Damit wäre das Puzzle aus Nachahmung, Neid, Verfolgung, Vergötterung und Mord wieder einmal komplett.

»Unter den sieben Todsünden ist der Neid die einzige, die überhaupt keinen Spaß macht«, erklärt der amerikanische Essayist Joseph Epstein in seinem humorvoll-persönlichen Bändchen *Neid. Die böseste Todsünde* in der Wagenbach-Reihe über die Todsünden[396]. Vielleicht schlägt die laut Epstein heimlichste und heimtückischste und gleichzeitig am weitesten verbreitete Todsünde deswegen so gerne in Schadenfreude um. Jedenfalls sei Neid ein so hässliches Gefühl, dass sich niemand dazu bekenne – nicht in der Öffentlichkeit und nicht vor sich selbst.[397]

Deswegen verstecken sich Neid und Schadenfreude gerne hinter dem Gerechtigkeitsempfinden, aber auch hinter Ironie, übertriebener Verachtung und überschwänglichem Lob. Im besten Fall ist der Neider ein Snob, im schlechtesten ein Zerstörer. Neidisch kann man auf alles sein, von Besitz bis zu Gefühlen. Die Werbeindustrie beschreibt Epstein als »einzige komplizierte Maschine zur Neiderzeugung«[398].

Die Werbung führt bekanntlich vor, auf was wir neidisch zu sein haben: auf das, was ein anderer hat. Dazu genügt es nicht, ein Produkt zu zeigen, sondern man sieht in der Werbung fast immer auch gleichzeitig ein hübsches Model oder ein berühmtes Testimonial, das die Sache hat – und damit glücklich ist. Es ist wohl kein Zufall, dass schon das zehnte und letzte Gebot genau vor diesem Begehren mit einer eindringlichen Aufzählung warnt: »Du sollst nicht begehren deines Nächsten Haus. Du sollst nicht begehren deines Nächsten Weib, Knecht, Magd, Rind, Esel, noch alles, was dein Nächster hat.« (2. Mose 20,17)

Der Philosoph Sören Kierkegaard wies in *Furcht und Zittern* (1843) darauf hin, dass Neid ein kleinbürgerliches Vergnügen sei und in einer Gesellschaft, die versucht, Unterschiede auszugleichen, der Neid nicht abnimmt, sondern nur umso stärker wird.[399] Das trifft nicht nur auf Demokratien zu, sondern auch auf die »Diktatur des Proletariats«, laut Epstein die oberste aller Neidgesellschaften, wo sich Missgunst und Ressentiment »so frei und mit derart brutalen Konsequenzen entfalten« konnten wie nirgendwo sonst. Dabei war der Marxismus mit der hehren Maxime angetreten, nicht nur die Ungerechtigkeit, sondern auch den Neid auszurotten.

Hat diese Emotion, die selten rein auftritt, sondern sich mit Wut, Machtgelüsten und mangelndem Selbstwert paart, erst einmal von einem Besitz ergriffen, zeigt sie Tendenz zur Eskalation: Wenn man nicht kriegen kann, was man dem anderen neidet, fängt man an, es ihm zu missgönnen und schließlich sogar wegnehmen zu wollen. Verleumdung und Raub bis zu Mord sind die Folgen.

Neid vergleicht, Neid macht die beneidete Person zum Maß der eigenen. Max Scheler fand schon 1912, also vor hundert Jahren: »Der ohnmächtige Neid ist zugleich der furchtbarste Neid. Der Neid, der die stärkste Ressentimentbildung auslöst, ist daher derjenige Neid, der sich auf das individuelle Wesen und Sein einer fremden Person richtet: der Existenzialneid. Dieser Neid flüstert gleichsam fortwährend: ›Alles kann ich dir verzeihen; nur nicht, dass du bist und das Wesen bist, das du bist; nur nicht, dass nicht ich bin, was du bist.‹«[400]

Nach Girards Modell des Begehrens stützt sich jedes Begehren auf das Begehren eines anderen. Und der Bewunderte wird zum Rivalen, gerade *weil* er das Modell ist. Er hat das, was man *haben* will. Und er will es nicht hergeben. Noch schlimmer wird es, wenn er das ist, was man *sein* will, und einen deswegen zu verachten scheint, was wiederum das eigene Begehren anfacht – ein Teufelskreis. »Weil der Nachahmende den automatischen Charakter der Rivalität nicht erkennt, erhebt er gerade das Behindert-, Abgelehnt- und Verworfen-Werden zum Hauptstimulans seines Begehrens. In dieser oder jener Form wird er seinem Begehren immer mehr Gewalt einverleiben. Diese Tendenz zu erkennen bedeutet, zu erkennen, dass das Begehren letztlich auf den Tod zustrebt, den Tod des anderen, des Modell-Hindernisses, und des Subjekts selbst.«[401]

Das klingt wie eine exakte Beschreibung des Umschlagens der Bewunderung eines Stalkers für den von ihm erwählten Star in den Hass, der manchmal zu dessen Ermordung führt, die dann wiederum gar nicht so selten den Selbstmord des Täters nach sich zieht. Hochmut und Selbsthass geben hier ein unerquickliches und manchmal tödliches Gemisch ab und führen zu jener Form der Verehrung, die auch oft bei notorischen Singles wider Willen zu finden ist und in der Strategie besteht, sich seine Angebeteten in einer Liga auszusuchen, die sich in jeder Hinsicht auf einem »anderen Stern« befindet.

Neuerdings ist Stalking übrigens sogar fernsehtauglich geworden: RTL startete im Mai 2013 eine Crime-Doku, in der Stalker zum Ergötzen des Publikums vor laufender Kamera gejagt werden mit dem Werbetext: »Geheime Observationen, spannende Verfolgungsjagden und knallharte Konfrontationen – das ist ›Verfolgt – Stalkern auf der Spur‹. Dabei wendet der ›deutsche James Bond‹ nützliche Methoden aus seiner früheren Agentenzeit an. Gleichzeitig kümmert sich der 37-Jährige intensiv um die Ängste und Sorgen der Opfer.« »Die meistgesehene Sendung des Tages!«, schrieb der Branchendienst DWDL.de nach Auswertung der Quote nach der Erstausstrahlung. »Echte Fälle! Echte Täter! Echte Opfer! Nichts ist erfunden! Alles ist aktuell! Wir sind mit der Kamera dabei, wenn es passiert!«, wirbt Leo Martin, Exgeheimagent, auf seiner Homepage.[402] So sehen »Brot und Spiele« im 21. Jahrhundert aus. Gejagt werden die Täter – im Namen der Opfer!

VERFOLGUNG ALS SKANDAL: VON ZU GUTTENBERG BIS WULFF

Auch der Skandal besitzt diesen großen »Vorteil«: Es gibt einen Täter. Seiner Auffindung folgt eine Welle von Medienberichten. Er kann als der Urheber eines bestimmten Missstandes oder Missbrauchs dingfest gemacht werden, auf ihn vereinigt sich die Empörung. In seinem Buch *Die Mechanismen der Skandalisierung* weist Hans Mathias Kepplinger dezidiert darauf hin, dass die Wirkung von Skandalisierungen nicht auf der Richtigkeit der Vorwürfe beruht, denn »sie wirken auch dann, wenn sie sich als falsch herausstellen«.[403] Konstitutiv für den Skandal ist außerdem, dass »alle überzeugt sind, sie wüssten genau Bescheid, obwohl sie meist nur wenig Ahnung haben« – und dass die Schuldigen »bestraft« werden.[404]

Es gibt unterschiedliche »Skandal-Kulturen«: »In England und den USA werden vor allem sexuelle Verhaltensweisen zu Skandalen, in Deutschland geldwerte Vorteile«[405]– wobei, wie bei so vielen gesellschaftlichen Phänomenen, die amerikanische Sex-Hysterie auch hierzulande langsam um sich greift, wie nicht zuletzt der Fall Kachelmann zeigte.

Urteilsbildungen in Skandalen folgen einem gruppendynamischen Prozess. Weil niemand Genaueres weiß, haben sie einen Zug zur Angleichung der Urteile, bis eine Gruppennorm entsteht.[406] Wie Mobbingprozesse beginnen auch Skandale mit Gerüchten, einer Form des Klatsches. Sie stellen eine Sonderform von Klatsch dar, der hier nicht im Geheimen, sondern in den Massenmedien stattfindet. Zum Klatsch gehören Ressentiment, Empörung und moralische Missbilligung.[407] Freilich kann es auch zu Lagerbildung kommen. Dann gibt es nur noch extreme Befürworter oder Gegner. Wie etwa im Fall Kachelmann.

Die »Aufdecker«, die Journalisten, und ihre Zeugen, die Medienkonsumenten, schaukeln sich in ihrer Empörung gegenseitig auf. Der Skandal ist eine Sensation – und ohne die Sensation kann die »hyperaktive Gesellschaft«, wie der Philosoph Christoph Türcke sie bezeichnen würde, nicht mehr leben.[408]

René Girard beschreibt die Mechanismen der Skandalisierung in *Das Ende der Gewalt* wie folgt: »Die skandalisierte Empörung ist stets das fiebrige Begehren, den Schuldigen und den Unschuldigen zu unterscheiden, die Verantwortung zuzuweisen, die Schändlichkeit konsequent aufzudecken und angemessen zu bestrafen. Der Skandalisierte will die Affäre ans Licht bringen; in ihm brennt die Leidenschaft, den Skandal aufzudecken und ihn an den Pranger zu stellen. Dieses Element begieriger und krankhafter Neugierde trifft sich mit der (...) Leidenschaft für das Entmystifizieren. Stets ruft der Skandal nach Entmystifizierung; die Entmystifizierung wiederum setzt dem Skandal keineswegs ein Ende, verbreitet und universalisiert ihn vielmehr. Die zeitgenössische Kultur insgesamt ist nichts anderes. Es braucht den zu entmystifizierenden Skandal, und die Entmystifizierung verstärkt den von ihr angeblich bekämpften Skandal. Je stärker die Leidenschaften eskalieren, umso stärker hebt sich die Differenz zwischen den Gegnern auf.«[409]

Trotzdem glaubt jeder, unabhängig zu seinem Urteil gelangt zu sein. Wie alle Phänomene, die Opferprozesse betreffen oder ihnen ähneln, hat auch der Skandal eine religiöse Facette: »Tatsächlich sind die Einzelnen Opfer der *Illusion der autonomen Urteilsbildung.* Was sie für ein individuelles Urteil halten, ist Ausdruck einer sich selbst bestärkenden Glaubensgemeinschaft. Diese Illusion ist eine Ursache der Entschiedenheit, mit der die Sichtweisen in einem Skandal verteidigt werden. Der Zweifel anderer erscheint als Zweifel an der eigenen Urteilsfähigkeit und damit als Angriff auf die eigene Person. Deshalb haben auch nach dem Abklingen eines Skandals die meisten

Personen kein Interesse an der Berichtigung falscher Behauptungen«, meint Kepplinger.[410]

Die Medien, sagt er, decken keine Skandale auf, denn: »Skandale sind keine vorgegebenen Sachverhalte, die man aufdecken und berichten kann, sondern die Folge der öffentlichen Kommunikation über Missstände.«[411] Und Missstände werden von den Medien zu Skandalen gemacht, indem man sie anprangert und sich auf die Suche nach Schuldigen macht. Dann folgt die Phase der Dramatisierung. Die Missstände müssen als schwer, die Schuld als tief dargestellt werden. Und schon hat man einen öffentlichen Sündenbock, der auch ein Sündenbock bleibt, wenn er tatsächlich eine Verfehlung begangen hat, so wie in den meisten Skandalen und so auch im Falle der unausgewiesenen Zitate in der Doktorarbeit von Karl-Theodor zu Guttenberg oder des Anrufs von Christian Wulff bei der *Bild*-Zeitung.

Obwohl die meisten Personen oder Organisationen, um die ein Skandal entsteht, auch wirklich Regeln verletzt haben oder Missstände verursachten, fühlen sich nahezu alle als Opfer. Und sie werden ja auch verfolgt: von der Medienmeute, die, auch wenn sie erkannt hat, dass ihr Opfer unschuldig ist, zumeist nicht mit Mitleid, sondern mit Häme reagiert.[412] Insofern stellt der Skandal das Musterbeispiel der hoffnungslosen Verstrickung von Opfern und Tätern dar. Natürlich: Die Verfolger im Namen der Opfer sehen sich selbst nicht gerne als Täter. Deswegen feixen sie so gerne oder schauen weg, wenn sich der Täter als unschuldig erweist.

Erklären lässt sich dieses Verhalten mit der sogenannten »Rollen-Inkonsistenz«: »Wer Täter ist, kann nach einer landläufigen Vorstellung nicht Opfer sein. (…) Bei Hohn und Spott gegenüber Tätern, die sich als Opfer bezeichnen, handelt es sich folglich um einen Abwehrmechanismus zu Verteidigung der kognitiven Grundlage der Skandalisierung. Wer diese Grundlage verlässt, nimmt sich die Möglichkeit zur Skandalisierung.«[413]

Hier sei allerdings darauf hingewiesen, dass Skandale in der Menschheitsgeschichte nichts Neues darstellen. Skandale haben heute nur viel mehr Publikum. Und eine Industrie, die an ihrer Erzeugung Geld verdient: den Boulevard.

Neid, Schadenfreude und Verfolgung gehören aber seit jeher zum Menschen und werden nicht nur in allen Religionen bekämpft, sondern auch von Philosophen beschrieben. So meint etwa Immanuel Kant in der *Metaphysik der Sitten* von 1797: »Der Schadenfreudige legt es auf den Kontrast an, um sein Wohlsein und selbst sein Wohlverhalten stärker zu fühlen, wenn Unglück oder Verfall anderer in Skandale, gleichsam als die Folie unserem eigenen Wohlstande unterlegt wird, um diesen in ein desto helleres Licht zu stellen«.[414] Und der »Herr Karl« spürt in dem gleichnamigen Theatermonolog von Helmut Qualtinger von 1961 (geschrieben mit Carl Merz) immer Erleichterung, wenn jemand anderes mit der Rettung abgeholt wird: »Koarl, du bist es ned!«, sagt er sich.

Herr Karl, der zum Prototyp des ressentimentgeladenen Mitläufers wurde, steht aber auch für jene, die sich gerne als Opfer sehen, obwohl sie sehr wohl etwas getan haben. »Existenzen wurden damals aufgebaut, Gschäften arisiert. Häuser, Kinos! I hab nur an Juden g'führt. I war ein Opfer. Andere san reich worden; I war a Idealist«, so charakterisiert Herr Karl den Nationalsozialismus in Österreich, dessen Anschluss ans Hitlerreich er 1938 am Heldenplatz bejubelte.

Die Gewissheit, dass jemand anderes *noch* schlimmer war als man selbst, sich *noch* mehr bereichert hat oder im Gegenteil *noch* weniger getan zur Verhinderung eines Verbrechens, stellt auch das erleichternde Moment im Skandal dar. Natürlich, man hat auch schon mal Geld mitgehen lassen, aber keine Millionen, oder mal abgeschrieben, aber nur in der Klassenarbeit, doch nicht bei der Diss!

JÖRG KACHELMANN – ODER:
DER TÄTER ALS OPFER

Am 20. März 2010 wurde der Wettermoderator Jörg Kachelmann aufgrund einer Anzeige auf Vergewaltigung durch seine Exgeliebte Claudia Dinkel verhaftet. »Die deutsche Presse hat den Spaten gezückt und gräbt für Kachelmann: Die Artikel der Tageszeitungen nach dem Vorwurf der Vergewaltigung gleichen einem Nachruf«, resümierte der Onlinedienst der Schweizer Zeitung *20 Minuten* den Auftakt zu einer beispiellosen Medienkampagne.[415] Unschuldsvermutung? Das war den Medien nicht spannend genug. Lieber wurde das angebliche Opfer gleich zum Opfer erklärt, der mutmaßliche Täter zum Monster stilisiert. Mehr als 30 einstweilige Verfügungen listete Kachelmanns Anwalt Ralf Höcker ein Jahr später auf seiner Homepage.[416]

»Ein Opfer ist so lange kein Opfer, bis das gerichtlich festgestellt wurde.«[417] Diese Grundtatsache der Rechtsprechung wird von den Medien im Dienst von Auflage und Quote immer öfter ignoriert. Per medialem Schauprozess wird ein Opfer zum Opfer durch Selbstdeklaration und den blinden Glauben oder das simplifizierte Menschenbild seiner Unterstützer. Und ein Täter zum Täter durch Beschuldigung, durch Schuldigsprechung ohne Überprüfung von Beweisen. Der »tiefe Fall« des Jörg Kachelmann ist für diese traurige Entwicklung nur das prominenteste Beispiel. »Ich weiß nicht, welche Strafe es für so einen Mann gibt. Die Kastration?«, schrieb die *Bild*-Zeitung zum Prozessauftakt im September 2010.

Das Gericht lud sämtliche Geliebten und Exgeliebten, deren es habhaft werden konnte – oder die sich selbst meldeten –, obwohl sie mit der Tat nichts zu tun hatten. Eine Exgeliebte kassierte 50 000 Euro für ein Interview in der *Bunte*. Und Paradefeministin Alice Schwarzer gab sich dafür her, sich in der *Bild*-Zeitung auf die Seite des »Opfers« zu schlagen und Kachelmann dafür zu verurteilen, dass er Frauen die Hochzeit versprochen und das nicht eingehalten hatte. »Ist das nun übrig geblieben vom Feminismus?«, fragte Sabine Rückert verzweifelt in der *Zeit*.[418]

In seiner schnoddrigen Abrechnung *Recht und Gerechtigkeit. Ein Märchen aus der Provinz* nennt Jörg Kachelmann die Verurteilungskampagne einen »medialen Zirkusprozess«[419]. Sie war flächendeckend, aber nicht monolithisch. In der »Gegenöffentlichkeit« im Internet fand er Verteidiger, und auch in *Zeit* und *Spiegel* wurde der Prozess gegen ihn differenzierter gesehen, ja sogar teilweise Partei für ihn ergriffen.

Obwohl Kachelmann am 31. Mai 2011 freigesprochen wurde, da die Indizien nicht ausreichten, die Nebenklägerin sich offenbar selbst verletzt hatte und der Falschaussagen überführt werden konnte, bleibt sein Fall ein Skandal. Kein Skandal in den Medien, sondern ein Skandal für die Medien. Und das nicht nur, weil die Medien vorführten, wie leicht es in Deutschland zu sein scheint, mit einer Falschaussage jemandes Ruf und soziale Existenz zu zerstören, ohne dafür belangt zu werden, sondern auch, weil er das Phänomen, dass man mit selbsternanntem Opfertum mithilfe der Medien weitere Opfer produzieren kann, aufs Anschaulichste exemplifiziert hat. Aber auch die Justiz trug dazu bei, aus dem angeblichen Täter ein Opfer zu machen – ein »Opfer der Strafjustiz«[420], auf die sich Kachelmanns späterer Verteidiger Johann Schwenn spezialisiert hat.

Der Skandal stellt vielleicht eines der anschaulichsten Beispiele dafür dar, dass Opfer und Täter nicht immer in getrennten Rollen auftreten, dass Täter gleichzeitig Opfer sein können und Opfer Täter. Bei Skandalen scheint alles klar. Vor allem die Täter. Aber wenn man genauer hinschaut, verwischen sich die Konturen. Im Falle Jörg Kachelmann, der die deutschsprachigen Medien von Frühjahr 2010 bis Herbst 2011 beschäftigte, sah sich der angebliche Vergewaltiger, also Täter, als Verleumdungsopfer und gleichzeitig das angebliche Vergewaltigungsopfer als Verleumderin, Ruf- und Karrieremörderin. Zumindest Letzteres ist ihr gelungen. Auch der designierte französische

Präsidentschaftskandidat Dominique Strauss-Kahn, der sich 2011 mit einer Vergewaltigungsklage konfrontiert sah, die im Fall Strauss-Kahn schon vor dem Prozess zurückgezogen wurde, konnte sich von dieser »Affäre« karrieretechnisch bis jetzt nicht erholen.

Und das ist nur einer der vielen Hinweise auf die neue Macht jener, die den Opferhype für private Rache oder finanzielle Vorteile auszunutzen verstehen. Im Falle des »Opas« von Braunau, dem zwei Töchter im August 2011 jahrzehntelangen Missbrauch vorwarfen, wähnten die Medien schon einen zweiten Fall Fritzl – dann wurde die Anklage zurückgezogen.

»So manche Kachelmann-Freundin, die sich jetzt als sein Opfer fühlt, wird mindestens ebenso Opfer ihrer eigenen Sucht geworden sein, von seinem Glanz zu profitieren«, gab Sabine Rückert zu bedenken (*Die Zeit*, 24. Juni 2010). Mit den feministischen Tugenden der Selbstbestimmung und Würde hatte das Verhalten der Belastungszeuginnen jedenfalls wenig gemein, ebenso wenig wie der Pakt von Alice Schwarzer mit der *Bild*-Zeitung, in der sie beherzt die Vorverurteilung des Angeklagten vorantrieb und der Sache der Frauen damit keinen guten Dienst erwies, sondern sich vielmehr in den Dienst der Opferindustrie stellte. Diese stellt, wie Miriam Kachelmann, die Jörg Kachelmann während des Prozesses heiratete, im Interview mit dem *Spiegel* hervorhob, eine Gefahr für die echten Opfer dar, denen Falschanzeigerinnen und deren Unterstützer die Glaubwürdigkeit untergraben (*Der Spiegel* 41/2012).

Die Opferindustrie in »dieser kranken Form«, beklagt das Ehepaar Kachelmann in *Recht und Gerechtigkeit*, habe kein Interesse an einer kritischen Prüfung, ob es sich um ein selbsternanntes oder wirkliches Opfer handele – »jedes Opfer ist willkommen, denn es liegt in der Natur des Systems, dass es die Bedeutung der Organisation zu steigern und die Verdienstmöglichkeiten ihrer Mitglieder (Nebenklageanwälte, Therapeuten, Beraterinnen, Prozessbegleiterinnen) auszuweiten hilft«.[421]

Ohne den Verdienst solcher Organisationen und ihrer Mitarbeiter um die Sache der Opfer schmälern zu wollen – tatsächlich steckt hier der Teufel im System, liegt es in der Natur der Sache, dass auch Hilfsorganisationen dem Zwang zum Wachstum unterliegen und lieber ein Opfer zu viel als zu wenig betreuen. Dieses Problem wird vermutlich nie vollständig zu lösen sein, und hier Schuldige zu suchen, scheint obsolet und wird es wohl bleiben. An der Tatsache, inwiefern solche Dilemmata ohne gegenseitige Anschuldigungen und mit vernünftigen Argumenten öffentlich diskutiert werden können, erweist sich die Reife und Festigkeit einer Gesellschaft. »Vielleicht liefert der Extremfall Kachelmann Anlass, ein Rechtssystem zu überdenken, das den Anforderungen des Medienzeitalters nicht mehr gewachsen ist. Dann würde aus der Peepshow, die Schaden in so vieler Menschen Leben angerichtet hat, immerhin ein Lehrstück«, gibt Thomas Knellwolf mit dem letzten Satz seines Buchs *Die Akte Kachelmann* zu bedenken.[422]

Was lässt sich aus diesem unerquicklichen Stück deutscher Rechtsgeschichte lernen? Nicht immer sind Frauen Opfer und Männer Täter. Und auch Menschen können zum Opfer werden, die moralisch gesehen keine Heiligen sind. Sie bleiben deswegen trotzdem juristisch gesehen Opfer. In diesem Zusammenhang gehört der peinliche Auftritt von Hans-Hermann Tiedje, dem ehemaligen Chefredakteur der *Bild*-Zeitung, der dem »Wetterfuzzi« Jörg Kachelmann nach Erscheinen seines Buchs *Recht und Gerechtigkeit* in der Talksendung von Günther Jauch[423] mit zurückgeworfenem Oberkörper vor der versammelten Fernsehnation mehrfach vorwarf, auf jeden Fall ein »mieser Charakter« zu sein – so als ob ein mieser Charakter eine Falschbeschuldigung, mediale Verleumdung und ein unfaires Gerichtsverfahren verdient habe.

Im Januar 2013 wurde das Kachelmann-Diktum, Frauen hätten in unserer Gesellschaft ein Opfer-Abo – dieser Begriff stammt aus einem *Spiegel*-Interview (*Der Spiegel* 41/2012) – von der Sprachkritischen Aktion zum »Unwort des Jahres

2012« gewählt, weil es, so die Begründung der Jury, Frauen pauschal unter Verdacht stelle, sexuelle Gewalt zu erfinden und somit selbst Täterinnen zu sein. Pauschalisierungen, lässt sich auch daraus wieder schließen, sind meistens nicht wahr. Denn natürlich sind nicht alle Frauen Opfer und es missbrauchen auch nicht alle Frauen den Opferhype – es sollte aber erlaubt sein, darauf hinzuweisen, dass manche Frauen sehr wohl versuchen, aus einem selbsterwählten Opferstatus Vorteile zu schlagen. Womöglich wird das immer noch lieber gesehen wie eine Frau, die sich dem Opfersein verweigert und versucht, sich auf die eigenen Beine zu stellen und ihren eigenen Kopf zu behalten. So wie Natascha Kampusch – für viele das Opfer schlechthin. Auch an ihrem Beispiel lässt sich der Wandel des Opferbegriffs und des Umgangs mit Opfern anschaulich illustrieren.

NATASCHA KAMPUSCH:
DAS OPFER, DAS NICHT SCHWEIGT

Das Image des Verbrechensopfers hat sich nicht nur in der Rechtsprechung, sondern auch in den Medien in den letzten zwanzig Jahren grundlegend gewandelt. »Aus der Elendsgestalt, die unbeachtet am Rande des Strafverfahrens saß, ist ein Märtyrer geworden. Der Märtyrer einer säkularisierten Gesellschaft. Dass der Opferstatus heute nicht mehr nur als schrecklich, sondern auch als außerordentlich und erhaben empfunden wird«, zeigte sich im Sommer 2006 an der 18-jährigen Natascha Kampusch, »die zur Ikone der Massen wurde«, wie es Sabine Rückert in der *Zeit* ausdrückte[424].

Acht Jahre hatte sie ihr Entführer Wolfgang Priklopil in einem Verlies in seinem Keller gefangen gehalten. Viele Jahre lang hatte ihr dickliches Kindergesicht in Wien die Plakate geziert und sich jedem ins Gedächtnis eingebrannt. Im August 2006 konnte sie sich, gerade volljährig geworden, selbst befreien und trat als junger Schwan an die Öffentlichkeit. Der Täter nahm sich das Leben. Also blieb der Öffentlichkeit nur noch das Opfer.

Dass ihre Geschichte nicht nur zu einem Millionengeschäft, sondern Kampusch selbst zu einer Marke wurde mit eigener Talkshow, die allerdings nach drei Sendungen eingestellt wurde, lag nicht nur an den Medien, sondern auch an ihrer Persönlichkeit. Sie war hübsch und eloquent. Und sie hatte etwas zu sagen. Aber nicht alles davon fand Gehör. Denn diese mutige, intelligente junge Frau, die das Schlimmste überlebt hatte, bestand auf den Unterschieden. Nachdem ihr Kindheit und Jugend, ihr Name und ihre Stimme gestohlen worden waren, wünschte sie sich, ihre Geschichte mit eigenen Worten zu erzählen.[425] Deswegen gab sie schon zwei Wochen nach ihrer Flucht dem ORF-Journalisten Christoph Feurstein, der während ihres Verschwindens ihren Fall betreut und mehrere Sendungen mit ihrer Familie gemacht hatte, ein Interview. Es konnte nicht nur die meisten Zuschauer seit Einführung des Teletests im Jahr 1991 verbuchen, sondern ging um die Welt.

Laut Kampusch' Medienberater Dietmar Ecker stellte es den Versuch dar, die Boulevardmedien direkt zu beeinflussen, die gedroht hatten, ansonsten erfundene Geschichten zu veröffentlichen.[426] Das sollte gründlich misslingen. Denn die Fälle Kampusch und Fritzl zeigen auch, dass es bis jetzt keine befriedigende Weise gibt, in der Öffentlichkeit mit solchen Gewalttaten und ihren Opfern umzugehen. Die Opfer vorzuführen macht sie zum zweiten Mal zum Opfer. Denn die Medien geben sich nie mit dem kleinen Finger zufrieden. Entziehen sich die Opfer aber den Medien und überlassen anderen das Reden, werden sie in die Passivität gezwungen und an die Opferrolle gebunden.

Denn geredet wird sowieso. Das wusste Natascha Kampusch. Und deswegen wollte sie ihre Stimme zurückhaben. Sie fühlte sich kompetent zu erklären. Ihre Autobiografie *3096 Tage* – so lange dauerte ihre Gefangenschaft –, die zwei Jahre später erschien, gibt Zeugnis von ihrem für ihr Schicksal ungewöhnlichen Reflexionsniveau. Auch sie stellt einen Versuch dar, die »Deutungshoheit über das Erlebte« zu behalten.[427] »Ich möchte nicht, dass sich jemand anderer als Experte über mein Leben ausgibt«, zitiert Journalist und Fernsehmoderator Christoph Feurstein Kampusch in seinem Buch *[ein]geprägt. Täter, Opfer, Menschen*, das mit einem Kapitel über das ungewöhnlichste Opfer endet, das in den letzten Jahren die öffentliche Bühne betreten hat.[428]

Nein, ihr Entführer sei nicht ausschließlich böse gewesen, die Beziehung eine gleichwertige, ja, sie sei eigentlich stärker gewesen als er[429], gab Kampusch der Öffentlichkeit schon eine Woche nach ihrer Selbstbefreiung zu verstehen. Ihr Entführer habe sie auf Händen getragen und mit Füßen getreten. »Stockholmsyndrom!«, schrien die selbsternannten Retter, die es natürlich besser wussten. Denn ambivalente Beziehungen sind in Schwarzweiß schwer abzubilden. Natascha Kampusch weigerte sich, das Haus zu verkaufen, in dem sie so lange gefangen gewesen war und das ihr als Entschädigung aus dem Vermögen des Täters zustand. Sie traf sich mit dem besten Freund ihres Entführers, um diesen besser zu verstehen.

Dass sie sich bis heute nicht in das Klischee, um nicht zu sagen die Unterdrückungsformel des klassischen Opfers einfügt, ist für nicht wenige an ihrem Fall das größte Ärgernis.

YOU DON'T OWN ME

Natascha Kampusch hatte sich selbst befreit. Sie bekam Geld. Sie beharrte darauf, nicht über Sex zu sprechen – also auf ihrer Privatsphäre. Und bekam nicht nur Liebesbriefe und perverse Anträge, sondern auch Angebote, für Kost und Logis bei Menschen – klassischen selbsternannten Rettern – zu wohnen oder zu arbeiten, um Putzen und Kochen zu lernen.[430] Doch all diese Retter mussten zur Kenntnis nehmen, dass sie nach ihren eigenen Regeln zu leben gedachte.

»You don't own me«, mit dieser Songzeile beginnt das letzte Kapitel ihres Buches, der Epilog.[431] »Die Anteilnahme, die einem Opfer entgegengebracht wird, ist trügerisch«, schreibt Kampusch. »Man liebt das Opfer nur, wenn man sich überlegen fühlen kann. (…) Ich hatte all dem seelischen Müll und den dunklen Phantasien Wolfgang Priklopils getrotzt, mich nicht brechen zu lassen. Nun war ich draußen, und man wollte genau das sehen: einen gebrochenen Menschen, der nie mehr aufstehen wird, der immer auf die Hilfe anderer angewiesen sein wird. Doch in dem Moment, in dem ich mich weigerte, dieses Kainsmal für den Rest meines Lebens zu tragen, kippte die Stimmung.«[432]

»Die Welt will Leiden sehen«, erklärt Feurstein diesen Umstand, »fremdes Leiden – um das eigene Unglück erträglicher zu finden. Doch Natascha Kampusch spiegelt den Menschen eine geglückte Flucht aus einem Alptraum – für viele ist genau das die Beleidigung. Sonst müssten sie ja erkennen, dass auch für sie die Flucht möglich wäre – wenn sie nur wollten.«[433]

Nur ohne eigene Stimme lassen sich Opfer ganz einfach für die verschiedensten Zwecke einsetzen. Im Falle der selbsternannten Retter dazu, das beste Licht auf sie selbst zu werfen. Dass sie damit die Opfer ein zweites Mal viktimisieren, darüber sprechen diese Besserwisser im Gewand der »Gerechten« nicht gerne. Und die Medien spielen bei diesem Spiel natürlich mit. Natascha Kampusch streckte ihnen den kleinen Finger entgegen. Sie nahmen nicht nur die ganze Hand, sondern die ganze Person.

»Die Medien«, zitiert der Justizexperte Florian Klenk die Opferanwältin der Familie Fritzl, »haben ähnliche Verhaltensmuster wie Sexualstraftäter. Sie umschleichen ihr Opfer, schwärmen ihm etwas vor, versuchen es in eine Falle zu locken. Und wenn sie seiner nicht habhaft werden können, schlagen sie unerbittlich zu. Sie glauben, das Opfer gehöre ihnen.« Nach dem Willen von Kampuschs Beratern sollten die Medien eine »Schutzhand« über das traumatisierte Mädchen halten. »Doch sie wurden zur Faust, die aus der Frau das letzte intime Geheimnis herauspresste.«[434]

Dem Drehbuch des zwei Jahre vor dem Start des Kinofilms verstorbenen Bernd Eichinger machte Kampusch dann das Zugeständnis, mehrfach Vergewaltigungsszenen zu zeigen, was sie im Interview mit ARD-Talker Günther Jauch am 17. Februar 2013 zur Premiere von *3096 Tage* damit begründete, dass ihre Vernehmungsprotokolle entgegen dem Opferschutz in Österreich ohnehin dem Parlament zugänglich gemacht worden und auch an die Presse gelangt seien. Hat das Opfer, das nie eines sein wollte, damit vor den Medien kapituliert, indem es ihnen ein Opfer gebracht hat, um präsent zu bleiben? Darüber lässt sich wohl nur spekulieren.

Wo Opfer sind, muss ein Schuldiger gefunden werden. Wo der Schuldige sich das Leben genommen und damit der Rechenschaft entzogen hat, wie im Falle des Selbstmords des Peinigers von Natascha Kampusch Wolfgang Priklopil, kommt die Öffentlichkeit nicht zur Ruhe. Der Selbstmord des Täters ersparte Kampusch die Aussage in einem Gerichtsprozess, was aber nicht allen behagte, vornehmlich älteren Herren, die das Opfer noch Jahre später gerne als Zeugin in die Mangel nehmen wollten, obwohl die Suche nach Mittätern keine Ergebnisse gebracht hatte.

Ein »überbordender Opferschutz«, monierte der ehemalige Höchstgerichtspräsident Ludwig Adamovich, behindere im Fall Kampusch die Erforschung der materiellen Wahrheit und könne weitere Opfer produzieren.[435] Derselbe 78-jährige Herr hatte sich sogar zu der Vermutung hinreißen lassen, dass die Zeit ihrer Gefangenschaft »allemal besser« gewesen sei »als das, was sie davor erlebt hat« – und wurde nach einer Klage von Kampuschs Mutter auf Rufschädigung freigesprochen.[436]

Im Herbst 2012 wurde sogar das FBI eingeschaltet, um die Ermittlungen zu überprüfen und womöglich doch noch Mittäter zu finden. Denn bei den Ermittlungen hatte es unverzeihliche Pannen gegeben, die schon 2006 entdeckt, aber aus

Wahlkampfgründen erst 2008 bekannt geworden waren. Die Behörden, die das Kind eigentlich hätten retten sollen und sogar können, wären sie einem Hinweis sechs Wochen nach der Entführung genauer nachgegangen, hatten versagt – und taten sich schwer mit diesem Image.

DER HASS AUF DAS OPFER

Womit alle zusammen – die Behörden, die Medien und ihre Konsumenten – im Falle Natascha Kampusch nicht umgehen konnten, das war die Vereinigung von einem traumatisierten und dennoch selbstbewussten Menschen in einem Opfer, das bei seiner Entführung noch ein Kind gewesen war. Einmal mehr verwirren sich die Begriffe. Einmal mehr tut es not, sie auseinanderzuhalten. Das konnte Natascha Kampusch von Anfang an besser als so mancher selbsternannte Retter.

Dass sie nicht in den Begriffen von passivem Opfer und grundbösem Täter dachte, wurde prompt gegen sie ausgelegt. »Man wollte von mir nicht hören, dass es kein absolutes Böses gibt, kein klares Schwarz und Weiß. (...) Sobald ich begann, ein differenzierteres Bild vom Täter zu zeichnen, verdrehte man die Augen und sah weg. Es berührt die Menschen unangenehm, wenn ihre Kategorien von Gut und Böse ins Wanken geraten und die damit konfrontiert werden, dass auch das personifizierte Böse ein menschliches Antlitz hat. (...) Ich habe mit meinen Äußerungen einen wunden Punkt getroffen und mit meinen Versuchen, dem Menschen hinter der Fassade des Peinigers und Saubermannes nachzuspüren, Unverständnis geerntet«, schreibt Kampusch und spricht von Neid, Missgunst und Hass, die ihr entgegenschlugen.[437]

»Hass auf das Opfer«, heißt auch eine luzide Analyse der Co-Autorin der Kampusch-Autobiografie Corinna Milborn, erschienen sechs Jahre nach der Befreiung (*News*, 18. Oktober 2012), die so viele Tatsachen der unseligen Opfer-Täter-

Schwarzweißmalerei nicht nur seitens der Medien, sondern auch von Teilen der Justiz auf den Punkt bringt, dass sie es verdient, hier ausführlich zitiert zu werden.

»Eine berechnende Lügnerin, die Verbrecher deckt und Geld aus ihrem Schicksal schlägt, das sie noch dazu selbst eingefädelt habe: So sieht der ungehemmte Online-Stammtisch Natascha Kampusch. Und leider ist es genau diese Haltung, die bei den Politikern und alten Herren durchzuhören ist, die nun zum wiederholten Male den Fall neu aufrollen wollen. (...) Aber woher kommen die Zweifel und der kaum verhohlene Hass auf das Opfer?

Eine Erklärung liefert die Theorie vom Glauben an die gerechte Welt. Danach haben Menschen das Bedürfnis, dass jeder bekommt, was er verdient, und verdient, was er bekommt. Wird einem Menschen Unrecht getan, bemüht man sich zunächst, Gerechtigkeit herzustellen: Auch Natascha Kampusch wurde in den ersten Wochen nach ihrer Befreiung mit Mitgefühl überschüttet. Ist das Unrecht aber zu groß, wendet sich das Unbehagen gegen die Opfer: Sie müssen selbst etwas getan haben, um es zu verdienen.

Man kennt das Muster vom Umgang mit den Opfern des Nationalsozialismus. Es mag erklären, warum man Kampusch partout die Schuld in die Schuhe schieben will, wenn schon nicht am Verbrechen (selbst das geschieht), so jedenfalls daran, dass vermeintliche weitere Täter nicht gefasst werden. Offenbar können die selbsternannten Aufklärer und Ermittler die plausibelste Variante nicht wahrhaben: dass ein durchschnittlicher, unauffälliger Mann von nebenan jahrelang ein Kind in seinen Keller gesperrt und grausam ausgebeutet hat. Der Täter einer von uns? Undenkbar. Denn würde man das zu Ende denken, müsste man das Geschlechterverhältnis allgemein infrage stellen.

Ein Indiz dafür ist die Verve, mit der Priklopil als lupenreine Bestie dargestellt wird. (...) Doch Priklopil entspricht dem Kli-

schee nicht, er genügt nicht als Projektionsfläche. Es gibt daher ein tiefes Bedürfnis, die Täter noch böser zu machen: Zumindest ein Pornoring oder noch lieber eine Verschwörung bis in höchste Kreise von Politik, Polizei und Justiz muss dahinterstehen. So kann man das Böse von sich wegschieben, auf den Fall Kampusch projizieren und dabei im eigenen, inneren Keller wegsperren, um sich nicht weiter damit beschäftigen zu müssen.«

Es sei wichtig, meint Milborn, die Ermittlungsfehler aufzuklären und nach weiteren Tätern zu suchen. Doch es müsse Schluss damit sein, das Opfer selbst in Zweifel zu ziehen. »Wer sie jetzt noch mit längst widerlegten Anschuldigungen anfeindet, macht sie erneut zum Opfer und sich selbst zum Mittäter.« Ein halbes Jahr später, im April 2013, wurde der Bericht eines internationalen Ermittlerteams vorgelegt, aus dem hervorgeht, dass es keine Hinweise auf Mittäter gibt – dass damit die Suche der Öffentlichkeit nach Schuldigen, deren sie noch habhaft werden kann, beendet ist, darf allerdings bezweifelt werden.

OPFER IM NETZ:
VON DER SOLIDARITÄT ZUM SHITSTORM

In den Medien hat die Hatz einen Namen – den Namen der Journalisten, die die Artikel oder Beiträge verantworten. Im Internet ist das nicht unbedingt der Fall. Und diese Möglichkeit zur Anonymität fördert meistens nicht das Beste im Menschen zutage. Zumindest sinken die Hemmschwellen, wenn man die Reaktion des Opfers nicht sinnlich erlebt.

Das Internet ist der vorrangige Platz von Hetze und Belästigung geworden, von Stalking im Chatroom bis zum Shitstorm. Im Fall Kachelmann standen hier – im Gegensatz zu den Medien, die sich großteils auf die Seite des angeblichen Opfers schlugen – von Anfang an beide Parteien am Pranger. »Möchtegernkläger formulieren Hassbotschaften zuhauf, (...) Möchtegernverteidiger bekunden Solidarität mit dem einen oder mit der anderen.« Im Netz ging es »undifferenziert zu und ruppig wie kaum je zuvor bei einem deutschen Strafrechtsfall«, resümiert Thomas Knellwolf.[438]

Twitter, YouTube und Facebook, die Foren der Selbstdarsteller, sind zum Forum für Solidaritätsbezeugungen geworden, die eine dunkle Rückseite haben: die Verurteilung der Täter, die dann genüsslich mit einem »Shitstorm« überzogen werden – oder auch den umgekehrten Weg gehen können, wie die mittellose US-Pensionistin Karen Klein erfuhr, die im Juni 2012 als Begleiterin eines Schulbusses von Halbwüchsigen beschimpft und gedemütigt wurde und binnen Kürze zum Star des Internets aufstieg: Nicht einmal 24 Stunden nach der Veröffentlichung hatten 1,7 Millionen Menschen das Video auf YouTube gesehen und hunderttausende Dollar für sie gespendet.

Meistens schlägt die viel beschworene Schwarmintelligenz aber in primitiven Herdeninstinkt um und kulminiert in klassischen Sündenbockprozessen, die von der allmächtigen, da konkurrenzlosen Suchmaschine Google flugs institutionalisiert werden. Google beteiligt sich damit maßgeblich an der Verbreitung von Gerüchten und Klatsch, einer nicht immer harmlosen Form des Sündenbockmechanismus. So etwa gegen die Gattin des zurückgetretenen Bundespräsidenten Bettina Wulf. Gab man im Herbst 2012 die ersten zwei Buchstaben ihres Namens ein, erschien schon der volle Name und der Begriff »Prostituierte« unter den möglichen Suchbegriffen. Wulff klagte und wehrte sich damit gegen die kursierenden Gerüchte, sie habe vor ihrer Ehe als solche gearbeitet. Zunächst erfolglos. Google löschte acht von über 3000 Suchergebnissen, aber nicht die Autovervollständigung. Mai 2013 entschied der Oberste Gerichtshof, dass Suchmaschinen Wortkombinationen aus ihrer automatischen Vervollständigung streichen müssen, wenn sie erfahren, dass diese Persönlichkeitsrechte verletzen. Wie schnell das in der Praxis dann auch umgesetzt werden kann, muss sich noch weisen.[439]

Eine traurige Wendung nahm die Lust der Menschen an der Verfolgung unter dem Deckmantel der anonymen Masse – und hinter dem Computerbildschirm – 2012 in Kanada. Dort nahm sich die 15-jährige Amanda Todd das Leben. Sie hatte bei einem Chat einem fremden Mann auf seine Bitte hin ein Foto ihrer Brüste geschickt, dieser schickte es an ihre Schule und lud es auf Facebook hoch. »Merkst du, dass dich hier niemand mag«, wurde Amanda von ihren Mitschülern gemobbt. Sie weinte, trank, wechselte die Schule – aber sie wusste, dem Bild im Internet würde sie nie mehr entkommen. Vor ihrem Selbstmord stellte sie eine Videobotschaft auf YouTube, die binnen zwei Wochen von 2,7 Millionen Menschen angeklickt wurde, eine Million Menschen unterstützt die in ihrem Namen gegründete Internetseite. Amanda Todd gilt seitdem als Symbolfigur für den Kampf gegen das wachsende Problem des Cybermobbing.

2009 wurden Wiener Jugendliche gefragt, ob schon einmal etwas Falsches und Beleidigendes über sie ins Internet gestellt worden sei – 23 Prozent, also fast ein Viertel sagte Ja. Die Frage, ob sie andere kannten, die auf diese Weise fertiggemacht würden, bejahten sogar 40 Prozent. »Man kann aber nicht sagen, Facebook ist schuld«, meint dazu Natalia Wächter, Jugendforscherin am Institut für Höhere Studien in Wien in einem Interview (*Die Presse*, 25. Oktober 2012). »Mobbing passierte früher auch, aber soziale Medien wie Facebook eignen sich dafür besonders gut.«

Verfolgung im Internet findet oft unter dem Schutz der Täter durch die Anonymität statt, mit einer nie dagewesenen Reichweite. Das Internet vergisst nicht, und gerade Jugendliche scheuen sich oft, darüber zu sprechen. Cybermobbing stellt in Österreich und Deutschland immer noch keinen eigenen Straftatbestand dar. Das ist nicht gut. Besonders weil es zu einem Wiederaufleben des Gedankens von Selbstjustiz und, noch schlimmer, Justiz durch selbsternannte Retter im Namen von Opfern führt, die darum nie gebeten haben. So suchte etwa das Hackerkollektiv Anonymous die Peiniger von Amanda Todd per Onlinevideo und veröffentlichte Namen und Adresse eines von ihnen Verdächtigten.

So sollte Rechtsprechung im 21. Jahrhundert nicht aussehen.

MENSCHENFLEISCHSUCHE – ODER: DAS ENDE DER KONTROLLE

Waren bis vor kurzem noch Professionelle, Journalisten und Medienmitarbeiter, als Gatekeeper vor den Skandal gestellt, so kann heute jeder einen Skandal lancieren. Und niemand darf mehr sicher sein, unbemerkt zu bleiben. Die neuen Opfer im Internet sind keine Prominenten, sondern gänzlich Unschuldige, zufällige Passanten, Menschen, die nie um Aufmerksamkeit gebeten haben, Medientölpel, die sich durch Unwissenheit oder einen falschen Mausklick einem Massenpublikum ausliefern.

Bernhard Pörksen und Hanne Detel stellen in *Der entfesselte Skandal. Das Ende der Kontrolle im Zeitalter der digitalen Medien* die Frage, wie die traditionellen Medien, die diese Internetskandale analysieren und damit oft noch verstärken, mit den neuen Opfern umgehen sollen, ohne ihnen erneut zu schaden – und kommen dabei zu keinem befriedigenden Schluss.

Denn der neue Skandal lässt sich schon aufgrund der schieren Zahl seiner Akteure nicht mehr kontrollieren. Und er hat keine Ablaufzeit – das Internet vergisst bekanntlich nicht. »Das digitale Zeitalter hat seine eigene Schönheit und seinen eigenen Schrecken«, schreiben Pörksen/Detel. »Es besitzt eine eigene Strahlkraft und eine besondere Brutalität.«[440] Das einst bloß rezeptive Publikum ist hier zum Handelnden aufgestiegen, zur »publizistischen Großmacht«[441]. Und braucht dazu keine professionelle Ausrüstung mehr, sondern nur ein Smartphone mit Kamera und Internetzugang. Diese »radikale Demokratisierung« verleiht Einzelnen eine bis dahin unbekannte Macht – vielleicht ist es deswegen so verlockend, sie einzusetzen.

Pörksen/Detel führen eine Reihe von exemplarischen Fällen vor: von Marc Drudge, der auf seiner Internetseite als Erster den Lewinsky-Skandal veröffentlichte, bevor er bestätigt war, und damit beinahe den amerikanischen Präsidenten Bill Clinton zu Fall brachte, über den studentischen Blogger, der im Sommer 2010 maßgeblich dazu beitrug, den deutschen Bundespräsidenten Horst Köhler über unbedachte Äußerungen zum Afghanistan-Einsatz stürzen zu lassen, bis zu Julian Assange, den Wikileaks-Gründer, der vom Jäger zum Gejagten wurde.

In diesen Fällen kann man noch klar ein Worumwillen, einen politischen und moralischen Kontext erkennen. Im Falle einer jungen Chinesin, die via YouTube die Opfer eines Erdbebens beschimpfte, weil sie sie indirekt daran hinderten, ihr Lieblingscomputerspiel zu spielen, und dann selbst zum Opfer eines rachsüchtigen Cybermobs wurde, wird die Geschichte schon verwirrender. »Renrou Sousuo« heißt in China Menschenfleischsuche und meint die »auf dem Prinzip des Crowdsourcing beruhende Detektivarbeit des Cybermobs«[442], der sich neuer Medien bedient, um uralten Gefühlen Ausdruck zu verleihen, bei denen nicht selten der Tod des Opfers gefordert wird. Und bei denen das Ausmaß der Strafe in keinem akzeptablen Verhältnis mehr zur Schwere des Vergehens steht.

SKANDALSUCHT UND WERTEDEBATTE

Eigentlich stellt der Skandal eine Art und Weise dar, sich über Werte zu verständigen – besonders in Gesellschaften, in denen diese Werte nicht ein für alle Mal festgeschrieben sind, kann er sogar ein Hauptwerkzeug dieser Verständigung darstellen. Denn meistens ist es leichter zu wissen, was man nicht will, als zu wissen, was man will, ist es leichter zu sagen, was man schlecht findet, als zu definieren, was gut ist.

Im »Moment der kollektiven Empörung«, meinen auch Pörksen/Detel, »probt die Allgemeinheit das große moralische Gespräch und erklärt sich, welche Werte gelten oder doch gelten sollten«, wird eine Einheit fingiert, eine kollektive Moral, »in der Abgrenzung und dem gemeinsamen Zorn auf das, was sie als schlecht und böse erkannt hat«[443]. Aber solange auf dem Altar der moralischen Gefühle, auf die sich die Masse einigen kann und hinter denen allzu oft doch nur Ressentiments – der gute alte Neid, die gute alte Schadenfreude stecken –, noch Menschen geopfert werden, fällt es schwer, diesem Prozess etwas Gutes abzugewinnen.

In einer Gesellschaft, wo jeder mit einem Überwachungsapparat – dem Handy mit Kamerafunktion – ausgerüstet ist, kippt die Tugend- und Normenkontrolle allzu schnell in Menschenjagd, die Justiz in Selbstjustiz und die angebliche Analyse des Geschehens seitens der traditionellen Medien in einen Skandal zweiter Ordnung, der den Skandal zum Skandal erklärt und sich gleichzeitig davon ernährt.[444]

Auch und gerade im entfesselten Skandal ist nicht immer klar und ein für alle Male festgeschrieben, wer die Täter und wer die Opfer sind. Denn er bietet neue Möglichkeiten zu Täterschaft und Opfertum, die sich aufgrund ihrer Virtualität, die trotzdem so grausame Auswirkungen zeitigt, noch schwerer auseinanderhalten lassen als im »wirklichen« Leben. So etwa mutieren vermeintliche oder tatsächliche Opfer im Internet, also unter dem Schutz der Anonymität, gerne zu Tätern, indem sie sich rächen – wie jener junge Mann, der im Jahr 2005 über eBay einen defekten Laptop erstand, dessen Verkäufer zunächst nicht mehr auffindbar war, und den er dann mit einer sogenannten »Prangerwebsite« genüsslich zu zerstören versuchte.[445]

Auch und gerade im Internetskandal bleibt die Unschuldsvermutung nur allzu oft außen vor, ersetzt der Verdacht den Schuldbeweis. Im entfesselten Skandal können die Täter im nächsten Augenblick zum Opfer werden. »Wer eben noch als

Skandalisierer in Erscheinung trat, ist eventuell mit einem Mal selbst Opfer eines Skandals.«[446] Was natürlich nicht heißen soll, dass aus dem Internet nicht auch Gutes entstehen kann.

»Wessen Geschichte zählt?«, fragen Pörksen/Detel zum Schluss ihrer Analyse. »Die des von einem Cybermob ruinierten Opfers oder die Geschichte des arabischen Frühlings, die Twitter, Facebook und den Möglichkeiten der effektiven Schwarmbildung so entscheidende Anstöße verdankt?«[447] Diese Frage wird sich wohl nie endgültig beantworten lassen.

7.
KÖNIGSMORD, TERRORANSCHLÄGE UND HELDENDÄMMERUNG

Der Mythos hat eine »eigenartige Wahlverwandtschaft mit politischen Ideologien. Indem er erklärt, rechtfertigt er auch – den Vertrag, das Gesetz, die Herrschaft«, schreibt Wolfgang Skofsky in *Traktat über die Gewalt*.[448] Und auch Claude Lévi-Strauss bemerkt: »Nichts ähnelt dem mythischen Denken mehr als die politische Ideologie. In unseren heutigen Gesellschaften hat diese möglicherweise nur jenes ersetzt.«[449]

Politische Ideologien brauchen Opfer. Entweder produzieren sie welche, oder sie stilisieren sich selbst dazu – auch wenn das Wort Opfer in ihnen nicht vorkommt, außer wenn sie sich bemühen, archaische Gesellschaften zu analysieren.[450] Wie kommt es, dass das Opfer gleichzeitig Persona non grata der Theorie und das Zentrum der öffentlichen Debatte darstellt? Denn in den Medien, den Nachrichtensendungen, Talkshows, Zeitungsartikeln und Informationsforen, dreht sich alles um das Opfer, wobei freilich selten hinterfragt wird, was ein Opfer überhaupt ist.

In den Begründungen für politische Handlungen verschmelzen die Begriffe Opfer und Täter nur allzu leicht, denn nicht selten wird die Notwendigkeit einer kriegerischen Auseinandersetzung damit begründet, dass man Opfer geworden ist, etwa Opfer der Friedensverträge eines vorangegangenen Krieges, womit nicht nur der Erste, sondern auch der Zweite Weltkrieg von deutscher Seite legitimiert wurden. Diese unheilvolle Dichotomie betrifft dann nicht mehr Menschen, sondern Länder – und generiert so nebenbei einen formidablen Feind. Man wurde ja »nur« zum Täter, *weil* man vorher ein Opfer war! Schließlich wird man sich wohl noch wehren dürfen!

Falls es die politische Einteilung zwischen links und rechts noch gibt, könnte man sagen: Die Rechten rufen nach Gesetz, Ordnung und Sanktionen, zugespitzt formuliert nach Gewalt, wenn notwendig auch mit Opfern. Die Linken hingegen fordern Gleichheit und Rechte, denn sie sehen überall Opfer. Dahinter könnte man außer einem empfindlichen moralischen Sinn auch Neid und Begehren vermuten.[451]

Von politisch korrekten Liebhabern der Schwarzweißmalerei wird die Weltkarte gerne in Opferländer und Täterländer eingeteilt, wobei zu den Täterländern der gesamte Westen, also »wir« gehören, die sich mit christlichem Selbstgeißelungsimpetus auf die Brust schlagen. Und dann natürlich alle Diktatoren und Despoten – die aber wiederum gerne auch als Opfer von »uns«, als bloße Marionetten oder Nachfolger von Imperialismus und Kolonialismus gesehen werden, also nicht als selbst verantwortlich für das, was sie tun.

Und dann gibt es noch die Nie-wieder-Täter-Länder – Deutschland und, bedingt, auch Österreich – und die Nie-wieder-Opfer-Länder – allen voran Israel, das von den Nachkommen der Nazis mit latent schlechtem Gewissen gerne als Täterland gebrandmarkt wird, mitsamt den unerquicklichen gegenseitigen Beschuldigungen, die erst Anfang 2013 wieder in einer Debatte zwischen dem *Freitag*-Verleger Jakob Augstein und Günter Grass versus Henryk Broder kulminierten. Der Übergang zwischen Israelkritik und Antisemitismus ist bekanntlich fließend, trotzdem scheint es im Kampf um dieses Minenfeld oft mehr um moralische Überhebung und Rechthaben zu gehen als um wirkliche Inhalte.

Auch in TV-Debatten über die heimische Politik tummeln sich die Begriffe »Opfer« und »Täter« und deren anhängliche Verwandte wie »Rache«, »Kesseltreiben«, »Hinrichtung« und »Sündenbock« – exemplarisch etwa in Frank Plasbergs »Hart, aber fair« vom 4. Juni 2012 (ARD) zum Thema: »Wie hart darf

Politik sein?«. Buchtitel wie *Opfer der Macht. Müssen Politiker ehrlich sein?*[452] deuten auf den Zusammenhang zwischen Politik und Opfern hin. Wobei je nach Blickrichtung entweder die Bürger als Opfer der Politik oder die Politiker als Opfer der Medien – und damit auch ihrer Konsumenten, also der Bürger – gesehen werden.

DER GEOPFERTE KÖNIG UND DIE POLITIK

Um Letzteres zu verstehen, lohnt es sich, einen, Blick auf die so bizarr wie grausam anmutende Institution des Sakralkönigtums im historischen Afrika zwischen dem pharaonischen Ägypten und Swasiland zu werfen, wie sie René Girard in *Das Heilige und die Gewalt* beschreibt.[453]

In diesem komplexen System, das verschiedenste Ausformungen kennt, stellt der König den zukünftigen Geopferten dar, das heißt den Ersatz des versöhnenden Opfers. Er wird gezwungen, verschiedenste Verbote zu übertreten, von Inzest bis zum Verzehr verbotener Speisen und der Einnahme von Drogen. Auf diese Weise wird er unrein, sodass seine zukünftige Opferung gerechtfertigt erscheint. »Der König regiert nur kraft seines künftigen Todes; er ist nichts anderes als ein Opfer, das seiner Opferung, ein zum Tode Verurteilter, der seiner Hinrichtung harrt.«[454] In den Opferzeremonien wurde er gedemütigt und beschimpft und, oft zusammen mit Opfertieren, schlussendlich ermordet.

»Um einen Sakralkönig herzustellen, wähle man ein intelligentes und autoritäres Opfer aus. Statt es unverzüglich zu opfern, zögere man seine Opferung hinaus und lasse es im Nährboden mimetischer Rivalitäten schmoren. Dank der religiösen Autorität, die ihm seine zukünftige Opferung verleiht, wird es ihm gelingen, nicht etwa eine noch inexistente Macht zu ›ergreifen‹, sondern sie wortwörtlich zu schmieden. Die Verehrung, die ihm aufgrund seiner künftigen Opferung dargebracht wird, verwandelt sich allmählich in eine ›politische‹ Macht.«[455] Klingt das nicht verdächtig nach dem, was wir mit unseren Politikern tun, von Theodor zu Guttenberg über Horst Köhler bis zu Christian Wulff oder zum österreichischen Ex-finanzminister Karl-Heinz Grasser? Zuerst verehrt wie ein junger Gott und dann, wenn er es im politischen Machtkampf nach oben geschafft hat, (virtuell) gesteinigt und (in realiter) gesellschaftlich vernichtet? Geschieht das nicht immer öfter? Je mehr ein Politiker verehrt wurde, desto mehr Lust scheint es der Meute zu bereiten, ihn zu vernichten.

Nicht nur in der künstlich begrenzten Amtszeit der Politiker bis zur nächsten Wahl, die ja vor allem eine Möglichkeit zur Abwahl darstellt, sondern auch im Wahlkampf als einem Scheingefecht verfeindeter Brüder und in der Verve, mit der Politiker von den Medien verfolgt, und dem Genuss, mit dem sie »hingerichtet« werden, könnte man einen Nachhall von diesem archaischen Ritus vermuten, in dem der König und der Sündenbock, der *tyrannos* und der *pharmakos*, das Gift und das Heilmittel, Opfer und Herr des rituellen Spiels, tatsächlich noch eins waren.

Einen Nachhall des Sakralkönigtums sieht Girard übrigens auch in König Ödipus, dem bekanntlich Inzest mit seiner Mutter vorgeworfen wird. Anders als bei Sophokles, wo der klumpfüßige Herrscher dieses Sexualtabu wirklich gebrochen hat und sich dafür selbst bestraft, und bei Sigmund Freud, wo Ödipus zumindest vom Inzestwunsch beseelt ist und von seinem eigenen schlechten Gewissen verfolgt wird, sieht Girard auch Ödipus als unschuldig an wie jeden Sündenbock. Und wie in jedem Mythos verwandelt sich auch Ödipus, wenn nicht in einen Gott, so doch zumindest in einen Heilsbringer, »eine Maschine, die die sterile und ansteckende Gewalt in positive kulturelle Werte umwandelt«. Diesen wundersamen Prozess vergleicht Girard mit »jenen meist am Rande der großen Städte gelegenen Fabriken (...), die dazu dienen, die Haushaltsabfälle in Düngemittel für die Landwirtschaft umzuwandeln«.[456]

Auch im germanischen Sakralkönigtum wurden dem Herrscher übrigens magische, wundertätige Kräfte zugeschrieben. Und ein Echo davon schwingt in jeder Art von Führerkult mit, von Diktatoren bis zu charismatischen Parteiführern, von denen gerne die »Erlösung« erwartet wird – sei das ein Rechtspopulist wie der verstorbene Jörg Haider in Österreich oder der amerikanische Präsidentschaftskandidat von 2008 Barack Obama mit seinem mitreißenden Slogan »Yes, we can«. Da ein Mensch einen anderen bekanntlich nie erlösen kann, folgt die Enttäuschung, sobald der Heilsbringer an die Macht gelangt ist, natürlich auf dem Fuß – und ließ auch bei Obama nicht lange auf sich warten.

Heute scheint das Morden der »Könige« – seien es Politiker oder »nur« Prominente – vor allem psychohygienische Gründe zu haben. Und glücklicherweise findet es kaum mehr einmütig statt. »Die modernen Gesellschaften scheinen der zyklischen Rückkehr zur Gewalt entronnen zu sein. Macht und Ohnmacht fluktuieren in ihnen, an die Stelle der rituellen Bluttat sind Zyklen von Renommeegewinn und -verlust getreten«, analysierte Ingeborg Harms diesen Wandel in der *Zeit* (2. August 2012). Trotzdem kultivieren auch wir unsere Könige und gehen mit ihnen »nicht viel besser als einst die Gabuner in Afrika um«. Denn noch immer werden »Leitfiguren aufgrund plötzlicher Verfehlungen vom Thron gestürzt«, wobei die Geschwindigkeit, wie auch Harms bemerkt, mit der Heilsbringer in Sündenböcke verwandelt werden, kontinuierlich steigt.

Nur der Amokläufer, der Massenmörder, sei gegen die Macht der Medien gefeit. »Er hat kein Image zu verlieren, er ist der monströse Leviathan, der sich das Naturrecht des Werwolfs zu eigen macht. Damit beweist er das Potenzial zum Souverän, das in jedem steckt. Der Massenmörder hat die Ambivalenz und Unheimlichkeit der Könige geerbt. Mit seiner Tat bestätigt er einen Vertrag, der vor allen Verträgen liegt: dass sich Töten auf Getötetwerden reimt.« Wobei hier hinzugefügt werden muss: In der Gestalt des Selbstmordattentäters wird ihm dann doch mehr Furcht als Achtung entgegengebracht. Und diese Furcht kann der Hersteller von Opfern im Namen eines unerbittlichen Gottes nur mithilfe der Medien verbreiten.

DER TERROR UND DIE MEDIEN

Natürlich ist der religiös begründete Terrorismus islamischer Prägung nicht der einzige, der die Produktion von Opfern dazu benutzt, auf seine Anliegen aufmerksam zu machen. Mark Juergensmeyer stellt in seinem Buch *Terror im Namen Gottes* jedenfalls fest, dass gewalttätige Bilder und Vorstellungen kein Monopol einer bestimmten Religion sind, sondern vielmehr allen Religionen eine revolutionäre Dimension innewohnt[457] – und bekanntlich benutzen ihn auch rechts- oder linksradikale Gewalttäter, Rassisten, Nationalisten, Separatisten etc. Da der islamistische den derzeit virulentesten Terror darstellt und zudem global agiert, vermag er als Beispiel für den Zusammenhang zwischen Terrorismus und der Ökonomie der Medien zu dienen.

Es ist schon bemerkenswert: Obwohl Terrorismus nur einen Bruchteil der Opfer von Verkehr, Hunger und Kriegen produziert, steht er im Zentrum der medialen Aufmerksamkeit. Er hat sich bewusst in dieses Zentrum gebombt, und ohne diese Möglichkeit, Furore zu machen, hätte er vermutlich eine ganz andere Ausprägung, viel mehr noch, es steht zur Frage, ob es ihn in einer vergleichbaren Weise überhaupt geben würde. Terroranschläge sind Inszenierungen von Gewalt und symbolische, theatralische Machtdemonstrationen. »Terrorismus ohne schockierte Zeugen gliche einem Theater ohne Zuschauer«, konstatiert Juergensmeyer.[458]

Je mehr Opfer, desto besser, und je unschuldiger, desto besser, lautet die eiskalte Devise dieses Geschäfts, denn umso größer fällt die Empörung aus und umso mehr Menschen werden von der Angst infiziert, selbst Opfer dieser mitleidslosen Rechnung zu werden. Auch Selbstmordattentäter stilisieren sich gerne zu Opfern, die für die gerechte Sache zu Tätern wurden, zu Märtyrern, die »nur« ihre Ehre und ihren Glauben verteidigen.[459] Sie wissen sich moralisch gerechtfertigt und sichern sich in einem perfiden Kalkül gleichzeitig selbst für die Ewigkeit einen Platz im Paradies – und ihrem Anliegen breite Aufmerksamkeit in den weltweiten Medien. Die Opfer, die sie dabei produzieren, stellen nicht nur einen »Kollateralschaden«, sondern einen bewussten Einsatz im Geschäft mit der Aufmerksamkeit dar.

Aber auch der politische Islam, der von der Produktion von Opfern absieht, also die Interessenvertreter islamischer Migranten in Europa oder den USA, hat die Zeichen der Zeit erkannt und setzt sich zumindest gegenüber westlichen Medien und Behörden immer öfter als Opfer in Szene. Solange das Gegenüber mit einem schlechten Gewissen reagiert, funktioniert diese Rolle auch tadellos. Und klarerweise wird dabei auch auf den Trumpf, die »Holocaust-Karte«, nicht verzichtet: »Die Moslems sind die neuen Juden Europas«, zitiert Klemens Ludwig in seinem Buch *Die Opferrolle. Der Islam und seine Inszenierung* den Leiter des Zentrums für Türkeistudien in Essen Faruk Sen aus dem Sommer 2008.[460]

DIE ERNIEDRIGTEN UND
DIE ÜBERHEBLICHEN

»Wer sich selbst als Opfer sieht, kann sich jeder Verantwortung und kritischen Selbstreflexion entziehen. Insofern ist der Opfernimbus, den die islamisch geprägte Welt gerne für sich beansprucht, nicht zuletzt ein Ausdruck dafür, dass der kritische Umgang mit der eigenen historischen Rolle sehr unterentwickelt ist«, meint Ludwig. »Wer sich jedoch häufig einbildet, Opfer zu sein, ist irgendwann davon überzeugt. Und Opfer zu sein hat Vorteile, insbesondere dann, wenn sich das Leiden in Grenzen hält.«[461] Ludwig stört an dieser Inszenierung besonders, dass der Opferstatus von Muslimen dazu benutzt wird, Rechte und Privilegien einzufordern sowie politische Ziele durchzusetzen, die religiösen Minderheiten in keinem Staat der islamischen Welt gewährleistet werden, nämlich die Gleichbehandlung mit der Mehrheitsreligion und die Möglichkeit, seinen Glauben abzulegen bzw. zu wechseln.[462]

Der Holocaust kann allerdings nicht als einzige Erklärung dafür herhalten, warum solche Forderungen und Vorwürfe seit dem Zweiten Weltkrieg auf immer fruchtbareren Boden fallen. Neben der blanken Angst vor der gewalttätigen Reaktion des Gegenübers lässt sich aus der defensiven, um politische Korrektheit bemühten Haltung der deutschsprachigen Öffentlichkeit auch ein gewisser Genuss an der Selbstanklage inklusive einer Portion Überheblichkeit ablesen. Nach dem Argumentationsmuster: »Während ›wir‹ noch nach Jahrhunderten für jede Barbarei während der Kreuzzüge und des Kolonialismus verantwortlich sind, haben Muslime mit all den zeitgenössischen Barbareien, die von ihren strenggläubigen Glaubensbrüdern begangen werden, nichts zu tun. Ein Rassist dagegen ist, wer die Frage nach den Ursachen von Terror und Orthodoxie auch mit innerislamischen Gründen beantwortet statt mit Imperialismus, Kolonialismus und Kreuzzügen.«[463]

Und schon hätten Opfer und Täter wieder die Position gewechselt. »Wir«, die Täter, wenn auch nur die Nachkommen der ehemaligen Imperialisten und Kolonialisten, behalten das Heft in der Hand, und die anderen bleiben nicht nur Opfer, sondern werden auch noch in dieser Rolle festgeschrieben – eine nicht nur arrogante, sondern auch feige und in manchen Situationen an Zynismus grenzende Haltung. Als im September 2012 tausende Moslems auf der ganzen Welt wegen eines Mohammed-Videos auf YouTube demonstrierten, das schon seit Monaten online gewesen war und das wahrscheinlich nur ein Bruchteil von jenen gesehen hatte, die nun die Fäuste schüttelten, Fahnen verbrannten und sogar Menschen zu Tode brachten, sprach etwa Claus Kleber im »heute«-Journal von

»Radikalen auf beiden Seiten«, die er für die Eskalation der Lage verantwortlich machte. Als ob einen Film zu drehen dasselbe wäre wie Menschen zu töten, weil andere einen Film gedreht haben.

»Der Infantilismus der Demonstranten, die untereinander mit Handys kommunizieren, ansonsten aber in der steinigen Welt des siebten Jahrhunderts leben, färbt auf deren Versteher ab«, wetterte Henryk M. Broder gewohnt polemisch in der *Welt* (17. September 2012). Die Kommentatoren kritisierten einhellig die Qualität des Films wie anno dazumal die Qualität von Salman Rushdies *Die satanischen Verse* oder 2005 die Mohammed-Karikaturen in den *Jyllands-Posten*, als ob der Protest etwas mit der Qualität der jeweiligen Werke zu tun gehabt hätte.

»Nimmt jemand an, die Söhne Allahs würden begeistert Beifall klatschen, wenn es nicht ›ein dummdreister‹ und ›handwerklich billiger‹ Film wäre, sondern ein Meisterwerk von Pasolini oder Tarantino?«, fragte Broder und ätzte weiter: »Die Demonstranten agieren wie Kinder, die sich ihrer Macht bewusst sind. Sie wissen, dass niemand es wagen wird, sich ihnen in den Weg zu stellen. Mehr noch: dass sich genug Erwachsene finden werden, die Verständnis für ihr schlechtes Benehmen äußern.« Und die Opfer der Demonstrationen? Über die redet derweil niemand mehr.

Broder erwähnt in diesem Zusammenhang Ulrich Seidels Film *Paradies: Glaube*, der bei den Filmfestspielen von Venedig 2012 mit dem Spezialpreis der Jury ausgezeichnet wurde, obwohl dort eine Krankenschwester mit einem Kruzifix masturbiert. »Man braucht nicht viel Phantasie, um sich vorzustellen, wie die Reaktionen in der muslimischen Welt ausgefallen wären, wenn Anna Maria nicht ein Kruzifix, sondern einen den Muslimen heiligen Gegenstand dafür benutzt hätte. Keine Jury der Welt hätte es gewagt, einen solchen Film auch nur ins Programm zu nehmen.« Es stimmt schon: Wer mit zweierlei Maß misst, erhebt sich über den anderen, dessen Schonung nur die eigene moralische Überlegenheit demonstrieren soll. Broder empfiehlt zur Heilung dieser Krankheit übrigens einen Besuch »in einer Oase der Vernunft, dem arabischen Sender al-Dschasira, der meldete, dass sich immer mehr Syrer wunderten, dass sich die islamische Welt mehr über ein Video echauffiere als über das zeitgleiche Blutbad des Regimes an der eigenen Bevölkerung in ihrem Land.»Liebe Muslime«, schrieb ein Leser, »unser Prophet wäre über die Morde, die Assad in Syrien begeht, viel mehr beleidigt als über irgendeinen respektlosen Film.«

Manchmal wird, wenn von Opfern die Rede ist, eben nicht nur mit zweierlei Maß gemessen, sondern geht das Maß überhaupt verloren. Drei Tage nach dem Artikel von Broder war in der *Zeit* ein Interview mit dem Autor von *Die satanischen Verse* Salman Rushdie zu lesen, dessen Verdammung durch den iranischen Revolutionsführer Ajatollah Chomeini im Februar 1989, dem Aufruf zur Fatwa, das heißt zu seiner Tötung, später als Auftakt einer Zeitenwende verstanden werden würde, die auch zum 11. September führte.

Dort kritisiert Rushdie, der lange Jahre im Untergrund verbrachte, das »Gerede von Verletztsein« als »Quatsch«: »Keiner hat das Recht, verletzt zu sein. Wäre Verletztsein ein Argument, wäre ›Harry Potter‹ in Amerika verboten, weil einige Leute finden, dass es Hexerei unterstützt.« Rushdie wird ein paar Seiten weiter von der gläubigen Muslimin Seyran Ates flankiert, die zu bedenken gibt, dass Kritik und Beleidigtsein in keinem direkten kausalen Zusammenhang stehen: »Wenn ich jemandem erlaube, mich zu beleidigen, nehme ich ihn ernst und gebe ihm Macht. Dass Beleidigungen ausgesprochen werden, heißt noch lange nicht, dass ich mich getroffen fühle.« Und vermutet, dass das umstrittene Video nicht nur dazu benutzt würde, um zu beleidigen, sondern auch, um demonstrativ beleidigt zu sein (*Die Zeit*, 20. September 2012).

MENSCHENRECHTE – ODER:
DER ARROGANTE RETTER

»Alle Menschen sind frei und gleich an Würde und Rechten geboren.« Mit diesem Satz beginnt die Allgemeine Erklärung der Menschenrechte durch die UN-Generalversammlung vom 10. Dezember 1948, die Grundrechte des Einzelnen gegen den Staat sowie Völkerrechte definiert.

Die Menschenrechte sind so etwas wie ein Heiligtum des 20. Jahrhunderts, auf das wir zu Recht stolz sind. Aber sie bergen Tücken. Das hängt damit zusammen, dass ihre Deklaration maßgeblich durch die Menschenrechtsverletzungen des Zweiten Weltkriegs motiviert waren und der Holocaust auf diese Weise »weltweit zum negativen Bezugsereignis einer sich konstituierenden Weltgemeinschaft« avancierte, wie Ulrike Jureit und Christian Schneider betonen. Und zwar, ohne dass man sich Rechenschaft darüber abgab, »welche Folgen eine solche opferidentifizierte Vergangenheitsdeutung mit sich bringt«.[464]

Auf der internationalen Ebene dominieren die Menschenrechte seitdem die Diskussion über die Opfer. Und das heißt, wie Philosophen wie Slavoj Žižek, Alain Badiou oder Jacques Rancière monieren, vor allem, dass der Rest der Welt vom Westen aus gesehen als Opfer wahrgenommen wird. Auch in der internationalen Politik gilt: Verfolgung ist nur noch im Namen der Opfer gestattet, wobei die Opfer nicht immer gefragt werden, ob sie auch gerettet werden wollen.

Denn jemanden als Opfer anzusehen bedeutet zumeist auch, ihm das Recht auf die eigene Stimme abzusprechen bzw. die Fähigkeit, selbst zu entscheiden, was für ihn gut ist oder wie er leben will. Etwa in einer Diktatur, die dem Westen nicht freundlich gesinnt ist. Oder in einem Gottesstaat, in dem Mann und Frau oder unterschiedliche Bekenntnisse nicht gleichberechtigt sind. Als sich bei den ersten freien Parlamentswahlen Algeriens im Jahr 1991 abzeichnete, dass die Islamische Heilsfront FIS siegen würde, putschte das Militär unter Beifall und Erleichterung des Westens, dem die Durchsetzung von demokratischen Regeln mit einem Mal nicht mehr wichtig genug war. Die FIS wurde verboten, und beim folgenden Bürgerkrieg kamen über 100 000 Menschen ums Leben. Was wäre schlimmer gewesen? Diese Frage ist im Nachhinein schwer zu beantworten.

Mindestens ebenso schwer lässt sich ein anderes Dilemma lösen, das mit »humanitären Interventionen« einhergeht, für die die Menschenrechte gerne als Argument dienen. Wenn man, um Blutvergießen zu vermeiden, ein Land von seinem Diktator befreit wie in Libyen 2011, kommen fast immer Menschen ums Leben. Welche Opfer haben also mehr Recht, gerettet oder gerächt zu werden: die Opfer, die der Diktator auf dem Gewissen gehabt hat oder hätte, oder jene, die als »Kollateralschaden« der Befreiung potenzieller weiterer Opfer ihr Leben lassen müssen? Gemeinhin wird diese Frage mit der Anzahl der Opfer beantwortet. Dabei gehört zu den Menschenrechten, dass diese unveräußerlich sind.

In Bosnien wurde Anfang der 1990er-Jahre lange nicht interveniert und dann so rasch, dass der Bürgerkrieg beendet werden konnte. Gegen den Völkermord in Ruanda 1994 tat niemand etwas – mit dem Ergebnis von einer Million Toten. Im Kosovo wurde 1999 interveniert, mit fragwürdigem Ergebnis. Soll man also eingreifen, obwohl man nicht genau wissen kann, ob das Ergebnis positiv oder negativ ausfallen wird? Und wie kann man herausfinden, ob die potenziellen Opfer auch auf diese Weise gerettet werden wollen?

Die Frage, ob man gegen die Bösen kämpfen soll, damit sie nicht noch mehr Schaden anrichten, wobei man unweigerlich Schuld auf sich lädt, indem man in Kauf nimmt, dass dabei Unschuldige zu Tode kommen, stellt bereits die Kernfrage der über 2000 Jahre alten *Bhagavad Gita* dar. Hier wird sie übrigens bejaht – mit dem Hinweis, dass man nicht *nicht* handeln kann und dass es, wenn man handelt, auf die *Motivation* hinter der Tat ankommt. Womöglich ist das auch im Zusammenhang mit dem Opferbegriff von Interesse. Denn nicht immer geben sich die Akteure, die angeblichen Opfern zu Hilfe eilen, Rechenschaft über die Motivation, die hinter diesem Rettungseifer steckt. Oder darüber, wie weit sie warum zu gehen bereit sind.

Philosophen wie Alain Badiou und Jacques Rancière, beide der linken Tradition entstammend, kritisieren den Begriff des Opfers im Zusammenhang mit den Menschenrechten als unpolitisch. Eine Ethik, die sich Menschenrechten und humanitären Akten unterordnet, definiere den Menschen bloß als Opfer, meint Badiou, und inszeniere dann sogar militärische Feldzüge im Namen der Menschenrechte.[465] Auf diese Weise werde Politik dem mitfühlenden und empörten Urteil des Zuschauers untergeordnet und jene, die man zu retten vorgibt, entmündigt, auf ihren Körper und ihre Sterblichkeit reduziert.

»Wer sieht nicht, dass in den humanitären Expeditionen, den Einmischungen, den karitativen Landungstruppen das angenommene universelle Subjekt gespalten ist? Auf der Seite der Opfer ist es das verstörte Tier, das man auf dem Bildschirm zeigt. Auf der Seite des Wohltäters sind es das Gewissen und der Imperativ. (…) Nun, jede Intervention im Namen der Zivilisation erheischt eine vorgängige Verachtung für die ganze Situation, einschließlich der Opfer.«[466] Für Badiou ein »frommer Diskurs ohne Frömmigkeit, ein seelischer Zuschuss für unfähige Regierungen, für kulturelle Soziologie, die wegen der Bedürfnisse des Predigens den verstorbenen Klassenkampf ersetzt«, aber wirkliche Verschiedenheit nicht akzeptiert, weil sie die Weisheit mit Löffeln gefressen hat.

»Werde wie ich, und ich werde deine Verschiedenheit respektieren«, lautet die Devise dieser überheblichen, selbstgerechten und larmoyanten Haltung.[467] Allerdings sollte hier nicht unerwähnt bleiben, dass Badiou (geb. 1937) seinen kommunistischen Jugendüberzeugungen demonstrativ die Treue hält, ohne die Millionen Opfer des Maoismus oder Stalinismus in Rechnung zu stellen. Was anderes kann das bedeuten, als dass er sie für gerechtfertigt hält? Sind Opfer im Namen einer Ideologie besser als im Namen von Mitleid und Gefühlen? Wohl kaum.

Aber wo Mitleid in Bevormundung kippt, müssen sich die selbsternannten Gerechten schon die Frage gefallen lassen, warum sie glauben, das Recht zur Entscheidung über das Leben und den Wert anderer zu besitzen.

Auch nach Jacques Rancière stellen die Menschenrechte lediglich das Recht des Opfers, des Hilflosen dar, dem von außen geholfen werden muss, eine »pathetische Gestalt«, deren Menschlichkeit verneint wird und deren Rechte eine selbsternannte (Welt-)Polizei übernimmt.[468] Täter und Opfer, Monster und Gott sind für ihn keine politischen Kategorien, sondern gehören zur »ethischen Wende«, nach der politischer Streit durch die »Globalität des Opfers«, »die Bestimmung eines Sinns der Welt und der Gemeinschaft der Menschlichkeit ausgehend von der Gestalt des Opfers«, ersetzt wurde.[469]

In seinen Überlegungen zum *11. September und danach* folgert Rancière mit Bezug auf die Politik von George W. Bush nach den Anschlägen auf das Word Trade Center: »Die Grenzenlosigkeit des dem Opfer zugefügten Unrechts rechtfertigt die Grenzenlosigkeit des Rechts seines Verteidigers.«[470] Im Januar 2002 setzte Bush den Begriff der »Achse des Bösen« (damit waren Nordkorea, der Iran und Irak gemeint) in die Welt, der nicht nur die Lokalisierung und Bewertung der »Täter« verabsolutierte und in diese kurzerhand Länder einbezog, in denen es gar keinen islamistischen Terrorismus gibt, nämlich Nordkorea, sondern damit auch die »Güte« der eigenen Position voraussetzte. Rancière konstatiert in diesem Zusammenhang eine Umwandlung der politischen Gemeinschaft in eine ethische auf Basis der Behauptung des Rechts des Anderen (d.h. des Opfers), das einen Zug zur Verabsolutierung trägt durch die Postulierung eines Rechts über allem Recht, des absoluten Rechts des Opfers. Mit diesem werden dann philosophisch die Interventionsarmeen und die gezielte Tötung begründet oder der Ausnahmezustand, ein endloser Krieg gegen den Terror oder unendliche sogenannte Sicherheitsmaßnahmen, bei denen bekanntlich jedes Mal Rechte verloren gehen.[471]

MACHT UND MASOCHISMUS

Diese Entpolitisierung zeigt sich für Rancière auch in der Kunst. War Brechts *Heilige Johanna der Schlachthöfe* (geschrieben 1929/30, uraufgeführt 1959) für ihn noch eine Fabel der Politik, die die Unmöglichkeit der Vermittlung zwischen Tatsache und Recht, Sein und Sein-Sollen aufzeigte, verweisen die Peinigungen und die Ausbeutung, denen das Opfer Grace in Lars von Triers Film *Dogville* (2003) ausgeliefert ist, »auf keinen anderen Grund als auf sich selbst«.

Grace, die sich auf der Flucht vor Gangstern in Dogville versteckt und Opfer der moralischen Experimente eines Möchtegernschriftstellers wird, »ist nicht mehr die gute Seele, die durch die Unwissenheit über die Gründe des Bösen irregeleitet ist. Sie ist einfach die Fremde, die Ausgeschlossene, die in der Gemeinschaft aufgenommen werden möchte und die von ihr geknechtet und dann hinausgeworfen wird. Ihre Desillusionierung und ihre Leidenschaft beziehen sich auf kein Herrschaftssystem mehr, das es zu verstehen und zu zerstören gälte.«[472]

Was Rancière bei dieser Kritik unter den Tisch fallen lässt, ist das Ende des Films, das die gesamte Bedeutung des Geschehenen umdreht: Das vermeintliche Opfer Grace, das von der kleinen Gemeinschaft des Dorfes Dogville ausgebeutet, missbraucht und vergewaltigt wird, entpuppt sich hier nämlich als Täterin, die mit ihrer gefühlten moralischen Überlegenheit und missionarischem Eifer in ihren Peinigern selbst nur Opfer sieht – und ihr Opfersein dazu benutzt, manipulativ Macht auszuüben.

Der dänische Regisseur Lars von Trier (geb. 1956), Enfant terrible der zeitgenössischen Filmwelt, hat der unheilvollen Verstrickung zwischen Opfern und Tätern sein künstlerisches Schaffen gewidmet. Zu dessen Höhepunkten gehört der Dialog am Ende des preisgekrönten Films, in dem Grace, gespielt von Nicole Kidman, und ihr Vater, verkörpert von James Caan, sich einen Disput über Opfer und Täter, Macht und Verantwortung liefern. Nachdem der Gangsterboss seiner scheinheiligen Tochter Grace Arroganz vorgeworfen hat, weil sie die bitteren Lebensumstände ihrer Peiniger als Entschuldigung anführt und an sich selbst höhere moralische Ansprüche stellt – und damit ihre Peiniger zu Opfern macht –, entschließt sich die anscheinende Duldnerin, sich doch zu wehren oder vielmehr zu rächen. Und lässt den ganzen Ort niedermetzeln.

Teil zwei der noch unvollendeten Trilogie, *Manderlay* (2005), handelt von einer Gruppe von Menschen, die so leben, als sei die Sklaverei noch nicht abgeschafft, und den perversen Spielen von Macht und Manipulation, freiwilliger Unterwerfung und den Lasten der Freiheit. Auch hier schwingt sich Grace (gespielt von Bryce Dallas Howard) quasi zur Entwicklungshelferin auf und hält so die Opfer in ihrem Status fest – eine Täterin, deren Begehren nach Aufopferung ihrer selbst, nach Rettung der anderen, nach Selbstanklage und Selbstüberhebung die zwielichtige Seite von Hilfe und Beistand repräsentiert.

»Es gibt auch den ›Masochismus‹ des Sich-Opferns, der gerade deshalb so viel über sich selbst aussagt, weil er sich dessen nicht bewusst ist und es auch nicht sein will; er könnte durchaus das Begehren verschleiern, sich zu sakralisieren und sich zu vergöttlichen – ein Begehren, das offensichtlich stets in der direkten Fortsetzung der alten Opferillusion verortet ist«, heißt es in René Girards *Das Ende der Gewalt*.[473]

Hier lässt sich an Bertold Brechts Drama *Der gute Mensch von Sezuan* denken (uraufgeführt 1943), in dem die gute Shen Te in die Haut des bösen Vetters Shui Ta schlüpfen muss, um ihr Kind zu retten, also das Böse tun, obwohl sie das Gute zum Ziel hat. Gut gemeint ist das Gegenteil von gut, sagt eine Volksweisheit.

Dass man mit dem Willen zum Guten nicht unbedingt auch das Gute erreicht, demonstrieren zahlreiche Fehlschläge der Entwicklungshilfe, etwa das zu trauriger Berühmtheit gelangte Projekt in Bangladesch, wo die Gewinnung von Trinkwasser seit der Unabhängigkeit 1971 mithilfe der UNICEF von Oberflächenwasser auf Grundwasser umgestellt wurde, um Krankheiten zu bekämpfen. Die Auswirkung dieser so harmlos anmutenden »guten Tat« hatte niemand intendiert oder erwartet: ein folgenschwerer Chemie-Gau und die größte Massenvergiftung der Geschichte. Denn das Brunnenwasser enthielt zwar keine Choleraerreger mehr, aber exorbitant hohe Anteile Arsen, weswegen es alte Leute auch stets »Wasser des Teufels« genannt hatten.[474]

KULTUR DES BEISTANDS – ODER: HILFE ZUM TODE

Wir lieben die Opfer, denen wir spenden, weil sie uns erhöhen. Und prominente Schauspieler sind für diese Wertsteigerung ihrer selbst bereit, Millionen auszugeben. Sei es, dass sie simpel Geld überweisen oder, wie die Hollywood-Schauspieler Angelina Jolie und Brad Pitt, Kinder aus Entwicklungsländern adoptieren oder, wie Bob Geldorf, Popkonzerte zugunsten eines guten Zwecks organisieren. Wenn aber der eigentliche Zweck in der Steigerung des eigenen Marktwerts liegt und die Mittel die Ausnutzung des Elends anderer eben dazu darstellen, wird das Ganze schnell fraglich.

An die Stelle des archaischen Opfers seien heute Gabe und Sponsoring getreten, analysieren Herfried Münkler und Karsten Fischer den Zusammenhang zwischen Opfern und Spenden. Handlungsleitend sei dabei aber nicht mehr die »Identifikation des Opfernden mit dem superioren Empfänger der Gabe«, also Gott, sondern die Investitionsmöglichkeit in die eigene Aktie. »Spende und Sponsoring sind Ausgaben, die mit Blick auf profane steuerliche Abschreibungsmöglichkeiten, *publicity* usw. getätigt werden *können*.«[475]

Spenden geben uns aber nicht nur das Gefühl, ein guter Mensch zu sein, sondern auch, doch etwas ausrichten zu können gegen das Elend der Welt, sei es menschengemacht oder naturgegeben. Sie erleichtern das schlechte Gewissen, es besser erwischt zu haben oder womöglich selbst Urheber des Elends zu sein, wie im Falle der Spenden für Entwicklungsländer, die »ohne uns« ja nicht können und, wie gerne weiter argumentiert wird, nur wegen der Kolonialisierung durch den Westen so tief nach unten gerutscht sind. Also sind wir es sowohl uns als auch ihnen schuldig, das durch Entwicklungshilfe wiedergutzumachen.

Dambisa Moyo ist da anderer Meinung. *Dead Aid. Warum Entwicklungshilfe nicht funktioniert und was Afrika besser machen kann* heißt ihr viel beachtetes Buch, das in den USA und Großbritannien eine hitzige Debatte auslöste, mehrere Wochen auf der Bestsellerliste der *New York Times* stand und vom *Sunday Herald* zum Buch des Jahres 2009 gewählt wurde. Das *Time Magazine* nominierte Moyo im gleichen Jahr unter die 100 einflussreichsten Personen der Welt. Ihre Hauptforderung, die staatliche Entwicklungshilfe für Afrika binnen weniger Jahre auf null zu stellen, wurde allerdings nirgends in Angriff genommen.

Die in Sambia geborene Ökonomin Moyo, die Karriere bei der Weltbank und Goldman Sachs machte, kritisiert die »Kultur des Beistands«, die von der Popkultur mit Events wie jenem von Bob Geldorf organisierten »Live Aid«-Konzert vom 13. Juli 1985 zu einem Teil der Unterhaltungsindustrie gemacht wurde. »Die Vorstellung, Entwicklungshilfe könne systemische Armut mindern und habe dies bereits getan«, wird von Moyo als Mythos entlarvt. Denn: »Entwicklungshilfe hat dazu beigetragen, dass die Armen noch ärmer wurden und dass sich das Wachstum verlangsamte.«[476] Trotzdem werde an ihr als »Herzstück der Entwicklungspolitik und eine der größten Ideen unserer Zeiten« festgehalten. Das Problem dabei sei, dass Afrika damit in Abhängigkeit und in »einer Art Kinderstadium«, schlimmer noch, in der Position eines Drogensüchtigen gehalten werde.[477]

Wobei angemerkt werden muss, dass Moyo sich in ihrer Analyse ausschließlich auf kontinuierliche staatliche Entwicklungshilfe ohne Gegenleistungsforderungen konzentriert und nicht auf Katastrophenhilfe und karitative Organisationen. »Hat man sich einmal im ethischen Diskus verfangen, gibt es keine politische Lösung mehr«, kritisiert auch sie den Primat einer falsch verstandenen Ethik vor der Politik.[478] »Entwicklungshilfe ist bösartig. Sie ist nicht Teil der Lösung, sondern Teil des Problems. Sie *ist* das Problem.«[479] Trotz solch drastischer Formulierungen ist die Botschaft des Bestsellers nicht im Bewusstsein der Öffentlichkeit angekommen.

In eine ähnliche Kerbe schlug übrigens schon Pascal Bruckner in seiner Polemik *Der Schuldkomplex* (dt. 2008), wenn er von einem »Paternalismus des schlechten Gewissens« sprach[480]. »Die ganze Paradoxie des ernüchterten Europas besteht darin, dass es genauso arrogant ist wie das einstige imperiale Europa, da es seine Kategorien weiterhin auf den Rest der Welt projiziert und sich auf kindische Weise rühmt, für alle Leiden der Menschheit verantwortlich zu sein.« Daraus folgerte er: »Im westlichen Selbsthass gibt es keinen Platz für den Anderen. Er ist eine rein narzisstische Beziehung, in der Afrikaner, Inder und Araber nur die Statistenrolle bei der unaufhörlichen Abrechnung mit uns selbst spielen.«[481] Für Bruckner passen das Suhlen im Opferstatus, Arroganz und Selbsthass übrigens hervorragend zusammen.

Diese Gefühlsmischung gibt offenbar vielen Zeitgenossen eine fragwürdige Befriedigung, hilfreich ist eine solche Haltung allerdings für niemanden. Denn sie kann eines immer besonders gut: Nebel werfen und die eigentlichen Gründe für das Eingreifen verschleiern. Deswegen sollten wir uns gut überlegen, ob sie überhaupt hilfreich ist bei der Lösung von Problemen, von Missbrauch über Umweltprobleme bis hin zu kriegerischen Interventionen.

Wie in jedem Lebensbereich, in dem die Begriffe Opfer und Täter auf den Plan gerufen werden, schimmert auch hier der religiöse Aspekt durch. »Den Opfern von Katastrophen werden Opfer in Gestalt von Spenden entgegengestellt – Opfern wird durch Opfer geholfen. Indem auf unverschuldete Einbußen mit freiwilligem Verzicht geantwortet wird, erhält sich in dieser Reaktion etwas von dem alten und aktiven Opferverständnis«, resümieren Münkler/Fischer.[482]

HELDEN, SOLDATEN UND DAS RESTRISIKO

Heute will jeder Opfer sein, aber niemand will mehr etwas opfern. Warum das so ist, stellte eine der Ausgangsfragen dieses Buches dar. Noch vor hundert Jahren konnte man, wenn man sich opferte, zum Helden werden. Das ist zumindest in unserer Gesellschaft nicht mehr attraktiv. Und auch gar nicht mehr möglich, meint der Politikwissenschaftler Herfried Münkler, denn wir leben in einer postheroischen Gesellschaft – England und Frankreich schon seit Ende des Ersten Weltkriegs, Deutschland erst seit Ende des Zweiten Weltkriegs.[483]

Postheroische Gesellschaften sind nicht notwendigerweise pazifistisch, sie können von der Notwendigkeit von Gewaltanwendung sogar überzeugt sein. Und sie sind auch nicht gleichzusetzen mit unheroischen Gesellschaften, denn in ihnen ist die Erinnerung an die fragwürdigen Folgen des Heroismus schmerzhaft präsent. »Postheroische Gesellschaften sind durchaus bereit, sich auf militärische Pazifizierungsprojekte einzulassen wie Bosnien, das Kosovo oder Afghanistan. Aber sie sind darauf angewiesen, dass die Verluste in sehr engen Grenzen bleiben. Dagegen achten sie weniger auf die materiellen Kosten. Sie sind knapp an Opferbereitschaft, aber reich an Geld, das sie gern als Kompensation einsetzen.«

Deswegen kann in ihnen auch nicht mehr so wie früher an die Opferbereitschaft der Soldaten appelliert werden. Und Soldaten werden nicht mehr für den Einsatz ihres Lebens, sondern für ihre Leistungen ausgezeichnet. Unsere postheroischen Gesellschaften sind »religiös erkaltet«, wie Münkler in einem Interview mit *Der Freitag* (8. April 2013) formulierte. Und auch die politische Religion, etwa der Nationalismus, stünde nicht mehr als Opfergenerator zur Verfügung. »Das Opfer ist nicht mehr ein Wert an sich, sondern nur noch ein Restrisiko. Es ist von der religiösen Sphäre zur sozialstatistischen der Risikoabschätzung gewandert.«

Soldaten gehen mit ihrem Beruf Risiken ein, so wie auch andere Berufe, etwa Fensterputzer. Aber Fensterputzer werden nicht gezielt getötet, vor allem nicht, um den politischen Willen eines ganzen Landes zu brechen. In Bezug auf den Afghanistan-Einsatz 2008 warnte Münkler deswegen vor einer Resakralisierung des Opferbegriffs, der damals wiederzubeleben versucht wurde, allerdings unter bewusster Vermeidung des Begriffs »Krieg«.[484]

»Unter diesen Umständen ist es eine kurzfristige taktische Aushilfe, wenn man sich auf semantische Manöver verlässt, den Kriegsbegriff meidet, aber die Opfersemantik zulässt. Wer in dieser Situation nicht in der Lage ist, sakrifizielle Antworten zu geben, also erklären kann, wofür das Opfer erbracht wurde und warum es politisch sinnvoll ist, hat die Auseinandersetzung schon verloren.« Dabei hat sich die postheroische Gesellschaft doppelt zu rechtfertigen bzw. steckt in einer Zwickmühle. Denn wenn bei »humanitären Einsätzen«, die eigentlich kriegerische Handlungen darstellen, kein schweres militärisches Gerät eingesetzt wird, steigt die Zahl der toten Soldaten. Und wenn es eingesetzt wird, die Zahl der dabei unschuldig ums Leben gekommenen Zivilisten, die ebenfalls über die Medien und besonders die Fernsehbildschirme ihre Wirkung zeitigen.[485]

Gerade dadurch sind postheroische Gesellschaften verwundbar. Das wissen Attentäter aller Couleurs und setzen ihren Trumpf munter ein: die Opferung anderer – seien es Soldaten oder Zivilisten – im Namen ihrer (vermeintlich oder wirklich) guten Sache. Attentäter zielen, so Münkler, bewusst auf diese »Schwachstelle«, das schlechte Gewissen und die mangelnde Opferbereitschaft, kurz, die »labile Psyche« unserer Gesellschaft. »Die Soldaten werden getötet, um uns zu treffen.«[486]

Das ist nur möglich, weil die Medien davon berichten – und stellt somit eine Schattenseite der freien Berichterstattung, um nicht zu sagen der offenen Gesellschaft dar. Je mehr wir uns auf die Seite der Opfer stellen und unsere Empathie schulen und je weniger wir die Opfer religiös begreifen, desto verwundbarer werden wir. Aber das ist vielleicht auch gut so.

8.
GUT IST, WER SCHWACH IST?
WAS KÖNNEN WIR TUN?

Warum gibt es immer noch Opfer und wird es weiter Opfer geben? Weil es funktioniert. Wir schaffen sie selbst. Auch wenn es hierzulande zumeist keinen Prozess mit tödlichem Ausgang mehr darstellt. Opfer entlasten von Spannungen – auch wenn diese »Erlösung« nur kurze Zeit andauern mag. Opfer vereinen – die Täter, die Zuschauer und die selbsternannten Retter. Ein angenehmes, heute immer wohlfeiler zu habendes Gefühl, denn »unsere« Opfer sehen wir meist nur im Fernsehen. Oder wir betrachten sie gewissenschonend als Täter.

Es tut gut, einen Täter gefunden zu haben und ihn beschuldigen zu können. Denn wo es keinen Täter gibt, herrscht oft Verwirrung. Schuldzuweisungen machen Leid, Schmerzen und Chaos verständlich. Sie weisen das Böse von uns weg und sehen es immer anderswo. Sie machen es möglich, seiner eigenen Grausamkeit, seiner Schadenfreude, seinem Neid, seiner Verantwortungslosigkeit, seiner Feigheit und Gier nicht ins Auge sehen zu müssen.

Manche Opfer können wir nicht verhindern. Aber es bleibt ein guter Ansatz, zu versuchen, trotzdem so viele wie möglich zu verhindern. Auch und gerade, wenn uns andere – jene mit einem weniger verwundbaren Gemüt und stärker ausgeprägtem Willen zum Heldentum – dafür verachten. Wenn sie versuchen, diese Verwundbarkeit auszunutzen, sollten wir uns allerdings wehren. So wie die US-Amerikaner es nach dem Anschlag auf den Marathon in Boston am 16. April 2013 mit drei Toten, darunter ein achtjähriger Junge, demonstriert haben. Für die Freiheit lohnt es sich zu kämpfen. Mit Emotionen, aber nicht kopflos. Diskussionsbereit, aber in letzter Konsequenz kompromisslos.

In einer Mediengesellschaft tendiert Terror aber, wie der Anschlag zweier Einzeltäter in London am 23. Mai 2013 gezeigt hat, dazu, sich zu verselbstständigen und aus der Sphäre der politischen Anliegen auf eine Bühne für gestörten Persönlichkeit abzugleiten: durch selbsternannte Rächer, die als Einzeltäter – oft Neuankömmlinge in einer Gesellschaft oder Konvertiten – ein fremdes Leid und einen fremden Zorn, eine vorhandene Ideologie und vorhandene Vorwürfe auf ihre Fahnen heften, wie der britische Terrorexperte Gilbert Ramsey erläutert (*Die Presse*, 24. Mai 2013). Denn auch solche Terroristen – wobei zweifelhaft scheint, dass man ihre Akte noch als Terrorismus bezeichnen kann – sind heute Täter »im Namen der Opfer«. Die Perfidie besteht darin, dass gerade ihre Opfer, also die Opfer von unberechenbaren Einzeltätern, die sich ein Messer oder eine Pistole schnappen und damit auf der Straße wahllos Menschen töten, keine Politik, keine Polizei und kein Geheimdienst verhindern kann. »Ihr werdet nie wieder sicher sein! Auge um Auge, Zahn um Zahn«, sagte einer der London-Attentäter zu einer mutigen Frau, die ihn in ein Gespräch verwickelte, während sie auf die Polizei wartete.

Opfer wird es immer geben, auch und gerade in unserer Mediengesellschaft, die neue Opfer produziert im Namen jener Opfer, die es zu verhindern gilt – und diese dann bisweilen umso genüsslicher verfolgt. Solange die Entsakralisierung des Sozialen noch nicht abgeschlossen ist – und es ist nicht klar, ob sie das in absehbarer Zeit sein kann –, steht zu befürchten, dass wir mit diesem Dilemma konfrontiert sein werden. Bis dahin werden Opfer die »Märtyrer der säkularisierten Gesellschaft« bleiben.[487]

Jürgen Habermas sieht den »normativen Kern« einer Kultur der Aufklärung zu Recht darin, »die Moral des öffentlich zugemuteten sacrificium abzuschaffen«[488]. Eine »allzu plane Aufklärung« kann die Abschaffung der Opfer aber nicht gewährleisten, wie Herfried Münkler und Karsten Fischer betonen, denn die Semantik der Opfer steckt immer noch voller Selbsttäuschung: »Die ›irrationale Rationalität‹ des Opfers verspricht auch heute noch Sinnstiftung und damit politischen Mehrwert, gleich ob ein Opfer tatsächlich vollzogen oder der Realität bloß rhetorisch übergestülpt wird.«[489]

Es steht also zu fürchten, dass wir den Tanz um das goldene Opferkalb nicht so schnell überwinden werden. Nicht im wirklichen Leben und auch nicht in dessen Interpretation. Opferprozesse müssen unbewusst sein, um zu funktionieren. Deswegen ist es so schwer, damit aufzuhören. Vielleicht ist es sogar unmöglich.

Wenn also die archaische Verherrlichung der Opfer nicht mehr infrage kommt, das Ende der Opfer aber unrealistisch ist, was können wir tun? Gibt es eine Möglichkeit, diese Realität anzuerkennen und trotzdem etwas zu ändern? Das letzte Kapitel hat sich zur Aufgabe gemacht, zumindest darüber nachzudenken.

GUT IST, WER SCHWACH IST?

Opfer haben heute mehr Rechte und bekommen mehr Beachtung denn je. Und das nicht mittlerweile auch in Regionen wie Japan, Afrika oder Indien, wo die Gruppenvergewaltigung einer Frau im Jahr 2012 erstmals Massenproteste der Bevölkerung auslöste – so wie seitdem weitere Vergewaltigungen, die vermutlich nichts Neues sind, wohl aber die öffentliche Reaktion darauf. Das ist gut so, und selbstverständlich gibt es in vielerlei Hinsicht noch Verbesserungsmöglichkeiten.

Opfer können heute von Tätern Rechtfertigung verlangen, und das ist ebenfalls gut so. Der Staat springt für die Wiedergutmachung ein, wenn der Täter sie nicht leisten kann. Zumindest in der Theorie. Die Praxis stellt wie immer einen fortlaufenden Prozess bzw. Kampf um Verbesserung dar.

Geschichte wird heute nicht mehr nur von den Siegern geschrieben, sondern auch von den Verlierern – von Verlierern, die inzwischen keine mehr sind, zumindest nicht in puncto Achtung. Der Tätergeschichte wurde die Opferforschung zur Seite gestellt.

Das Opfer als universales Prinzip der menschlichen Kultur ist heute mehr denn je sichtbar: in der Religion, in der Politik, in den zwischenmenschlichen Beziehungen, von Mobbing bis Stalking – und natürlich in den Medien. Um eine Stellungnahme zum Thema Opfer kommt heute niemand mehr herum. »Man kann keinen Standpunkt mehr in irgendeiner Sache vertreten, egal welcher übrigens, ohne damit einen Beitrag zum Kreuzzug gegen Opfer zu leisten«, stellte René Girard für die USA bereits 1997 fest.[490]

In den letzten fünfzehn Jahren hat sich hier nicht viel verändert, außer dass der Opferhype eine immer stärkere Tendenz zur Globalisierung und zur Universalisierung zeigt. Nach den Sklaven, den Frauen, den Homosexuellen, den Transsexuellen, den psychisch Kranken oder Menschen mit körperlicher oder geistiger Behinderung werden zuletzt auch Tiere einbezogen und sollen nach renommierten Gerechtigkeitstheoretikern wie Martha Nussbaum Rechte genießen dürfen, für die militante Tierfreunde bereit sind zu kämpfen, notfalls mit Gewalt. Oder Pflanzen – von denen die Frutarier nur das essen, was diese »freiwillig« hergeben ...

Aber es liegt in der Natur der Sache, dass immer mehr Opfer auftauchen, sobald man einmal angefangen hat, nach ihnen zu suchen – und dass man also nie genug tun kann. Und es bedeutet leider nicht, und das kann nicht oft genug betont werden, dass seitdem nicht mehr verfolgt wird – es hat sich lediglich die Begründung für die Verfolgung geändert, die heute vor allem im Namen der Opfer geschieht und damit oft weitere Opfer produziert.

Die verstärkte Aufmerksamkeit für die Opfer lässt sich verstehen als eine positive Seite des christlichen Erbes. Zu der negativen gehört die damit oft einhergehende Kultur von Vorwürfen, Selbstvorwürfen und einem Hang zu Missionierung und

Inquisition. Verfolger der zweiten Ordnung verstehen keinen Spaß. Wer nicht mitmacht, ist draußen. Wer kritisch den Zeigefinger erhebt, ebenfalls.

»Die Opfer sind immer da, und es sind immer Waffen, die jeder gegen jeden wetzt in der verzweifelten Anstrengung, sich irgendwo – und sei es nur in einer unbestimmten utopischen Zukunft – eine Zone der Unschuld einzurichten, die er allein oder zusammen mit einer erneuerten Menschheit bewohnen wird«, sagt René Girard in *Das Ende der Gewalt*.[491] Aber solange Opfer als Kampfmittel benutzt werden, kommen wir nicht weiter.

Das Paradies hat es vermutlich nie gegeben und wird es nie geben. Wenn die Kultur aus dem Sündenbock entstanden ist, kann der Mensch kein Unschuldslamm gewesen sein und womöglich auch nie mehr eines werden. Dem gilt es ins Auge zu sehen, ohne Verzagtheit oder Fatalismus, sondern mit Realismus, Mut und Kraft. Denn aus Ohnmachtgefühlen und panischen Abwehrhandlungen entsteht selten etwas Gutes.

»Die Schwachen sind die Gefährlichen«, lautet eine provokante Kapitelüberschrift in Götz Alys *Warum die Deutschen? Warum die Juden?* Gefühlte eigene Schwäche schlägt, vor allem in der Gruppe, gerne in demonstrierte Stärke um. Ähnliche Motive lassen sich dort vermuten, wo um sich selbst herum nur noch Schwache gesehen, um nicht zu sagen phantasiert werden. Denn im Angesicht von Schwachen lässt es sich vortrefflich stark fühlen.

»Die Anbetung der Ohnmacht, die Projektion eines masochistischen Triumphs auf das Opfer, hinter der nach Nietzsche auch als Gerechtigkeitsanspruch getarnter Neid und Vergeltungsphantasien schlummern, treibt diese Logik bis zum Umkehrschluss: Gut ist nur, wer schwach ist«, formulieren die Kritiker der Auswüchse der Political Correctness Matthias Dusini und Thomas Edlinger diesen Umstand.

Political Correctness, Multikulturalismus und Werterelativismus – und damit ein Opferbegriff, der die Opfer schwach hält – werden längst nicht mehr nur von der politischen Rechten kritisiert. Dusini/Edlinger berufen sich etwa auf Slavoj Žižek: »Der differenzvernarrte Kulturbegriff, so Žižek, fixiere den Anderen, Schwächeren, Fremden, anstatt ihn zu befreien. Man toleriere ihn nur, solange er gefälligst auch schwächer, anders und fremd bleibe.«[492]

IMMER GUT DRAUF?

Aber nicht nur die Schwachen, sondern auch die vermeintlich Starken können gefährlich werden. Denn die Political Correctness, die überall nur Opfer sieht und sich selbst als deren Retter, hat einen Hang zur Inquisition. Und wenn sie damit niemand anderen drangsaliert, dann immer noch sich selbst.

Der französische Soziologe Alain Ehrenberg interpretierte in seinem erfolgreichen Buch *Das erschöpfte Selbst. Depression und Gesellschaft in der Gegenwart* (dt. 2004) die Depression als Krankheit unserer Zeit. Die Ausbreitung von Depressionen stellt für ihn das Ergebnis der Unfähigkeit dar, mit den neuen Lebensanforderungen umzugehen: mit dem Appell an Eigenverantwortung und Selbstdisziplin, der Disziplin und Gehorsam abgelöst hat, und mit dem Gebot, man selbst zu sein und Erfolg zu haben, das die Verbote ersetzt hat. Depression »ist die unerbittliche Kehrseite des Menschen, der sein eigener Herr ist«.[493]

Der koreanisch-deutsche Philosoph Byung-Chul Han beschreibt eindrücklich, wie in der sogenannten freien Gesellschaft die Selbstausbeutung oft effizienter funktioniert als die Fremdausbeutung, gerade weil sie mit einem Gefühl der Freiheit einhergeht. »Der depressive Mensch ist jenes *animal laborans*, das sich selbst ausbeutet, und zwar freiwillig, ohne Fremdzwänge. Es ist Täter und Opfer zugleich.« Das »Leistungssubjekt« als »Unternehmer seiner selbst« droht an dieser Freiheit zu zerbrechen, weil die ihr innewohnenden Zwangsstrukturen in Gewalt umschlagen – Gewalt gegen sich selbst.[494]

Heute weiß niemand mehr genau, wie er handeln und sein Leben leben »soll«. Und wann es genug ist. Dabei ist jeder dazu angehalten zu wissen, was er »wirklich« will. Mit der Wahl kommt auch die sprichwörtliche Qual. Und die Erschöpfung bis hin zum Burn-out resultiert daraus, jede Minute Entscheidungen treffen zu müssen und für deren Folgen auch noch verantwortlich zu sein.

Dieses Zuviel an Verantwortung für das Gelingen des eigenen Lebens, kombiniert mit dem fortwährenden Appell, glücklich zu sein, stellt auch für Konstantin Ingenkamp die Hauptursache für das zumindest gefühlte Ansteigen der depressiven Erkrankungen dar. Nimmt es da wunder, wenn das Angebot, Opfer zu sein, angenommen wird? Immerhin stellt es eine dankbare »Erklärung« dafür dar, dass man nicht immer gut drauf ist und nicht immer weiß, was man mit sich anfangen soll, kurz: sein Leben nicht im Griff hat.

Wie Ehrenberg hält Ingenkamp die Depression für eine »Volkskrankheit«, bei deren Ausbreitung die Medien eine tragende Rolle gespielt haben. Ehrenberg hat hierzu etwa die Verwendung des Begriffs »Depression« in Frauenzeitschriften seit den 1970er-Jahren untersucht. Aber Ingenkamp geht einen Schritt weiter: Depressionen seien gar nicht gestiegen, nimmt er an, sondern würden durch »Aufklärung« als »Melancholievertreibungsprogramm«[495] erst hervorgerufen oder vielmehr herbeizitiert. Sein Buch trägt deswegen den Untertitel: *Zur Erfindung einer Volkskrankheit.*

Zu dieser »Erfindung« trugen religiöse Positive-Thinking-Bewegungen der USA bei, die das Gut-drauf-Sein predigen und zu einer Pflicht erhoben haben, weswegen mittlerweile auch völlig normales Unwohlsein pathologisiert wird. Ingenkamp interpretiert Depression als die gute alte Melancholie (die ehemalige Krankheit par excellence der außergewöhnlichen Menschen, der Künstler und Denker) *plus* Gleichheit. Depression ist so verstanden die Krankheit des demokratischen Menschen.

Das Opfer ist heute jemand, aber zufrieden ist es nicht. Denn entweder hat ihm jemand Gewalt angetan, ist ihm ein Unglück zugestoßen – oder es gibt noch jemanden, der es »besser« hat, und das bedeutet in diesem Fall immer: besser *gemacht* hat. Das Opfer stellt das Produkt des »Zusammenstoßes der unbegrenzten Möglichkeiten mit dem Unbeherrschbaren« in der zweiten Hälfte des 20. Jahrhunderts dar.

»Das souveräne Individuum ist zugleich depressiv und abhängig«[496], lautet auch die nicht eben aufbauende Diagnose von Ehrenberg. Der moderne, durchtherapierte Mensch will auf nichts mehr verzichten.[497] Aber anders als bei Neurotikern, den Kranken der Disziplinargesellschaft, gelingt es den Depressiven von heute nicht mehr, einen Konflikt auszumachen, geschweige denn, ihn auszutragen. Sie erweisen sich als unfähig, den Preis zu zahlen, den die Freiheit erfordert, und flüchten sich in ein selbst gewähltes Opfertum.[498] Sie beklagen sich ständig über ihr Unvermögen, statt die Grenzen ihrer Möglichkeiten anzuerkennen.[499] Das bedeutet: Psychopharmaka und Drogen statt Konflikte, schöne neue Welt statt Debatten – sowie die Unfähigkeit, sich von außen zu betrachten.

DER MENSCH ALS PATIENT

Wenn man über etwas reden möchte, muss man es erst einmal intersubjektiv nachvollziehbar machen, das heißt: von außen anschauen und dann so darstellen, dass jemand anderes es verstehen kann, der dann die Möglichkeit hat, entweder zuzustimmen oder – mit Gegenargumenten – zu widersprechen. Man nennt es Debatte. Aber über Opfer kann und darf ja nicht gestritten werden, oder? Womöglich liegt darin das Problem: dass immer mehr Opfer ausgemacht werden – bis alle nur noch Opfer sind.

Der »Mensch als Patient« wird von seinen üblichen Verpflichtungen befreit und für seine Krankheit nicht verantwortlich gemacht[500] – und damit zum Opfer schlechthin. Mit wechselnden Begründungen, je nachdem, wen man sich als »Schuldigen« aussucht: die Gesellschaft, das Elternhaus oder gar die Biologie des menschlichen Gehirns: »Depressions-Patienten sehen sich also heute als Opfer einer organischen oder Stoffwechselstörung, vor 40 Jahren dagegen als Menschen, die unbearbeitete Konflikte in der Kindheit erlebten.«[501]

Verstärkt wird dieses gefühlte Opfertum durch die »liebevolle wie innige Symbiose« dieser Krankheit mit den Massenmedien. »Die heutige Gesellschaft macht insofern depressiv, als dass sie ein stark akzeptiertes Identifikationssystem für eine Befindlichkeit anbietet, eben die therapeutische Erzählung der Depression.« Womit wir wieder bei der »Erzählung über die Opfer« angelangt wären, die schon im 2. Kapitel eine Rolle spielte: Denn schon das »Buch der Bücher« unserer Kultur, die Bibel, stellt eine Erzählung *über* das Opfer dar. Opfergeschichten erzählen – das können wir heute offenbar immer noch besonders gut.

Gefährlich wird dieses Tun, wenn Opfertum und Ohnmacht gleichgesetzt werden. Deswegen plädiert Ingenkamp dafür, die Depression, statt sie zu pathologisieren, als Melancholie – dem einstmaligen Inbegriff der kreativen Krankheit – wieder ins Leben einzugemeinden. Das Plädoyer des Philosophen Byung-Chul Han für die heilende, gelassene, nicht isolierende, sondern vereinende und dennoch inspirierende Kraft der Müdigkeit und des Nicht-Tuns, das übrigens von Peter Handkes *Versuch über die Müdigkeit* (1992) inspiriert wurde, weist dabei für ihn in die richtige Richtung.[502]

Erfahrungen der Ohnmacht sind normale menschliche Erfahrungen. Es bringt nichts, sie zu verleugnen, wie die jüngere Geschichte gezeigt hat. Die deutsche Mentalität neigte bekanntlich lange dazu, Schwäche zu negieren. So wurden nach dem Ersten Weltkrieg die sogenannten »Kriegszitterer«, traumatisierte Soldaten, nicht als Opfer wahrgenommen, sondern als »charakterschwache Simulanten« verfolgt. Ziel ihrer Behandlung war nicht die Selbsthilfe, sondern das Ausmerzen dieser Schwäche. Diese »faschistoide Ideologie der Stärke oder der autoritären Charaktere« blieb auch nach Ende des Zweiten Weltkriegs weit verbreitet. Erst in den 1970er- bis 1980er-Jahren setzte sich die Erkenntnis durch, dass Krieg und andere Extremsituationen wie KZ-Haft traumatisierend wirken. Ohne diesen Mentalitätswandel hätte sich die Vorstellung einer Volkskrankheit Depression nicht durchsetzen können.[503]

Ein Zurück zu einem faschistoiden Romantisieren des Starkseins und des Sichopferns kann selbstverständlich nicht das Ziel sein. Es geht vielmehr darum, Gefühle von Schwäche, Ohnmacht und Angst anzuerkennen. Trotzdem täte es heute manchmal not, weniger zu jammern. Und vielleicht wäre es gut, sich ein wenig mehr damit zu beschäftigen, was ist, als mit dem, was sein sollte.

Der Mensch ist kein ideales Wesen, er trägt die Narben seiner biologischen und kulturellen Evolution. Auch die Erde ist kein idealer Ort, aber etwas anderes haben wir nicht. Damit müssen wir leben und mit einer sich ständig verändernden Welt oder vielmehr einer von uns selbst fortwährend veränderten Umwelt immer von neuem lernen umzugehen.

WAS KÖNNEN WIR TUN?

Wir leben in einer postheroischen Gesellschaft, in der es immer weniger Denkmale (für die Helden) und immer mehr Mahnmale (für die Opfer) gibt. Wir wollen so wenig Opfer wie möglich produzieren und lassen uns manchmal trotzdem faszinieren von »Heroen« der Gewalt, die wir heimlich anbeten, seien es Massenmörder oder rücksichtslose Karrieristen, die ihren Platz in den Medien und damit unsere Aufmerksamkeit erobert haben.

Wir wissen oft sehr gut, was wir wollen – aber immer öfter auch gar nicht allzu genau. Das liegt auch daran, dass wir uns oft keine Rechenschaft darüber abgeben, was wir mit den Wörtern meinen, mit denen wir unsere Debatten bestreiten. Und dabei zusehen, wie aus Wörtern Kampfbegriffe werden und ein öffentlicher Diskurs über das Richtige zu einem Schaukampf um Macht und Geltung.

Begriffe wie »Opfer« und »Täter«, die im Spannungsfeld von Psychologie, Soziologie, Religion und Politik liegen, eignen sich dafür besonders gut. Dieses Buch hatte es sich zur Aufgabe gemacht, ein wenig Transparenz in deren dunkle Herkunft und verwirrendes Bedeutungsfeld zu bringen.

Mit diesem Wissen können wir zwar auch so weitermachen wie bisher und dem Karussell der ebenso munteren wie zynischen »Opferproduktion« in den Medien und der öffentlichen Debatte einfach zusehen. Aber vielleicht lohnt es sich, zumindest den Versuch zu starten, es ein wenig anders zu machen. Deswegen seien an dieser Stelle ein paar Folgerungen aus dem Dargelegten in Form von Vorsätzen – vorläufig und notwendigerweise unvollständig – formuliert.

1. **Wir sollten nicht nur unserer eigenen Schwäche, sondern auch unserer Gewalt ins Auge sehen, um mit ihr umgehen zu lernen und sie nicht mehr den Opfern oder den Tätern zuschreiben – und diese damit zu Sündenböcken zu machen.**

»Die Methode ist einfach: Man identifiziere sich mit einem persönlich unbekannten Opfer (bestenfalls einem Kind) oder dessen Hinterbliebenen und erteile sich die Lizenz zur Rache. So kommen mir diese Demonstranten vor, die vor den Wohnungen entlassener Straftäter herumstehen, um den Hals Plakate: ›Keine Menschenrechte für Kinderschänder.‹ Sie sehnen sich nach einem Vorwand, um als Lynchmob tätig werden zu dürfen. In Emden haben wir kürzlich erlebt, was passiert, wenn man sie lässt. Dort schickten sie sich an, die Ermordung eines unschuldigen Verdächtigen ins Werk zu setzen. Oder die Neonazis, die auf ihren Autos ›Todesstrafe für Kinderschänder‹ einfordern: Sie möchten die Lieblingsbeschäftigung ihrer geistigen Vorfahren, das Töten, erst mal im kleinen Rahmen wieder etablieren – auch wenn das gewiss manchem Mitglied der eigenen Szene das Leben kosten würde. Doch es sind nicht nur die Extremisten. Eine reizende alte Dame forderte im RBB-Kulturradio kürzlich am helllichten Tag in wohlgesetzten Worten die öffentliche Hinrichtung von Sexualstraftätern, der Moderator bedankte sich höflich für diese interessante Meinung.« Diese Geschichten beobachtete Hans-Ludwig Kröber, Chef des Instituts für Forensische Psychiatrie der Berliner Charité und einer der gefragtesten Kriminalpsychiater Deutschlands, nachzulesen in seinem Essay »Töten ist menschlich« (*Die Zeit*, 11. Oktober 2012).

Für Gewalt – brutal oder subtil, körperlich oder psychisch – sollten wir keinen Gott, keine Mythen, nicht die Natur, die Biologie oder bestimmte Menschengruppen, etwa junge Männer, verantwortlich machen. Denn Gewalt ist vielleicht nicht wünschenswert, aber menschlich. Und man kann mit ihr nur umgehen, wenn man sich über ihr Wesen im Klaren ist.

Dafür müssen wir zuerst die Frage beantworten: Was ist das überhaupt, ein Täter, und was ist das, ein Opfer? Das ist oft nicht so klar, wie es zunächst scheinen mag. Wenn wir lernen wollen, mit unserer eigenen Gewalt umzugehen, ist es notwendig, nicht nur die rohe körperliche oder Waffengewalt, sondern auch die unsichtbare bzw. psychische Gewalt zu betrachten: In der Viktimisierung von Menschen, die sich sehr wohl noch selbst helfen können, etwa bei kriegerischen Invasionen im Namen der Opfer, die gar keine Gelegenheit bekommen, zu artikulieren, was sie wollen. Bei der Verfolgung der angeblichen oder tatsächlichen Täter im Namen der Opfer. Aber auch bei der impliziten Gewalt von Klatsch und Mobbing. Nur so entgehen wir der Gefahr, nur die Sündenböcke der anderen zu sehen und nicht die eigenen.

»Psychisch normal ist eben nicht nur der aggressionsfreie und stets normgetreue Kleinbürger«, betont Kröber, »mancher

Historiker dürfte erschrecken vor dem, was zur normalen Ausstattung des Menschen gehört.« Nicht nur die Opfer des letzten Weltkriegs, meint der Kriminalpsychiater mit Jahrgang 1951, also sechs Jahre nach dessen Beendigung geboren, sondern auch die Täter »waren Millionen ganz normale Menschen«. Und vermutet, dass uns deshalb so brennend alles interessiert, was mit den Tätern zu tun hat.

»Es ist das tief in uns ruhende Wissen um die Existenz einer – momentan bloß schlummernden – Option auf Gewalt, die uns unwiderruflich zu Opfern oder Tätern werden lassen kann.« Die allgegenwärtige Pathologisierung und Verdammung von Gewalt, meint Kröber, stünde in krassem Gegensatz zu ihrer Verherrlichung in Märchen, klassischer Literatur, Comics, Spielfilmen und Computerspielen. Dass dieser Widerspruch gerade männliche Jugendliche verwirrt, scheint klar. Daraus folgt der nächste Vorschlag:

2. Wir sollten uns darüber Rechenschaft geben, was wir gut finden und was nicht – und nicht in der Erziehung eine andere Sprache sprechen als durch die Medien und damit Heranwachsende mit einem Doublebind verunsichern.

Jede Prügelei an einer Volksschule gilt heute schon als Gewaltproblem und wird nach Möglichkeit gleich wegtherapiert, während etwa Mobbing, wie Mechthild Schäfer und Gabriela Herpell in *Du Opfer! Wenn Kinder Kinder fertigmachen* betonen, immer noch zu wenig Beachtung geschenkt wird.

Kinderbücher werden von unerwünschten Wörtern bereinigt, als ob man damit nicht nur die Vergangenheit, sondern auch die Realität verändern könnte. Aus *Die Abenteuer des Tom Sawyer* wurde der »Nigger«, aus *Pippi Langstrumpf* der »Negerkönig« gestrichen, um niemanden zu verletzen. Das scheint auf den ersten Blick verständlich. Aber es steht zu fürchten, dass dem Räuber Hotzenplotz bald noch seine sieben Pfefferpistolen genommen werden, obwohl er am Ende des Buchs sein Räuberdasein sowieso an den Nagel hängt – und damit den jungen Lesern gar nichts mehr selbst zu denken übrig gelassen wird.»Hier feiert das Kinderbuch als pädagogische Anstalt wieder fröhliche Urständ. Aus ihr wird alles verbannt, was nur ein Quäntchen vom herrschenden Weltbild abweichen könnte. In ihr wird alles verdächtig, was nur irgendwie Kindergemüter irritieren, ihnen ›falsche Begriffe‹ in den Kopf setzen oder vielleicht ihre Gesundheit gefährden könnte. Ein Verlag habe ihr verboten, ein allein auf der Straße gehendes Kind vorkommen zu lassen, erzählte vor einigen Jahren die Kinderbuchautorin Lindsey Gardiner in einem Interview – ebenso wie einen Drachen, der Feuer spuckt und drauf Mäusespeck brät.« So kritisiert Anne-Caterine Simon diese »Modernisierung« (*Die Presse*, 15. Januar 2013). Nach dem Motto: Was nicht sein soll, darüber sollen die Kleinen auch nichts wissen. Nichts über Prügel und Ohrfeigen, nichts über böse Menschen. Erwachsene bräuchten »angesichts unsicherer Zukunftsaussichten, labiler Familienverhältnisse und Gewaltexzessen von Teenagern« das Gefühl, »wenigstens irgendetwas« kontrollieren zu können, vermutet Simon. Und schließt: »Eine Gesellschaft, die Kinderbücher zensiert, misstraut wohl nicht den Kinderbüchern, sondern sich selbst.«

Aber, möchte man ergänzen, Kinder kann und soll man nicht vor der Realität »bewahren«, und noch weniger soll man sie dazu benutzen, sich mittels Herstellung einer idealisierten Kinderwelt selbst vor der Realität zu bewahren. Die Kleinen werden via Computerspiele dann ohnehin mit einer Welt konfrontiert, in der allein die Gewalt zählt und wo getötet werden kann ohne Konsequenzen. Wie sollen sie diese widersprüchlichen Botschaften verstehen?

Hans-Ludwig Kröber sieht übrigens gerade Jungen als Opfer einer Erziehungspolitik, die deren Bedürfnisse nach Mut, Tapferkeit, Loyalität und, ja, einer gewissen Rücksichtslosigkeit verleugnet, anstatt ihnen – Aufgabe jeglicher Kultur – die rohe Gewalt kanalisierende Alternativen anzubieten, etwa durch den sinnvollen Einsatz, das Erproben und Riskieren des eigenen Leibes. Natürlich müsse Gewalt in Schule, Familie und Öffentlichkeit geächtet werden, aber ihre grundsätzliche Anerkennung als Teil der Conditio humana zu leugnen sei »lebensgefährlich«. »Man kann Gewalt nicht durch Anti-Aggressions- oder Empathietraining beseitigen«, mahnt der Mann mit dem gesunden Menschenverstand, der mit zahlreichen Tätern gearbeitet und ihre Entwicklung über Jahre verfolgt hat, also aus Erfahrung spricht. »Man kann sie nur möglichst gut ›einhegen‹, wie die Historiker sagen. In Fesseln legen wie einst die Liliputaner den Gulliver.« Und empfiehlt dazu unter anderem ein derzeit nicht gern gehörtes Mittel: »ein sichtbares, eindeutiges und wirksames Auftreten der Repräsentanten staatlicher Gewalt«, von Polizei und Strafjustiz, also von Instanzen, die manche Vertreter der Political Correctness so gerne als »eigentliche« Täter verunglimpfen, wobei sie sich dem Kindertraum hingeben, dass ohne diese Kontrollinstanzen der Friede auf Erden ausbrechen würde.

Eine ähnliche Warnung vor einem neuen Aggressionstabu, das elementare Emotionen verbietet und wütende Kinder (zu 95 % Jungen!) zu Problemfällen abstempelt und damit stigmatisiert, sprach jüngst Jesper Juul mit seiner Anklageschrift *Aggression. Warum sie für uns und unsere Kinder notwendig ist* aus. »Jede Kultur hat ihre bevorzugten und verbotenen Emotionen, dabei ist nicht unbedingt die geistige Gesundheit normgebend. Das heißt, jede Kultur bringt Opfer und Außenseiter hervor. Das Tabu gegen Aggression durchzieht allmählich immer mehr Kulturen, und die Anzahl von Opfern steigt rapide – insbesondere unter Kindern und Jugendlichen.«[504]

Die von Juul konstatierte neue »Anti-Aggressions-Kultur« wertet aggressiv zu reagieren per se als primitiv und defizitär und erwartet auch von Vierjährigen mit familiären Problemen, sich mit Argumenten verständlich zu machen. Grundlegende Gefühle sind in ihr nicht mehr vorgesehen – außer dem Glücklichsein. Aber wenn Eltern und Pädagogen Kinder und Jugendliche (und damit meistens auch sich selbst) vor jedem Schmerz und jeder Frustration bewahren wollen, berauben sie sie auch elementarer Erfahrungen. Die um sich greifende »neuromantische«, defensive und anämische Sichtweise von Kindern nennt Juul »Gewalt der Freundlichkeit und Korrektheit«[505], denn sie beruht seiner Meinung nach immer noch auf der alten Doppelmoral, die immer den Schwächeren beschuldigt, statt sein eigenes System zu überdenken.

Aber Kinder brauchen keine politisch korrekten Freundlichkeitsmasken, sondern authentisches Feedback, um sich gesund zu entwickeln. Und die Ablehnung von Aggressionen führt nicht zu Gewaltfreiheit, sondern nährt sowohl gewalttätiges wie selbstdestruktives Verhalten. Als Psychologe hat Juul natürlich einen anderen Lösungsansatz als Kröber: die Stärkung von Beziehungen, Dialogfähigkeit und echtem Interesse – und die Anerkennung, dass menschliche Wesen weder gut noch böse, sondern einfach »sind, was sie sind«[506].

Dem kann man nur beipflichten und sagen: Steckt euren Kopf nicht in den Sand, sondern schaut euch um. Und zwar nicht nur im Fernsehen oder im Kino, wo ihr euren *Tatort* oder euren neusten Tarantino, euren Stallone oder Schwarzenegger im Dunkeln flimmern lasst. Sondern auch im Hellen, wo sich erweist, was dieser Doublebind bei den Heranwachsenden anrichtet: Sei keinesfalls gewalttätig! Sei gewalttätig! Der Mensch ist so gut! Der Mensch ist nur böse!

In der Realität gibt es dieses Schwarzweiß leider nicht. Aber es gibt die heimliche Anbetung von Gewalt. Und das ist für Heranwachsende nicht gut. Denn Gewalt wird zwar offiziell abgelehnt, hat aber immer noch Prestige. Das demonstrieren nicht nur Kinohits und Computerspiele, sondern auch der übertriebene Respekt vor der Intelligenz brutaler Massenmörder wie Mohammed Atta oder Anders Breivik.

Breivik habe alles erreicht, was er sich gewünscht habe, monierte Asne Seierstad in der *Zeit* (16. August 2012), denn aus dem ehemaligen Schulversager sei eine große, weltweit berüchtigte

Figur geworden, der in der Haft plane, drei Bücher zu schreiben. »Nehmt ihm den Computer weg, schränkt seinen Briefverkehr ein«, fordert er am Schluss seines Artikels, »lasst ihn allein mit seinen Gedanken. Genau das hat Breivik verdient.«

Als im Juli 2012 ein Amokläufer bei der Premiere des Batman-Films *The Dark Knight Rises* in Aurora, Colorado, zwölf Menschen tötete, forderte der Bruder eines der Opfer, Jordan Ghawi, die Öffentlichkeit dazu auf, sich an die Opfer, nicht an den Täter zu erinnern. Und drang damit bis zu Präsident Barack Obama durch, der in seiner Stellungnahme den Namen des Täters nicht ein einziges Mal nannte und auch an seine Pressestelle eine entsprechende Weisung erließ.

»Es ist der moderne Versuch einer ›damnatio memoriae‹, wie sie schon die Antike kannte«, analysierte die stets hellwache Anne-Catherine Simon (*Die Presse*, 30. Juli 2012). »Als ein Mann namens Herostratos im 4. Jahrhundert v. Chr. den Artemis-Tempel in Ephesos in Brand steckte, um Unsterblichkeit zu erlangen, verbot man, künftig seinen Namen zu nennen. (…) Schon Ende des 19. Jahrhunderts wurde anlässlich des Anschlags auf den US-Präsidenten James H. Garfield kritisiert, dass die ausführlichen Berichte über Attentäter Nachahmer ermutigen könnten. Und in den vergangenen Jahren sind Kriminologen und Gewaltforscher nicht müde geworden zu kritisieren, dass die voyeuristische Fixierung auf den Amokläufer schon das Feld für neue Massaker bereite.«

Ein Herostrat-Gesetz, wie von Science-Fiction-Autor David Brin nach dem Amoklauf bei der Filmpremiere vorgeschlagen, könnte Medien verbieten, die Namen der Täter zu nennen, denn dass sie dabei freiwillig mitmachen werden, scheint dann doch unwahrscheinlich. Man solle auch, schlug Brin weiters vor, eine Namensänderung des Täters als Teil der Strafe andenken. Beide Vorschläge würden ein Umdenken veranlassen, und sie wären nicht weniger schwer umsetzbar, also einklagbar, als andere Rechte in Bezug auf Medien. Daraus folgt der dritte Vorschlag:

3. Wir sollten über die Täter so gut wie möglich schweigen – und ihnen in den Medien nicht auch noch eine Bühne für ihr übersteigertes Ego und ihre krausen Theorien bieten.

Über die Täter lässt sich freilich nicht gänzlich schweigen, aber man muss sie nicht gleich in den Himmel heben, wie das beinahe reflexhaft geschieht bei jeder größeren Untat, von Briefbomber Franz Fuchs bis zu Anders Breivik, durch übertriebene Achtung vor ihrer Intelligenz, durch Erfüllung ihrer perversen Wünsche, einmal dauerhaft im Mittelpunkt in der Weltöffentlichkeit zu stehen und den Preis dafür andere, Unschuldige, zahlen zu lassen. Nicht zuletzt deswegen, weil Amokläufer wie Terroristen, die nach diesem wenn auch unrühmlichen, so doch zumindest für kurze Zeit globalen Ruhm lechzen, so wie alle anderen Menschen auch zur Nachahmung neigen.

Es kann schon sein, dass das Nichtnennen des Namens eines Amokläufers seinen Nimbus sogar vergrößern kann, wie Ingeborg Harms in Bezug auf den Attentäter von Aurora befürchtete.[507] Den meisten Attentätern schafft es aber vermutlich die größere Befriedigung, offiziell genannt und damit »anerkannt« zu werden, als bloß zu wissen, dass sie der ominöse Täter sind, über den alle schreiben. Denn wir leben in einer Mediengesellschaft, in der, ob über öffentliche oder private Kanäle, Zeitungen, Fernsehen oder Social Media, Anerkennung immer mehr in der Münze medialer Aufmerksamkeit bezahlt wird.

Deswegen ist es alles andere als sicher, dass sich die Dynamik der Medien, ihre immer schneller aufeinanderfolgende Inthronisierung und Entthronung von Prominenten, Politikern und Popanzen noch aufhalten lässt. Manchmal macht die Benennung eines Problems aber trotzdem einen Unterschied. Wenn irgendjemand, und sei es nur ein kleines Kind, sagt: Aber der Kaiser ist ja nackt! Denn in diesem Moment können es auch die Mitläufer nicht mehr glauben.

Die Herstellung eines Sündenbocks ist ein gruppendynamischer Prozess, der auf einer Lüge beruht – nämlich jener, dass das Opfer schuldig ist und die Verfolger unschuldig. Er funktioniert nur, wenn alle mitmachen und niemand sich im Klaren über sein eigenes Tun ist. Wenn niemand den ersten Stein wirft oder das erste Wort abschießt, kann dieser Prozess unterbrochen werden. Sich einen Sündenbockmechanismus bewusst zu machen, bedeutet, ihn nicht mehr so einfach ausführen zu können. Daraus folgt der letzte, zusammenfassende Vorschlag:

4. Wir sollten unser Bewusstsein schärfen für Opferprozesse, ihre Motive und ihre Auswirkungen – mit einem Wort: uns über Opfer rational verständigen.

Das heißt: ohne Pauschalisierungen, ohne Manipulationen, ohne Überheblichkeit und ohne gegenseitige Verurteilung – und ohne Opfer oder Täter anzubeten. Denn sie sind, wie wir selbst, auch nur Menschen.

DANKSAGUNG

Ich bedanke mich bei Christian Kohner-Kahler, Gerhard Unter-thurner, Florian Klenk, Wolfgang Gappmayer, Alfred Pfoser und insbesondere bei Sebastian Kiefer für wertvolle Lektüre-hinweise und Beratung. Ingrid Götz hat mit ihrem Feedback wie stets bei meinen Manuskripten zur Verständlichkeit des Textes beigetragen. Und natürlich bedanke ich mich bei allen Medien, die mir täglich neuen Stoff lieferten, so viel, dass ich noch nicht einmal einen Bruchteil davon in dieses Buch einflie-ßen lassen konnte.

BIBLIOGRAFIE

ALY, GÖTZ: Warum die Deutschen? Warum die Juden? Gleichheit, Neid und Rassenhass 1800–1933, Stuttgart 2011.

BADIOU, ALAIN: Ethik. Versuch über das Bewusstsein des Bösen. Wien 2003.

BADIOU, ALAIN: Fünf Lektionen zum »Fall« Wagner. Zürich 2012.

BAUDET, JEAN-PIERRE: Opfern ohne Ende. Ein Nachtrag zu Paul Lafargues »Die Religion des Kapitals«. Berlin 2013.

BOCK, GISELA: Frauen in der europäischen Geschichte. Vom Mittelalter bis zur Gegenwart. München 2005.

BREITENFELLNER, KIRSTIN: Opferlust, in: Falter 14/12, S. 22–25.

BRITTNACHER, HANS RICHARD: Erschöpfung und Gewalt. Oferphantasien in der Literatur des Fin de siècle. Köln/Weimar/Wien 2001.

BRODER, HENRYK: Vergesst Auschwitz! Der deutsche Erinnerungswahn und die Endlösung der Judenfrage. München 2012.

BRUCKNER, PASCAL: Der Schuldkomplex. Vom Nutzen und Nachteil der Geschichte für Europa. München 2008.

CHUNG, ILKWAEN: Paradoxie der weltgestaltenden Weltentsagung im Buddhismus. Ein Zugang aus der Sicht der mimetischen Theorie René Girards. Wirtschaftsethik und Büropolitik. Beiträge zur mimetischen Theorie. Religion – Gewalt – Kommunikation – Weltordnung, Band 28, Wien/Berlin 2009.

DIECKMANN, BERNHARD (HG.): Das Opfer – aktuelle Kontroversen. Wirtschaftsethik und Büropolitik. Beiträge zur mimetischen Theorie. Religion – Gewalt – Kommunikation – Weltordnung, Band 12, Münster/Hamburg/London 2001.

DÖBLIN, ALFRED: Berlin Alexanderplatz. Roman. München, [27]1988.

DOSTOJEWSKI, FJODOR M.: Die Brüder Karamasow. Roman. München 1978.

DUMOUCHEL, PAUL; DUPUY, PIERRE: Die Hölle der Dinge. René Girard und die Logik der Ökonomie, Wirtschaftsethik und Büropolitik. Beiträge zur mimetischen Theorie. Religion – Gewalt – Kommunikation – Weltordnung, Band 9, Münster/Hamburg/London 1999.

DUSINI, MATTHIAS; EDLINGER, THOMAS: In Anführungszeichen. Glanz und Elend der Political Correctness. Berlin 2012.

EHRENBERG, ALAIN: Das erschöpfte Selbst. Depression und Gesellschaft in der Gegenwart. Frankfurt a.M./New York 2004.

EICHWEDE, JOHANNES: Mimesis. René Girard. Zur Erklärung der Kultur. Bremen 2012.

EPSTEIN, JOSEPH: Neid. Die böseste Todsünde. Berlin 2010.

FEURSTEIN, CHRISTOPH: [ein]geprägt. Täter, Opfer, Menschen. 10 Porträts. Wien 2008.

FINKELSTEIN, NORMAN G.: Die Holocaust-Industrie. Wie das Leiden der Juden ausgebeutet wird. München 2002.

GAPPMAYER, WOLFGANG: Aktuelle Probleme zum Opferbegriff und der juristischen Prozessbegleitung im österreichischen Strafrecht, Dissertation, Universität Wien 2012.

GERIGK, HORST-JÜRGEN: Staat und Revolution im russischen Roman des 20. Jahrhunderts 1900–1925. Eine historische und poetologische Studie. Heidelberg 2005.

GIRARD, RENÉ: Das Ende der Gewalt. Analyse des Menschheitsverhängnisses. Freiburg im Breisgau 2009.

GIRARD, RENÉ: Tatsachen, nicht nur Interpretationen!, in: Dieckmann, Bernhard (Hg.): Das Opfer – aktuelle Kontroversen. Münster 2001, 261–279.

GIRARD, RENÉ: »Ich sah den Satan vom Himmel fallen wie einen Blitz.« Eine kritische Apologie des Christentums. München/Wien 2002.

GIRARD, RENÉ: Wenn all das beginnt. Dialog mit Michel Treguer. Wirtschaftsethik und Büropolitik. Beiträge zur mimetischen Theorie. Religion – Gewalt – Kommunikation – Weltordnung, Band 5, Münster/Hamburg/London 1997.

GIRARD, RENÉ: Die verkannte Stimme des Realen. Eine Theorie archaischer und moderner Mythen. München/Wien 2005.

GIRARD, RENÉ: Das Heilige und die Gewalt. Ostfildern 2006.

GIRARD, RENÉ: Die verkannte Stimme des Realen. Eine Theorie archaischer und moderner Mythen. München 2005.

GROSS, RAPHAEL: Anständig geblieben. Nationalsozialistische Moral. Stuttgart 2010.

GROTHE, JIM; MCGEENEY, JOHN: Manager – Klug wie Schlangen? Wirtschaftsethik und Büropolitik. Beiträge zur mimetischen Theorie. Religion – Gewalt – Kommunikation – Weltordnung, Band 13, Münster/Hamburg/London 2002.

HABERMAS, JÜRGEN: Die postnationale Konstellation. Politische Essays. Frankfurt a.M. 1998.

HAN, BYUNG-CHUL: Müdigkeitsgesellschaft. Berlin 2010.

HASSEMER, WINFRIED; REEMTSMA, JAN PHILIPP: Verbrechensopfer. Gesetz und Gerechtigkeit. München 2002.

HERRMANN, JOACHIM: Die Entwicklung des Opferschutzes im deutschen Strafrecht und Strafprozessrecht. Eine unendliche Geschichte, in: Zeitschrift für Internationale Strafrechtsdogmatik 3/2010, 236–245.

HOFFMANN, JENS: Stalking. Heidelberg 2006.

INGENKAMP, KONSTANTIN: Depression und Gesellschaft. Zur Erfindung einer Volkskrankheit. Bielefeld 2012.

JESIONEK, UDO: Die Wiederentdeckung des Verbrechensopfers. Ein Paradigmenwechsel im Strafverfahren, in: Juridikum 2005, 171–173.

JUERGENSMEYER, MARK: Terror im Namen Gottes. Ein Blick hinter die Kulissen des gewalttätigen Fundamentalismus. Freiburg/Basel/Wien 2004.

JUREIT, ULRIKE; SCHNEIDER, CHRISTIAN: Gefühlte Opfer. Illusionen der Vergangenheitsbewältigung. Stuttgart 2010.

JUUL, JESPER: Aggression. Warum sie für uns und unsere Kinder notwendig ist. Frankfurt a.M. 2013.

KACHELMANN, JÖRG UND MIRIAM: Recht und Gerechtigkeit. Ein Märchen aus der Provinz. München 2012.

KAMPUSCH, NATASCHA (MIT HEIKE GRONEMEIER UND CORINNA MILBORN): 3096 Tage. Berlin 2010.

KEPPLINGER, HANS MATHIAS: Die Mechanismen der Skandalisierung: zu Guttenberg, Kachelmann, Sarrazin & Co.: Warum einige öffentlich untergehen – und andere nicht. München 2012.

KNELLWOLF, THOMAS: Die Akte Kachelmann. Anatomie eines Skandals. Zürich 2011.

KOENEN, GERD: Die großen Gesänge. Lenin, Stalin, Castro … Sozialistischer Personenkult und seine Sänger von Gorki bis Brecht – von Aragon bis Neruda. Frankfurt a.M. 1987.

KOENEN, GERD: Das rote Jahrzehnt. Unsere kleine deutsche Kulturrevolution 1967–1977. Köln 2001.

KOENEN, GERD: Utopie der Säuberung. Was war der Kommunismus? Berlin 1998.

KOHNER-KAHLER, CHRISTIAN: Victim goes Superstar – eine kritische Lektüre des Opfers, in: Neue Kriminalpolitik 2/2013, 149–66.

KRAUSHAAR, WOLFGANG (HG.): Frankfurter Schule und Studentenbewegung. Von der Flaschenpost zum Molotowcocktail. Hamburg 1998, Bd. I.

LIESSMANN, KONRAD PAUL: Lob der Grenze. Kritik der politischen Unterscheidungskraft. München 2012.

LUDWIG, KLEMENS: Die Opferrolle. Der Islam und seine Inszenierung. München 2011.

MENASSE, PETER: Rede an uns. Wien 2012.

MOYO, DAMBISA: Dead Aid. Warum Entwicklungshilfe nicht funktioniert und was Afrika besser machen kann. Berlin 2011.

MÜNKLER, HERFRIED; FISCHER, KARSTEN: »Nothing to kill or die for …« – Überlegungen zu einer politischen Theorie des Opfers, in: Leviathan 28 (2000), 343–362.

NOVICK, PETER: Nach dem Holocaust. Der Umgang mit dem Massenmord. Stuttgart/München 2001.

PALLAVER, WOLFGANG: René Girards mimetische Theorie. Im Kontext kulturtheoretischer und gesellschaftspolitischer Fragen. Wirtschaftsethik und Büropolitik. Beiträge zur mimetischen Theorie. Religion – Gewalt – Kommunikation – Weltordnung, Band 6, Münster/Berlin/Hamburg/London/Wien 2003.

PELZ, MARTIN: Der Fall Natascha Kampusch. Die ersten acht Jahre eines einzigartigen Entführungsfalles im Spiegel der Medien. Marburg 2010.

POLLÄHNE, HELMUT; RODE, IRMGARD (HG.): Opfer im Blickpunkt – Angeklagte im Abseits. Probleme und Chancen zunehmender Orientierung auf die Verletzten in Prozess, Therapie und Vollzug. Schriftenreihe des Instituts für Konfliktforschung, Band 34.

PÖRKSEN, BERNHARD; DETEL, HANNE: Der entfesselte Skandal. Das Ende der Kontrolle im digitalen Zeitalter. Köln 2012.

RANCIÈRE, JACQUES: Das Unvernehmen. Politik und Philosophie. Frankfurt a.M. 2002.

RANCIÈRE, JACQUES: Moments politiques. Interventionen 1977–2009. Zürich/Berlin 2011.

RANCIÈRE, JACQUES: Das Unbehagen in der Ästhetik. Wien 2007.

RÜCKERT, SABINE: Das Opfer hat längst eine Stimme, in: Pollähne, Helmut, Rode, Irmgard (Hg.): Opfer im Blickpunkt – Angeklagte im Abseits. Probleme und Chancen zunehmender Orientierung auf die Verletzten in Prozess, Therapie und Vollzug. Schriftenreihe des Instituts für Konfliktforschung, Band 34, 165–171.

SCHÄFER, MECHTHILD; HERPELL, GABRIELA: Du Opfer! Wenn Kinder Kinder fertigmachen. Der Mobbingreport. Reinbeck bei Hamburg 2012.

SCHLEGEL, LEONHARD: Handwörterbuch der Transaktionsanalyse, 2. Auflage 2002, www.DSGTA.ch.

SCHOECK, HELMUT: Der Neid und die Gesellschaft. Freiburg/Basel/Wien 1966.

STROUMSA, GUY G.: Das Ende des Opferkults. Die religiösen Mutationen der Spätantike. Berlin 2011.

TÜRCKE, CHRISTOPH: Hyperaktiv! Kritik der Aufmerksamkeitsdefizitkultur. München 2012.

VOLLMER, THOMAS: Das Heilige und das Opfer. Zur Soziologie religiöser Heilslehre, Gewalt(losigkeit) und Gemeinschaftsbildung. Wiesbaden 2009.

WILLIAMS, JAMES G. (HG.): The Girard Reader. New York 1996.

WOLF, BURKHARDT: Die Sorge des Souveräns. Eine Diskursgeschichte des Opfers. Zürich / Berlin 2004.

WOLZ-GOTTWALD, ECKARD: Yoga-Philosophie-Atlas. Petersberg ²2006.

ANMERKUNGEN

1 Girard: Das Ende der Gewalt, 108

2 Girard: Wenn all das beginnt, 67

3 *Die Presse*, 13.10.2012

4 Vgl. dazu: http://www.theglobalmail.org/feature/its-2013-and-theyre-burning-witches/558/; http://www.orf.at/stories/2167768/2167930/

5 Döblin: Berlin Alexanderplatz, 400

6 Kirstin Breitenfellner: Opferlust, in: *Falter* 14/2012, 22–25

7 http://tantejolesch.at/tjbigstat.php?bild= falter.jpg&href1file= falter2

8 Schlegel: Handwörterbuch der Transaktionsanalyse, 44 f.

9 Dusini/Edlinger: In Anführungszeichen, 53

10 Vgl. dazu etwa: Norman G. Finkelsteins »Die Holocaust-Industrie. Wie das Leiden der Juden ausgebeutet wird« (dt. 2001) oder Henryk M. Broders »Vergesst Auschwitz. Der deutsche Erinnerungswahn und die Endlösung der Israel-Debatte« (2012). Besonnene Analysen, die ohne anklagenden Tonfall auskommen, wie Peter Novicks »Nach dem Holocaust. Der Umgang mit dem Massenmord« bilden hier eine wohltuende Ausnahme.

11 Vgl. http://kaernten.orf.at/news/stories/2525344/

12 Vgl. den Bericht in: *Die Presse*, 24.9.2012

13 Pörksen/Detel: Der entfesselte Skandal, 21

14 Vgl. dazu auch: »Der Herztrumpf in jedem Diskurs ist heute das Missbrauchsopfer«, Christian Kohner-Kahler im Interview mit Kirstin Breitenfellner, in: *Falter* 14/2012

15 Vgl. dazu: Gappmayer: Aktuelle Probleme zum Opferbegriff, 9

16 Girard: Das Ende der Gewalt, 108

17 Liessmann: Lob der Grenze, 12

18 Vgl. Harald Martenstein: Der Terror der Tugend, in: *Die Zeit*, Dossier, 6.6.2012

19 Hans-Ludwig Kröber: Töten ist menschlich, in: *Die Zeit*, Dossier, 10.10.2012

20 Girard: Das Ende der Gewalt, 230

21 Richard Sennett: Zusammenarbeit. Was unsere Gesellschaft

zusammenhält. München 2012 (Hanser)

22 Nachzulesen in: Isiah Berlin: Der Igel und der Fuchs. Essay über Tolstois Geschichtsverständnis. Frankfurt a.M. 2009 (Suhrkamp) (orig. 1953)

23 Vgl. dazu Eichwede: Mimesis, 11 und 99 f.

24 Girad: Das Heilige und die Gewalt, 215

25 Girard: Ich sah den Satan …, 31

26 Ebd., 32

27 Vgl. Girard: Die verkannte Stimme des Realen, 23 ff., Das Heilige und die Gewalt, 187 ff.

28 Vgl. Girard: Ich sah den Satan …, 109

29 Girard: Tatsachen, nicht nur Interpretationen, 270

30 Girard: Ich sah den Satan …, 104

31 Girard: Das Heilige und die Gewalt, 202

32 Ebd., 154

33 Vgl. Girard: Tatsachen, nicht nur Interpretationen, 273

34 Vgl. Girard: Ich sah den Satan …, 99

35 Ebd., 102

36 Girard: Das Ende der Gewalt, 50

37 Ebd., Drittes Buch, Interdividuelle Psychologie, 335 ff., bes. 407 ff.

38 Vgl. Girard: Ich sah den Satan …, 109

39 Ebd., 88

40 Girard: Das Heilige und die Gewalt, 18

41 Ebd., 457

42 Ebd., 147

43 Ebd., 153

44 Ebd., 58

45 Ebd., 36

46 Girard: Das Ende Gewalt, 72

47 Girard: Das Heilige und die Gewalt, 64

48 Ebd., 277

49 Vgl. Girard: Das Ende der Gewalt, 185 f.

50 Ebd., 308

51 Zit. nach Vollmer: Das Heilige und das Opfer, 45. James Frazer: Der goldene Zweig. Eine Studie über Magie und Religion. Köln Berlin ²1968, 841

52 Girard: Das Heilige und die Gewalt, 380

53 Girard: Das Ende der Gewalt, 58

54 Vgl. Girard: Das Heilige und die Gewalt, 139

55 Ebd., 452 f.

56 Vgl. ebd., 341 ff.

57 Vgl. ebd., 139 f.

58 Girard: Ich sah den Satan …, 121

59 Vg. Vollmer: Das Heilige und das Opfer, 87 f.

60 Vgl. Grothe/McGeeney: Manager – Klug wie Schlangen?, 83 ff., 119

61 Schäfer/Herpell: Du Opfer!, 8

62 Ebd., 67

63 Ebd., 37

64 Vgl. ebd., 89 ff.

65 Vgl. ebd., 94 ff.

66 Ebd., 65
67 Ebd., 31
68 Ebd., 219
69 Ebd., 152
70 Ebd., 25
71 Girard: Ich sah den Satan …, 108
72 Vollmer: Das Heilige und das Opfer, 15, 18 bzw. 113
73 Stroumsa: Das Ende des Opferkults, 87
74 Ebd., 87
75 Ebd., 26
76 Ebd., 94
77 Vgl. ebd., 44 f.
78 Ebd., 41
79 Ebd., 102
80 Ebd., 50
81 Ebd., 69 f.
82 Vgl. Girard: Ich sah den Satan …, 140 ff.
83 Ebd., 156
84 Vgl. ebd., 167
85 Ebd., 17
86 Stroumsa: Das Ende des Opferkults, 106
87 Ebd., 110
88 Girard: Das Ende der Gewalt, 231
89 Vgl. dazu Girard: Ich sah den Satan …, 50 ff.
90 Girard: Das Ende der Gewalt, 265
91 René Girard: Tatsachen, nicht nur Interpretationen, 265, vgl. auch: Girard: Wenn all das beginnt, 161,
92 Girard: Das Ende der Gewalt, 267
93 Vgl. etwa: Girard: Wenn all das beginnt, 170 ff., Ich sah den Satan, 75 ff.
94 Vgl. die detaillierte Analyse in: Girard: Ich sah den Satan …, 35 ff.
95 Girard: Wenn all das beginnt, 133
96 Girard: Ich sah den Satan …, 64
97 Vgl. dazu: Girard: Das Ende der Gewalt, 274, Tatsachen, nicht nur Interpretationen, 271
98 Vollmer: Das Heilige und das Opfer, 181
99 Vgl. dazu ausführlicher: Nietzsche gegen den Gekreuzigten, in: Girard: Die verkannte Stimme des Realen, 88–113
100 Zit. nach: Girard: Wenn all das beginnt, 18 f. Friedrich Nietzsche: Nachgelassene Fragmente 1887–1889 (Kritische Studienausgabe Bd. 13). München ²1988, 470 f. (15[110]). Hervorheb. von RG.
101 Vgl. Girard: Ich sah den Satan …, 215, zit. nach: Friedrich Nietzsche: Nachgelassene Fragmente Frühjahr 1888 (Kritische Studienausgabe Bd. 13). Berlin–München 1980, 14 [89], 266.
102 Stroumsa: Das Ende des Opferkults, 111
103 Ebd., 112
104 Vgl. dazu: Vollmer: Das Heilige und das Opfer, 182 ff.
105 Ebd., 192
106 Vgl. Juergensmeyer: Terror im Namen Gottes, 114
107 Ludwig: Die Opferrolle, 39

108 Vollmer: Das Heilige und das Opfer, 196
109 Ludwig: Die Opferrolle, 33
110 Vollmer: Das Heilige und das Opfer, 211
111 Chung: Paradoxie der weltgestaltenden Weltentsagung, 52
112 Vgl. dazu Vollmer: Das Heilige und das Opfer, 212
113 Zit. nach Upanishaden. Die Geheimlehre des Veda. Hg. und eingeleitet von Peter Michel, Wiesbaden 2006 (Marix), 70
114 Vgl. ebd., 739 ff.
115 Vollmer: Das Heilige und das Opfer, 214 f.
116 Wolz-Gottwald: Yoga-Philosophie-Atlas, 75
117 Vollmer: Das Heilige und das Opfer, 221
118 Ebd., 226
119 Vgl. dazu ausführlicher: Vollmer: Das Heilige und das Opfer, 228 ff.
120 Ebd., 234
121 Max Weber: Die Wirtschaftsethik der Weltreligionen. Hinduismus und Buddhismus. Schriften 1916–20, hg. von Helwig Schmidt-Glintzer, Studienausgabe Band 1/20, Tübingen 1998 (Mohr/Siebeck), 1190, zit. nach Vollmer, 254.
122 Vollmer: Das Heilige und das Opfer, 236
123 Ebd., 246
124 Ebd., 250
125 Chung: Paradoxie der weltgestaltenden Weltentsagung, 30 ff.
126 Ebd., 56 f.
127 Ebd., 62
128 Ebd., 64
129 Ebd., 143 ff.
130 Girard: Das Ende der Gewalt, 339
131 Hans-Ludwig Kröber: Töten ist menschlich, in: Die Zeit, 10.10.2012
132 Vgl. Wolf: Die Sorge des Souveräns, 107
133 Münkler/Fischer: Nothing to kill or die for, 353
134 Vgl. Wolf: Die Sorge des Souveräns, 145 ff.
135 Ebd., 185
136 Vgl. ebd., 164 f. u. 185
137 Brittnacher: Erschöpfung und Gewalt, 127
138 Oscar Wildes »Salomé«, 9
139 Brittnacher: Erschöpfung und Gewalt, 10
140 Ebd., 15
141 Ebd., 17
142 Vgl. ebd., 25
143 Ebd., 28
144 Ebd., 29
145 Ebd., 29
146 Slavoj Žižek: Liebe dein Symptom wie dich selbst! Jacques Lacans Psychoanalyse und die Medien. Berlin 1991 (Merve)
147 Vgl.: »Der Herztrumpf in jedem Diskurs ist heute das Missbrauchsopfer«, Christian Kohner-Kahler im Interview mit Kirstin Breitenfellner, in: Falter 14/2012; vgl. auch: Kohner-Kahler: Victim goes Superstar, 157 f.
148 Zit. nach Brittnacher: Erschöpfung und Gewalt, 31

149 Ebd., 111

150 Ebd.,, 116

151 Ebd., 39

152 Ebd., 39

153 Wilhelm Michel: Verrat am Deutschtum. Eine Streitschrift zur Judenfrage. Hannover / Leipzig 1922 (Paul Steegemann), zit. nach Aly: Warum die Deutschen, 169

154 Ernst Jünger: Der Arbeiter. Herrschaft und Gestalt. Hamburg 1932 (Hanseatische Verlagsanstalt), 71, zit. nach Münkler / Fischer: Nothing to kill or die for, 352

155 Münkler / Fischer: Nothing to kill or die for, 357

156 Girard: Das Heilige und die Gewalt, 409

157 Zit. nach: Vollmer: Das Heilige und das Opfer, 110. Max Weber: Gesammelte Aufsätze zur Religionssoziologie, Band 1, Tübingen 1988 (UTB), 548

158 Vgl. Vollmer: Das Heilige und das Opfer, 110. Vgl. Roger Caillois: Der Mensch und das Heilige. München / Wien 1988 (Hanser), 229

159 Vgl. dazu die Artikel von Maria Stella Berberi, Michele Nicoletti, Ruth Groh und Wolfgang Palaver in Bernd Dieckmann: Das Opfer – aktuelle Kontroversen, 121–206, bes. 141 ff.

160 Juergensmeyer: Terror im Namen Gottes, 235

161 Vgl. dazu Liessmann: Lob der Grenze, 77 ff.

162 Vgl. Amartya Sen: Die Idee der Gerechtigkeit. München 2010 (C.H. Beck), Martha C. Nussbaum: Die Grenzen der Gerechtigkeit. Behinderung, Nationalität und Spezieszugehörigkeit. Frankfurt a.M. 2010 (Suhrkamp), vgl. dazu meine Rezension in der Falter-Buchbeilage, 39 / 2010

163 Schoeck: Der Neid und die Gesellschaft, 299

164 Vgl. Aly: Warum die Deutschen, 262 f.

165 Zit. nach: Girard: Wenn all das beginnt, 18 f. Friedrich Nietzsche: Nachgelassene Fragmente 1887–1889 (Kritische Studienausgabe Bd. 13). München ^{2}1988, 470 f. (15[110]). Hervorheb. von RG.

166 Vgl. etwa Girard: Tatsachen, nicht nur Interpretationen, 271

167 Götz Aly: Die Belasteten. »Euthanasie« 1939–1945. Eine Gesellschaftsgeschichte. Stuttgart 2013 (S. Fischer)

168 Vgl. Aly: Warum die Deutschen, 270 ff.

169 Girard: Wenn all das beginnt, 22

170 Vgl. »Der Herztrumpf in jedem Diskurs ist heute das Missbrauchsopfer«, Christian Kohner-Kahler im Interview mit Kirstin Breitenfellner, in: Falter 14 / 2012

171 Vgl. dazu Badiou: Fünf Lektionen im Fall Wagner, 132

172 Vgl. Brittnacher: Erschöpfung und Gewalt, 121

173 Vgl. Harald Welzer: Täter: »Wie aus ganz normalen Men-

schen Massenmörder werden. Stuttgart 2006 (S. Fischer).

174 Gross, 138.

175 Vgl. Wolf: Die Sorge des Souveräns, 401

176 Finkelstein: Die Holocaust-Industrie, 53

177 Vgl. Aly: Warum die Deutschen, 91

178 Vgl. ebd., 119 ff.

179 Vgl. ebd., 80 f.

180 Vgl. ebd., 13

181 Ebd., 15

182 Ebd., 278

183 Ebd., 301

184 Ebd., 278

185 Ebd., 301

186 Ebd., 189, 288 f., vgl. auch 237 f.

187 Girard: Wenn all das beginnt, 17

188 Girard: Das Ende der Gewalt, 176

189 Girard: Wenn all das beginnt, 17

190 Vgl. Koenen: Die Utopie der Säuberung, 271

191 Vgl. ebd., 16 f.

192 Ebd., 18

193 Dostojewski: Die Brüder Karamasow, 331

194 Ebd., 355

195 Vgl. Gerigk: Staat und Revolution im russischen Roman des 20. Jahrhunderts, 153 ff, bes. 172 ff.

196 Koenen: Die Utopie der Säuberung, 27

197 Ebd., 275

198 Vgl. ebd., 10. und 11. Kapitel, 271 ff.

199 Ebd., 63 f.

200 Vgl. ebd., 169 ff.

201 Ebd., 222 f.

202 Ebd., 65

203 Ebd., 44

204 Ebd., 268 f.

205 Ebd., 359 f.

206 Ebd., 415

207 Ebd., 361

208 Ebd., 370

209 Ebd., 416 f.

210 Ebd., 417

211 Vgl. ebd., 429

212 Ebd., 430

213 Ebd., 404

214 Dumouchel / Dupuy: Die Hölle der Dinge, 29

215 Ebd., 177

216 Girard: Das Heilige und die Gewalt, 410

217 Dumouchel / Dupuy: Die Hölle der Dinge, 147

218 Baudet: Opfern ohne Ende, 7

219 Bernhard Laum: Heiliges Geld. Berlin 2006 (Semele), 21 f.

220 Baudet: Opfern ohne Ende, 62

221 Ebd., 93

222 Vgl. ebd., 157 f.

223 Ebd., 16

224 Vgl. ebd., 77, 140

225 Ebd., 181 ff.

226 Ebd., 218, 224 ff.

227 Ebd., 265

228 Ebd., 254

229 Ebd., 247

230 Vgl. Dumouchel / Dupuy: Die Hölle der Dinge, 256 ff.

231 Vgl. ebd., 189

232 Novick: Nach dem Holocaust, 164
233 Ebd., 168
234 Ebd., 190
235 Vgl. ebd., 208
236 Ebd., 150
237 Ebd., 53
238 Ebd., 19 f.
239 Ebd., 268
240 Ebd., 274 f.
241 Jureit / Schneider: Gefühlte Opfer, 11, vgl. auch 38 ff.
242 Vgl. ebd., 108
243 Zit. nach Novick: Nach dem Holocaust, 296
244 Zit. nach ebd., 276
245 Ebd., 323, vgl. dazu 309 ff.
246 Ebd., 326
247 Ebd., 331 f.
248 Ebd., 101
249 Broder: Vergesst Auschwitz!, 37
250 Ebd., 25
251 Novick: Nach dem Holocaust, 22 f.
252 Ebd., 24
253 Vgl. dazu etwa ebd., 258 f.
254 Ebd., 28
255 Ebd., 259
256 Vgl. ebd., 301
257 Vgl. ebd., 250
258 Vgl. ebd., 252
259 Novick: Nach dem Holocaust, 267
260 Finkelstein: Die Holocaust-Industrie, 9
261 Ebd., 13
262 Vgl. dazu auch Hassemer / Reemtsma: Verbrechensopfer, 33 ff.

263 Jureit / Schneider: Gefühlte Opfer, 24
264 Vgl. Finkelstein: Die Holocaust-Industrie, 63 ff.
265 Ebd., 9
266 Ebd., 41
267 Ebd., 177
268 Novick: Nach dem Holocaust, 293; vgl. auch: http:// www. welt.de / politik / article1262062 / Al-Gore-ein-Roboter-mit-hohem-Stromverbrauch.html
269 Ebd., 298
270 Koenen: Das rote Jahrzehnt, 121
271 Jureit / Schneider: Gefühlte Opfer, 164 f., 172 f.
272 Ebd., 191
273 Ebd., 10
274 Vgl. ebd., 121
275 Zit. nach Kraushaar: Frankfurter Schule und Studentenbewegung, Bd. I, 254
276 Badiou: Fünf Lektionen zum »Fall« Wagner, 48
277 Theodor W. Adorno: Negative Dialektik. Frankfurt a.M. 1966 (Suhrkamp), 203, zit. nach Badiou: Fünf Lektionen zum »Fall« Wagner, 48
278 Jureit / Schneider: Gefühlte Opfer, 137
279 Ebd., 173
280 Koenen: Das rote Jahrzehnt, 245 ff.
281 Gisela Bock: Frauen in der europäischen Geschichte, 353
282 Ludwig: Die Opferrolle, 12
283 Ebd., 102

284 Zit. nach NZZ Online, 21.9.2012

285 Zit. nach *Der Standard*, 30.1.2012

286 Zit. nach *Die Presse*, 27.7.2012

287 Oliver Polak (mit Jens Oliver Haas): Ich darf das, ich bin Jude. Köln 2008 (Kiepenheuer & Witsch)

288 Menasse: Rede an uns, 6

289 Ebd., 7, 15

290 Ebd., 10

291 Ebd., 60

292 Vgl. ebd., 75 f

293 Ebd., 98

294 Ebd., 19, 21

295 Reinhard Koselleck: Die Diskontinuität der Erinnerung, in: *Deutsche Zeitschrift für Philosophie*, 47. Jg., 213–222, hier 215, zit. nach Münkler / Fischer: Nothing to kill or die for, 346

296 Münkler / Fischer: Nothing to kill or die for, 343

297 Ebd., 346

298 Ebd., 346

299 Ebd., 347

300 Ebd., 349

301 Ebd., 348

302 Ebd., 351

303 5 Mose, 32,35

304 Vollmer: Das Heilige und das Opfer, 24

305 Vgl. Türcke: Hyperaktiv, 108 f.

306 Niklas Luhmann: Rechtszwang und politische Gewalt, in: ders. (Hg.): Ausdifferenzierung des Rechts. Beiträge zur Rechtssoziologie und Rechtstheorie, Frankfurt a.M. 1999 (Suhrkamp), 154–172, 154. Zit. nach Vollmer: Das Heilige und das Opfer, 29

307 Girard: Das Heilige und die Gewalt, 29

308 Vgl. Vollmer: Das Heilige und das Opfer, 92 ff.

309 Jean Bodin, Über den Staat. Auswahl von Gottfried Niedhart. Stuttgart 1976 (Reclam), 99. Zit. nach Gappmayer: Aktuelle Probleme zum Opferbegriff, V

310 Girard: Das Heilige und die Gewalt, 33

311 Ebd., 38 f.

312 Vgl. Jesionek: Die Wiederentdeckung des Verbrechensopfers, 171

313 Herrmann: Die Entwicklung des Opferschutzes, 236

314 Ebd., 245

315 Gappmayer: Aktuelle Probleme zum Opferbegriff, VI, 24

316 Hassemer / Reemtsma: Verbrechensopfer, 13

317 Ebd., 99, 117

318 Herrmann: Die Entwicklung des Opferschutzes, 236

319 Vgl. Jesionek: Die Wiederentdeckung des Verbrechensopfers, 171–173

320 Vgl. *Die Presse*, 12.1.2013

321 Florian Klenk, *Falter* 14 / 2012

322 Jesionek: Die Wiederentdeckung des Verbrechensopfers, 171

323 Ebd., 172

324 Gappmayer: Aktuelle Probleme zum Opferbegriff, 23 ff., 147,

Jesionek: Die Wiederentdeckung des Verbrechensopfers,

325 Hassemer / Reemtsma: Verbrechensopfer, 59

326 Gappmayer: Aktuelle Probleme zum Opferbegriff, 144 ff.

327 Ebd., VIII

328 Herrmann: Die Entwicklung des Opferschutzes, 245

329 Sabine Rückert: Opfer. Gequält, begafft, vergessen, in: *Die Zeit*, 28.12.2006

330 Vgl. Hassemer / Reemtsma: Verbrechensopfer, 14 f., vgl. dazu auch: Pollähne / Rode (Hg.): Opfer im Blickpunkt – Angeklagte im Abseits.

331 Hassemer / Reemtsma: Verbrechensopfer, 10

332 Sabine Rückert: Opfer. Gequält, begafft, vergessen, in: *Die Zeit*, 28.12.2006

333 Hassemer / Reemtsma: Verbrechensopfer, 126

334 Vgl. Sabine Rückert: Das Opfer hat längst eine Stimme, 166

335 Hassemer / Reemtsma: Verbrechensopfer, 23

336 Ebd., 25, vgl. auch 56 f.

337 Vgl. ebd., 150

338 Ebd., 172

339 Ebd., 58

340 Ebd., 14

341 Vgl. ebd., 104

342 Ebd., 62 f.

343 Ebd., 61

344 Ebd., 62

345 Ebd., 93

346 Vgl. ebd., 130

347 Ebd., 143

348 Ebd., 36

349 Ebd., 41

350 Ebd., 45

351 Sabine Rückert: Opfer. Gequält, begafft, vergessen, in: *Die Zeit*, 28.12.2006

352 Rückert: Das Opfer hat längst eine Stimme, 166

353 Kachelmann: Recht und Gerechtigkeit, 330

354 Zit. nach: Sabine Rückert: Die Nervensäge der Strafjustiz, *Die Zeit*, 2.12.2010

355 Sabine Rückert: Zwei blaue Flecken und ein Nullbefund, in: *Die Zeit*, 26.2.2011

356 Florian Klenk: Betreff: Vergewaltigung, in: *Falter* 13 / 2013

357 Zit. nach: Sabine Rückert: Zwei blaue Flecken und ein Nullbefund, in: *Die Zeit*, 26.2.2011

358 Interview in der »*Zeit im Bild 2*«, 4.4.2013

359 Rainer Stadler: Sein Wille geschehe, in: *Süddeutsche Zeitung Magazin* 44 / 2012

360 Vgl. Vollmer: Das Heilige und das Opfer, 53

361 Vgl. Özlem Topcu, Bernd Ulrich: Macho, weiß, von gestern, in: *Die Zeit*, 15.11.2012

362 Solmaz Khorsand: Showbiz, bis die Tränen fließen, in: *Die Zeit*, 21.2.2013 (Österreich-Teil)

363 Vgl. das Interview mit Sabine Rückert in »Opfer. Gequält, begafft, vergessen«, in: *Die Zeit*, 28.12.2006

364 Vgl. Sabine Rückert: Opfer. Gequält, begafft, vergessen, in: *Die Zeit*, 28.12.2006

365 Münkler/Fischer: Nothing to kill or die for, 350

366 Vgl. Pelz: Der Fall Natascha Kampusch, 16

367 Feurstein: [ein]geprägt, 191

368 vgl. etwa: http://www.sueddeutsche.de/panorama/missbrauchsskandal-in-braunau-inzest-verdacht-gegen-jaehrigen-oesterreicher-1.1135011; http://www.spiegel.de/panorama/justiz/oberoesterreich-inzest-vorwuerfe-gegen-80-jaehrigen-fallengelassen-a-785400.html

369 Vgl. Christof Forderer: Das kollektive Gelüst, in: *taz*, 12.3.2013. Marcela Iacub: Belle et Bête. Paris 2013 (Editions Stock)

370 Vgl. *Die Presse*, 12.1.2013

371 Vgl. dazu Ingrid Brodnig: Ich kopiere, also bin ich!, in: *Falter* 41a/2012; Philipp Theisohn: Literarisches Eigentum. Zur Ethik geistiger Arbeit im digitalen Zeitalter. Stuttgart 2012 (Kröner)

372 Dusini/Edlinger: In Anführungszeichen, 9

373 Ebd., 14

374 Ebd., 26

375 Ebd., 150

376 Ebd., 253

377 Ebd., 37

378 Ebd., 24

379 Vgl. ebd., 163

380 Ebd., 20

381 Vgl. Girard: Ich sah den Satan, Kapitel 13: Die moderne Sorge um die Opfer, 202–212

382 Vgl. Hans-Joachim Maaz: Die narzisstische Gesellschaft. Ein Psychogramm. München 2012 (C.H. Beck)

383 Girard: Das Ende der Gewalt, 33

384 Vgl. Chris Rojek: Celebrity, London 2001 (Reaktion Books)

385 Feurstein: [ein]geprägt, 189

386 U.a. Isolde Charim in der *taz* vom 24.4.2012

387 Règis Jauffret: Claustria. Roman. Salzburg 2012 (Ecowin)

388 Hoffmann: Stalking, 13

389 Zit. nach ebd., 14

390 Vgl. ebd., 24

391 Vgl. ebd., 15 ff.

392 Vgl. http://www.kleinezeitung.at/steiermark/graz/graz/3169944/verfahren-gegen-grapscher.story, http://diestandard.at/1353206814467/Graz-Grapscher-wird-nicht-belangt

393 Vgl. Hoffmann: Stalking, 22 ff.

394 Vgl. ebd., 24 f., 87 f.

395 Zit. nach ebd., 57

396 Epstein: Der Neid, 19

397 Ebd., 38

398 Vgl. ebd., 17

399 Vgl. ebd., 11 f.

400 Zit. nach Aly: Warum die Deutschen, 298 f. Vgl. Max Scheler: Das Ressentiment im Aufbau der Moralen, in: Gesammelte

Werke, Bd. 3, Vom Umsturz der Werte, Bonn 1972, 35–147 (orig. 1912), bes. 38–45

401 Girard: Das Ende der Gewalt, 473

402 http://www.leo-martin.com/deutsch/rtl-verfolgt/

403 Kepplinger: Die Mechanismen der Skandalisierung, 8

404 Ebd., 9

405 Ebd., 21

406 Ebd., 23

407 Vgl. dazu Dumouchel/Dupuy: Die Hölle der Dinge, 45

408 Christoph Türcke: Hyperaktiv! Kritik der Aufmerksamkeitsdefizitkultur.

409 Girard: Das Ende der Gewalt, 487

410 Kepplinger: Die Mechanismen der Skandalisierung, 28

411 Ebd., 77

412 Vgl. ebd., 107 f.

413 Ebd., 124 f.

414 Zit. nach: Aly: Warum die Deutschen, 293

415 Zit. nach Kachelmann: Recht und Gerechtigkeit, 123

416 Zit. nach: Knellwolf: Die Akte Kachelmann

417 Kachelmann: Recht und Gerechtigkeit, 258

418 Sabine Rückert: Kachelmanns Frauen, in: *Die Zeit*, 8.4.2011

419 Kachelmann: Recht und Gerechtigkeit, 100

420 Siehe dazu Sabine Rückert: Die Nervensäge der Strafjustiz, in: *Die Zeit*, 2.12.2010

421 Kachelmann: Recht und Gerechtigkeit, 267

422 Knellwolf: Die Akte Kachelmann, 254

423 Günther Jauch, ARD, 14.10.2012, 21.45 Uhr

424 Sabine Rückert: Opfer. Gequält, begafft, vergessen, in: *Die Zeit*, 28.12.2006

425 Vgl. Feurstein: [ein]geprägt, 201 ff.

426 Vgl. Pelz: Der Fall Natascha Kampusch, 14 f.

427 Kampusch: 3096 Tage, 278

428 Feurstein:[ein]geprägt, 207 f.

429 Ebd., 204

430 Vgl. Kampusch: 3096 Tage, 279 f.

431 Ebd., 276

432 Ebd., 279 f.

433 Feurstein: [ein]geprägt, 217

434 Florian Klenk: Wir Wachhunde und Straßenköter, in: *Falter* 38/12

435 Zit. nach: Florian Klenk: Die Ausweitung des Opferschutzes ist ein juristischer Fortschritt, hat aber auch seine Schattenseiten, in: *Falter* 14/2012

436 Zit. nach: http://derstandard.at/1292462417623/Urteil-aufgehoben-Adamovich-gewinnt-gegen-Kampuschs-Mutter

437 Kampusch: 3096 Tage, 281

438 Knellwolf: Die Akte Kachelmann, 79

439 vgl. etwa: http://www.focus.de/digital/internet/google/tid-27257/bettina-wulff-klagt-gegen-suchmaschine-der-zoff-um-goog-

les-angebliche-geruechtekueche-schlappe-fuer-google-in-anderen-laendern-_aid_816589.html

440 Pörksen / Detel: Der entfesselte Skandal, 37

441 Ebd., 23

442 Ebd., 116

443 Ebd., 21

444 Vgl. dazu ebd., 17 f., 110

445 Vgl. dazu ebd., 136 ff.

446 Ebd., 133

447 Ebd., 238

448 Wolfgang Skofsky: Traktat über die Gewalt. Frankfurt a.M. 1996 (Büchergilde Gutenberg), 9; zit. nach Vollmer: Das Heilige und das Opfer, 68

449 Claude Lévi-Strauss: Strukturale Anthropologie. Frankfurt a.M. 1967 (Suhrkamp), 230; zit. nach Vollmer: Das Heilige und das Opfer, 68

450 Vgl. dazu Münkler / Fischer: Nothing to kill or die for, 343

451 Vgl. dazu auch: Grothe / McGeeney: Manager – Klug wie Schlangen, 135.

452 Peter Kemper (Hg.) Opfer der Macht. Müssen Politiker ehrlich sein? Frankfurt a.M. 1994 (Suhrkamp)

453 Vgl. Girard: Das Heilige und die Gewalt, 155 ff.

454 Ebd., 159

455 Girard: Ich sah den Satan ..., 121

456 Girard: Das Heilige und die Gewalt, 160

457 Juergensmeyer: Terror im Namen Gottes, 12

458 Vgl. dazu ebd., 167–200, hier 193

459 Vgl. dazu ebd., 229

460 Ludwig: Die Opferrolle, 12

461 Ebd., 110

462 Ebd., 215

463 Ebd., 88

464 Jureit / Schneider: Gefühlte Opfer, 13

465 Badiou: Ethik, 22

466 Ebd., 24 f.

467 Ebd., 39 f.

468 Rancière: Das Unvernehmen, 135

469 Ebd., 145

470 Rancière: Moments politiques, 112

471 Rancière: Das Unbehagen in der Ästhetik, 127

472 Ebd., 129

473 Girard: Das Ende der Gewalt, 292

474 Vgl. dazu etwa: http://www.spiegel.de/wissenschaft/mensch/bangladesch-bewaesserung-vergiftet-die-brunnen-a-223793.html, http://www.arte.tv/de/bangladesch-das-wasser-des-teufels/3111764,CmC=3111964.html

475 Münkler / Fischer: Nothing to kill or die for, 349

476 Moyo: Dead Aid, 21 f.

477 Ebd., 64, 119

478 Ebd., 66

479 Ebd., 84

480 Bruckner: Der Schuldkomplex, 47

481 Ebd., 49, 110

482 Münkler / Fischer: Nothing to kill or die for, 350

483 Herfried Münkler: Der asymmetrische Krieg. Das Dilemma der postheroischen Gesellschaft, in: *Der Spiegel* 44/2008
484 Ebd.
485 Vgl. dazu etwa das Interview mit Herfried Münkler in: *Süddeutsche Zeitung*, 17.5.2010
486 Herfried Münkler: Der asymmetrische Krieg. Das Dilemma der postheroischen Gesellschaft, in: *Der Spiegel* 44/2008
487 Vgl. dazu auch: Sabine Rückert: Opfer. Gequält, begafft, vergessen, in: *Die Zeit*, 28.12.2006
488 Habermas: Die postnationale Konstellation, 152
489 Münkler/Fischer: Nothing to kill or die for, 359 f.
490 Girard: Wenn all das beginnt, 61
491 Girard: Das Ende der Gewalt, 493
492 Dusini/Edlinger: In Anführungszeichen, 75
493 Ehrenberg: Das erschöpfte Selbst, 262
494 Han: Müdigkeitsgesellschaft, 23 f.
495 Ingenkamp: Depression und Gesellschaft, 16
496 Ehrenberg: Das erschöpfte Selbst, 263
497 Ebd., 136
498 Ebd., 136 ff.
499 Ebd., 151
500 Vgl. Ingenkamp: Depression und Gesellschaft, 321
501 Ebd., 331
502 Ebd., 343
503 Ebd., 157
504 Juul: Aggression, 113
505 Ebd., 15
506 Ebd., 28
507 Vgl. Ingeborg Harms: »Prominent durch Mord«: *Die Zeit*, 2.8.2012

Quo vadis, Mann?

Diederichs

Michael Klonovsky
DER HELD
Ein Nachruf
144 Seiten. Klappenbroschur
ISBN 978-3-424-35058-6

Was ist aus dem guten, alten Helden geworden? Dem Vater Courage, der nicht zuallererst an sich und sein Wohlbefinden denkt? Rückgrat, Mut, Leidenschaft - Werte wie diese sind zäher als vermutet. Und sogar wieder en vogue. Darf/soll Mann also wieder männlich sein?
Klonovsky geht in seinem Essay diesem Thema auf den Grund. Sein Credo lautet: Der Held ist tot. Es lebe der Held.

Diederichs